U0109875

傳統文化與現代文化

創意產業學術研討會論文集

國立臺中技術學院應用中文系/編

出版序

　　很高興本系舉辦的第一屆「傳統文化與現代文化創意產業學術研討會」的與會論文結集出版了。

　　回顧中文系從傳統走來，漸漸有臺文、華語文，乃至強調與「現代」及「應用」接軌的「應用中文系」也因應時空發展而誕生了，本系成立於 2013 年，是技職體系中第一個奉教育核准的「應用中文系」，責無旁貸，理應思考如何結合理論與實務以融舊鑄新，為跨領域的發展而努力，尤其本國「文化創意產業發展法」甫於年初三讀通過，這是值得大書特書之事，而文創與華語文乃本系籌設之初，觀察在地與全球發展趨勢，希望關懷、盡力的兩大區塊，前提當然是以具悠久歷史、質量均具高度競爭優勢的傳統文化為本位、為上位，因此，聚集本系全體師生共識，籌辦了此次會議，希望透過學術對話，激發更大的文創產能量，讓傳統與現代交會共舞，讓文化、創意、產業都發光發亮。同時也希望本系與學界、業界、官方共同永續地關心此一議題，合力締造美好成績。

　　感謝本校研發處及國科會人文學研究中心補助經費，也感謝秀威資訊科技公司協助出版，本論文集除收錄於現場發表的九篇學者、官員論文，為鼓勵新秀，同時收存兩篇與指導教授同時掛名發表的年輕學者論文作為附錄。

　　於此一併致謝者，尚有與會協助專題演講、主持議程、講評論文，以及與會的諸位貴賓，還有，一直在幕後默默協助各種事務的本系師生同仁們！

吳惠珍

謹序於國立臺中技術學院應用中文系

目　次

媽祖故事的文化傳承與時代意義

羅文玲

明道大學中國文學助理教授兼系主任

壹、媽祖文化之形成與內涵

媽祖，誕生於宋建隆元年（960 年）三月二十三日。就在這個女嬰將要出生前的那個傍晚，鄰禮鄉親看見流星化為一道紅光從西北天空射來，晶瑩奪目，照耀得島嶼上的岩石都發紅了。所以，父母感到這個女嬰必非等閒之女，也就特別疼愛。因為她出生月餘都不啼哭給她取名林默娘。

默娘兒時入私塾讀書，四書五經多能朗朗上口，心領神會；十歲便傾心學佛，朝夕焚香；十三歲遇玄通道士親授「玄微秘法」，靜修得道；十六歲於井邊得仙人銅符，傳修真成道之術。此默娘能能顯神通，降妖除魔，預言氣象，數次解救海難災民。二十一歲那年時逢乾旱，默娘受縣吏所托，向蒼天祈雨，普降甘霖，更加深得鄉民愛戴。

嘉邑城隍廟媽祖殿媽祖像

　　宋太宗雍熙四年（西元 987 年）九月九日重陽節，默娘辭別家人，登上湄峰，在仙樂仙童簇擁下飛天而去。此後數百年來，時有漁民水手傳聞媽祖在海上顯靈，護佑船隻平安渡過風浪。宋、元、明、清歷代皇帝也因敬仰媽祖的慈悲心腸與行善救人而給予數十次敕封，諸如「娘娘」、「夫人」、「天妃」、「天后」、「天上聖母」等等。

　　媽祖文化是隨著歷史演變而表現的一種生活方式，本文試著從媽祖文獻的觀點，提出對媽祖文化意義的了解，這包括從歷史的角度，以及社會整體和實踐中，來探討媽祖文化如何傳承並且延伸。因此，從歷史之客觀方面揭開媽祖文化的真面目。這主要來自三方面：

　　一、媽祖文化普遍存於社會，故它是一種常見的社會現象，正因為有了它，人與人之間，物與物之間、人與物之間才能有機會結合。人類生活建構媽祖文化的形成，它隨時隨地圍繞著人類，在日常生活中媽祖文化孕育著民眾的精神休養，同時也是文化特質的總和。

　　英國人類學家（E. B. Tylor）在 1871 年《原始文化》一書中寫道：「文化是一個複合整體」，它是人類作為社會成員學習獲得的一切內容，包括「知識、信仰、藝術、道德、法律、習俗以及其他的能力和習慣」。這是一種透過民眾傳統生活的建構，因此媽祖在歷史脈絡中，宗教、文化或其他力量是塑模媽祖文化象徵意義體系的根源。

　　二、信眾群體生活之複雜性和媽祖互動的價值和意義，必須調和成一整體方有向前之生機，而民眾群體創造並共同享有的物質實體與價值觀念及行為表現，是人類群體整個生活狀態。因此，我們認為媽祖文化與民眾群體生活有莫大的關係。

　　三、透過媽祖宗教組織素質的昇華，不斷組合和實踐媽祖文化的情感知識來達成最高境界的發展。因為媽祖文化是一種社會現象，它儼如生命，向前伸展，不斷成長，但是宗教文化的發展必須建立在較高的組織素質，及具有廣大的宗教信徒、宗教機構和廟宇。

　　台灣媽祖的信仰，雖有一千四百萬人口佔台灣總人口數 60%，但由於沒有像世界三大宗教那種較高的信仰素質和理論素質，因此其組織素質也難以相對地提高[1]。佛教、基督教與伊斯蘭較能夠成為世界三大宗教，絕非一朝一夕，是建立在宗教本身的內在原因及其較高的宗教素質的基本特徵所決定。媽祖信仰若要有發展性，首要脫離神術思維，發揚其特有的文化精神，提升其宗教的信仰素質和理論素質，並且在歷史進程的全時期中，求其體段尋其態勢，如何搭配組織，再觀其如何動進向前，對於整個媽祖文化精神有較客觀且平穩的基礎。

---

[1]　陳麟書、陳霞：《宗教學原理》，宗教文學出版社，1998 年 8 月，頁 233。

　　事實上前面所論述三種建構的形成與內涵，有多元的組合及呈現的可能，因為整個媽祖文化是一種社會民俗文化亦是一種精神文化，任何民間信仰的形成往往經歷了漫長的歲月，而民間信仰一旦形成，對於社會或人群將會有整合作用。媽祖文化就是對民眾有一份啟示作用，才能為廣大民眾傳承與信仰。精神文化是由民族意識、文化心理、科學哲學思想、價值觀念、倫理道德規範、審美心理與傳統、文字、典籍以及宗教信仰所構成。[2]是關於人類精神生活領域的文化，精神文化主要特徵是內隱性、傳統性的，精神文化是無法物化或制度化的。

　　媽祖文化是中國傳統之文化，該文化最早的文獻是南宋時期，廖鵬飛所寫〈聖墩祖廟重建順濟廟記〉一文，提到「郡城東寧海之旁，山川還秀，為一方勝景，而聖墩祠在焉。墩上之神，有尊而言者曰王，有晢而少者曰郎，不知始自何代，獨為女神人狀者尤靈，世傳通天神女也。姓林氏，湄州嶼人，初以巫祝為事，能預知人禍福，既歿，眾為立廟宇本嶼。元佑丙寅歲，墩上常有光氣夜現，鄉人莫知為何祥。有漁者就視乃枯槎，置其家，翌日自還故處。[3]

貳、媽祖的形象與觀音的繫連

　　本節從台灣媽祖的研究中，找出相關的資料來論述台灣媽祖形象的顯與隱。從媽祖的外觀來看，台灣人認為媽祖是林默娘，未嫁而亡，因此媽祖多是黑臉。黑色一則代表香火旺盛，致使神像臉部

---

[2]　張文勛、施惟達、張勝彬‧黃澤：《民俗文化學》，中國社會科學出版社，1998 年 10 月。

[3]　蔣維琰：《媽祖文化研究》，福建人民出版社，1990 年。

燻黑，一則象徵漢人社會裡的不正常死亡；但是台灣的媽祖也有粉面及金面，只是為數較少，[4]大家比較不熟悉。從媽祖的神性來看，一般人以為祂是航海神，因此需要出海捕魚的沿海地區漁民信奉較多、較虔誠，實則台灣多山，山區的民眾信奉媽祖的也很多；由於漢民族農業拓墾的需求，台灣的媽祖也早已發展出農業神與水利神的性格。從媽祖的靈驗事蹟來看，媽祖生前具有法力，救助海難；昇天成神之後，收服水怪，得千里眼、順風耳之助，法力更是無邊；大道公求親不成，兩神鬥法，「大道公風，媽祖婆雨」之說頗盛，信徒的經驗與認知皆謂，每逢媽祖神誕廟會，必然下雨。即使如此，媽祖之掃溪路、驅蟲害的靈驗，其實也是源自其神靈本性對水控制的靈力。

　　黑臉、海神，有靈力女神的形象，是台灣媽祖的顯著形象，但是女神的形象彰顯的是什麼？學者們也有女性神或母性神的爭論。一般信徒多仰賴媽祖的慈悲護佑，媽祖廟也有命名為慈祐宮、慈裕宮、慈仙宮、慈后宮、慈雲宮等「慈」字號者，即取媽祖的慈愛母性特徵。但是如果從祭祀圈與信仰圈的學理去分析，媽祖之女性神的特徵其實更為真確。我個人研究祭祀圈與信仰圈，因此以下首先要講的是：媽祖在祭祀圈與信仰圈裡的流動形象，我想祂隱喻著漢人社會裡女人的流動，也代表媽祖之靈力與勢力的流布，甚且，流動的方式即是媽祖靈力的來源。流動的形象是媽祖的一個隱微的形象，雖然信徒未必很清楚地認識到它，但是一旦提出並加以詮說，在信徒的認知與感受中，也是可理解的、可接受的。

4　項茂松：1992 年，頁 56：澎湖馬公天后宮的媽祖為金面，但金面的由來並不清楚。《保安宮志》：台北保安宮的媽祖亦有金面。

一、神的流動形象

許多與媽祖相關的儀式活動，如進香、謁祖、過爐、請媽祖（或稱迎媽祖），都是媽祖離開祂的轄境到外地去。「進香」是到遠方的、知名的、香火旺盛的媽祖廟去朝拜表示敬意，並分割其旺盛的香火，讓自己神明的香火也得以更新旺盛。「謁祖」通常也稱謁祖進香，有進香的基本意義，只不過目的地的媽祖廟和舉辦進香的廟宇，有祖廟與子廟之分香的儀式關係。「過爐」是從這個角頭過到那個角頭，或是從這個庄頭過到那個庄頭，大家輪祀媽祖。「請媽祖」是把外地的媽祖請到自己的村庄或區域來參與遶境。這些媽祖的祭祀與信仰活動，有些是村庄性的，有些是聯庄性的，有些是區域性的，總之大家集合在媽祖的麾下，進行村內或村際的活動，也型塑了媽祖的流動形象。有時今天這裡請媽祖，第二天隔壁庄請媽祖，輪來輪去，這是「輪庄請媽祖」。進香的活動流動性更高，媽祖出去了，又回來，路途上經過一地又一地，有時出去跟回來的路線並不一樣，經過的地方更多。媽祖生日時在自己的轄境內巡境，一家巡過一家，神轎的香火還要與家宅的香火「交換香」。

我曾分析媽祖之信仰圈的形成與其女神屬性有密切的關係（林美容，1991：356-360），台灣的媽祖好像漢人社會裡的女人，女人是由這家嫁到那家，從這庄嫁到那庄，媽祖常一庄過一庄，很多迎媽祖的活動，除了村庄性的，也有聯庄性的，或是區域性的。這樣一庄接一庄的流動，一庄過一庄的祭祀媽祖的情況，在台灣非常地普遍，造成媽祖之流動的形象。此一形象乃根基於漢人之父系社會的結構。

　　但是媽祖不只是流動而已，流動所構成的網絡關係與聯盟關係，恐怕才是流動的真正目的。因此媽祖在一庄與一庄之間的流動，所構成的村庄聯盟（village alliance），無論是六庄、九庄、十八庄、二十四庄、三十六庄、五十三庄、七十二庄，[5]或是像我所研究的彰化媽祖信仰圈有三百五十幾庄（林美容 1990a），這些庄聯性或是跨鄉鎮，甚至跨縣市的村庄聯盟，正是媽祖信仰之所以勢大的原因，也由於有這樣的組織，媽祖才得以在聯盟的範圍內流動。就如同漢人父系的親屬結構是以自己的父系嗣系群為中心，透過婚姻聯盟（marriage alliance）把其他的父系嗣系群納入親屬體系中（林美容 1984），媽祖信仰則是透過女性神信仰相關的村際聯盟，把有關聯的地域納進關係網絡之中。

　　無論是女人的流動或是媽祖作為女神的流動，流動是一種擴張，擴張造就勢力。女人的力量不可忽視。Sangren 對媽祖信仰的分析，如同他對漢人社會女性所發揮的作用一樣，強調其對父系理念（patrilineal ideology）所產生的疏離（alienation）與再生產（reproduction）（Sangren 2000）。他的分析是一種文化性的分析，但我對媽祖之女神屬性的分析是一種社會性的分析。

5　這些數目好像密碼一樣，六庄真的是六庄，其他的數目則未必一定，多一少二的情形總是有的，數字越大，與實情的差距也越大。例如彰化南瑤宮的新三媽今是「招庄頭」，有幾個庄頭參加，稱為「六庄聯」（林美容 1990a：65），新社鄉有九庄媽，實際上有一庄早已退出，一庄較大，九年輪兩次，仍稱九庄媽（林美容、方美玲 2000：372），林姓二十四庄私媽祖會是和美、彰化、草屯的林姓聚落組成（林美容 1987：90-91）。大甲媽、大庄媽、大肚媽、枋橋頭媽有五十三庄的組織，西港媽原是七十二庄組成，現在已經增加至九十幾庄。

二、觀音與媽祖

在中國民間信仰的女神中，有一名人人皆知的天妃娘娘。天妃娘娘亦稱媽祖，為中國的女海神。天妃與觀音不同，觀音為佛教之神，而天妃則是中國民間的獨創。在媽祖與觀音之間存在著一定的關係。

首先海神媽祖的出生與觀音有關，據《天后志》云：

> 天妃甫田林氏女，父唯慤，為宋都巡官，行善樂施，禮大士求子，後母夢大士曰：「汝家世敦善行，上帝式佑，出藥丸云，福此當得慈濟之賑。」遂妊，誕時霞光射室，晶瑩奪目，異香氤氳，彌月不啼，因名默。十齡後，誦經禮佛不少懈，後窺井得符，遂靈通變化，駕雲渡大海，眾號為通賢靈女，宋雍熙四年重九，白日飛升。

明萬曆十八年（1590 年），佛教出現憨山大師《觀老莊影響論》，繼之又有《三教源流搜神大全》，林默母「嘗夢南海觀音予以優鉢花，吞之已而孕，十四月始免娩身，得妃（林默）」，「誕之日，異香聞里許，經旬不散。」她剛滿一周歲，尚在襁褓中，見諸神像，即「手作欲拜狀」，五歲能誦《觀音經》，十一歲能「婆娑按節樂神」。從這些記載可知：其一，媽祖林默是其母吞食觀音給予的優曇鉢花而出生的，天生是個神胚子。其二，媽祖林默在成長過程中一直受到《觀音經》的教育，自幼有通神之感。

天妃與觀音的神職功能相同，在百姓心目當中，天妃即為海神。相傳她在睡夢中能得知她的兄弟在海上遇難的情況。並且救漂泊之船漁巨濤駭浪之中；《瓊州縣志》所載各縣建立天后廟的情況，

其中提到海口「天后廟有二，一在海口所，一在白沙門。」此實為海南島信奉媽祖的濫觴。至元一代，天妃即為南海神。

《元史・祭祀志五》載：

> 唯南海女神靈慧夫人，至元中以護海運有奇應，加封天妃神號，積至十字，廟曰：「靈感」。

天妃能護佑人們經風險如履平地，因此在航海人心目中，認為她是護佑航海人之神。而觀世音菩薩也能海中救險，據《慈林集》載：

> 清潘國章，粵人一日還鄉，至三水，遇風覆舟，潘一心念大士名，直踏海底，信步而行，斯須達岸，所濟路費，仍在掌中。

又言觀音也居南海，《華嚴經・入法界品》也說：「於此南方，有山曰光明，彼有菩薩，名觀世音。」因此觀音也稱南海觀音。觀音是救苦救難、大慈大悲的化身；而天妃娘娘以搭救漁船為己任。

觀音可以給人治病，解救人類的痛苦，民間創造的海神天妃娘娘也具備這個功能。據《天后志》載：

> 明洪武間，呂德出鎮海邊。病危，禱天后，夢一神女，翠羽名璫，命侍兒執丸藥，晶瑩若晶琥。曰：「服此可驅二豎」，甫下咽，遽寢，香猶未散，渴甚取飲，嘔出二物，頓覺神氣爽豁，平復如常，是夕夢天后云，昨夕救汝者，乃慈悲觀世音也。

人們無醫無藥時求助於天后，而天后告知治病救人的恰恰是觀音，這樣就把觀音與天后又瓜葛上了。在明代的媽祖傳說中，就有

媽祖誦讚《觀世音說天妃救苦靈驗說》，隨著媽祖的法力愈來愈大，從她在海上「駕風一掃而去」，又增加了「抵旱水旱疫癘之災」的力量。據載宋淳熙年間「歲屢旱災，隨禱隨應」人們崇拜觀音，因為觀音那應聲即現，幫人度過厄難的特點，符合漢民族尚義仁慈的性格，人們在創造媽祖這位新神時，同樣賦予它的職能。

在現實生活中，觀音尤其與中國婦女結下不解之緣。有一幅楹聯說：

> 妙相莊嚴普攝庶類
> 慈心惻恆廣渡群萌

觀音是廣大下層婦女的保護神，是黑夜中的啟明星。她的神力之一是能夠使婦女得到期盼的兒子。在民間製作的工藝中，人們塑造琳瑯滿目的送子觀音像，觀音懷抱胖呼呼的娃娃，給不育的婦女帶來莫大的欣喜。但是這位文獻上記載只活了短短二十七歲的天妃具有幫助婦女生兒育女的功能。《繪圖源流搜神大全》載天妃娘娘：

> 尤善司孕嗣一邑，供奉之。邑有某婦醮於人十年不子，萬方高禖終無有應者，卒禱於妃，及產男子嗣，是凡有不育者，隨禱隨應。

九龍的天后宮設有天后娘娘的寢室，室內設有龍床。每逢農曆三月二十三日神誕日，婚後尚未生育的婦女常來這裡拜娘娘，只要給廟祝些錢，就可以用手觸摸天后娘娘的床，得到早生貴子的祝願。

天后還有撫育幼子的功能，據《台灣縣志》卷二載：

> 天后廟在西定坊！
> 今甫田林氏族婦人飼子者，將往田圃或採捕，以其兒置廟，

祝曰:「姑好看兒去」竟日而不啼不飢,不出闈,暮各負以歸,蓋神之篤厚宗人又如此。

天妃本是海神,並在歷史上實有其人。實用的心理,改造了人們創造這些神靈的初衷,也改換了這些神靈本來具有的內涵。

最後從觀音與媽祖的性別來看,二者都是女神,在以男權為主的社會,人們創造的神祇以男性為主,女性神相對較少,在人類社會中女性又是一股強大的客觀力量。神的世界是人類世界的縮影,人們在創造神是為了利用神,因此由於實際需要,人們自然把觀音與天妃二位女神聯繫在一起,據《台灣縣志》卷二載,在西定坊港口有一海安宮,「其宮三進,中祀天后,後殿禮觀音大士」在中國的民俗信仰中,與觀音一齊排列的還有眼光娘娘、耳光娘娘、斑疹娘娘、金花娘娘等。

參、媽祖「回娘家」意義的思考

媽祖回娘家之說。台灣全島每年會有上百個媽祖廟到北港朝天宮進香(廖漢臣,1965)。根據廖漢臣的解釋:「進香是指下級的神往謁上級的神而言。」李獻璋則更有系統的解釋進香包括個人的割香及神與神之間的掬火。掬火又分二類,一類是向自己分靈來自的元廟前往謁祖,一類是向比自己廟更早建立,或者特別有權威之廟訪候之(李獻璋,1967)。在各地往朝天宮進香的廟宇中,大甲鎮瀾宮因為香客較多,加上步行八天,其中一天是在北港過夜,因此被二地人士暱稱為「大甲媽祖回娘家」(黃美英,1980,1982)以拉近二地情誼。

此處「回娘家」應有三層涵意:

（1）分香小廟回朝天宮母廟，著重在廟與廟之間的關係有如母女。

（2）分香媽祖像回到朝天宮媽祖與之相聚，著重在神像與神像間的母女關係。

（3）分香媽祖回到朝天宮與後殿媽祖的聖父母積慶公和積慶夫人相聚，著重在媽祖作為一個女兒的角色。信徒不加分辨之，而籠統稱之為「回娘家」。後來鎮瀾宮董監事委員考據大甲本尊媽祖並非分香自北港朝天宮，而否定到朝天宮進香乃回娘家之說。並於兩岸開放探親之前率先經由日本到福建省莆田縣湄洲島去進香。在鎮瀾宮首肯的情形下出版的郭金潤《大甲媽祖進香》一書，其中述及 1987 年首度到湄洲進香一節，先後用了二次回娘家之詞：「鎮瀾宮媽祖回湄洲『娘家』謁祖尋『根』，是經由宮『卜杯』選定該宮『三媽』擔任湄洲進香重任」（郭金潤，1988：93）。「為使大甲媽祖在湄洲祖廟過夜才算符合『回娘家』習俗，進香團乃設法要求『三媽』於十月三十日先入湄州祖廟的天后宮供奉過夜。進香團於十月三十一日凌晨三時許，才從泉州搭車趕往莆田縣」（郭金潤，1988：95）。據筆者訪問，當時違法組團前往的十七名董監事委員對身在大陸安危未卜，不知中共人員之人情，不知中共法律等情形下，人人食不知味，寢不成眠，竟然還一定要求多住一天以便滿足媽祖回娘家之習俗。可見世俗回娘家之習俗投射到宗教信仰上的深刻程度。

媽祖的傳說[6]以媽祖是處女，未婚而升天成神。未婚自然無夫家，也不曾離開娘家，因此其「回娘家」不同於已婚女兒之回娘家，

6　李獻璋：《媽祖信仰之研究》，東京：泰山文物社，1979 年。

應理解其「回娘家」乃一比喻。那麼，為何不談「回祖家」或「回原生地」有如一般男神般？而要抹煞媽祖未婚之傳說，而稱「回娘家」？並且在儀式上謹守過夜以便符合回娘家之俗？筆者以為此乃中國文化對理想女性角色之投射。而媽祖可以有回娘家的比喻，觀音或臨水夫人等女神沒有，這其實又與媽祖的本生譚及其封號有關。

從媽祖的本生譚來說，中國儒家倫理的理想是每位婦女都能結婚並育子，由子嗣來祭祀，成為祖先才算完成應有的人生，才是一個理想的女人。媽祖未婚無子嗣，但她在海中拯救父兄的大孝，在海中保祐朝廷外使船隻的大忠而能屢受歷代皇帝敕封。並且光宗耀祖，連父母都受封。在康熙十九年（1680）並被封為「天上聖母」之最高榮譽。可說是個符合儒家理想忠孝兩全的人了。但在儒家的祖先祭祀上，她畢竟不可留有神主牌在娘家拜。因此仍得視媽祖為一外出之女兒，一年才回娘家一次。這個存在於媽祖傳說中與俗稱的回娘家儀式間的矛盾，是多數信徒承認的。他們僅是回答：「那只是個比喻，就好像我們人一樣也要回外家。」

從媽祖歷代封號來說，她的神格很高可用來結合互相對立的人群。雖然在信仰層面上有矛盾，媽祖作為一個神不可能有回娘家的遺世或信仰。但在神像與神像之間，或某廟與某廟之間，或信徒與信徒之間卻可以消弭此一矛盾。亦即不在神學信仰上討論，而可以在社會組織運作上討論。當我們說松山媽祖回北港娘家時，指的是松山那尊木雕神像因為是由北港分香來的，視北港的媽祖神像有如母親。如果二廟之執事人員願意進一步發展雙方情誼，則兩廟也可建立如母子廟般的擬親屬關係。因此，往昔北港人稱大甲媽祖為「姑婆」，視大甲人有如姑婆的子孫。鎮瀾宮與朝天宮執事人員也有如兄弟般。而媽祖這種女神也常被用來結合不同社區或不同族籍群的

人[7]。應與她的神格很高，以及信徒之間可透過「回娘家」所建立的擬親屬關係而結合有關吧？

因此回娘家雖是個比喻，其實指的是分香神像與分廟子廟對分香母神像和母廟來說，而不是指媽祖本身回娘家，不是指媽祖作為一個神（神只有一個，神像有好多個，神不等於神像）要回娘家。既然重點是在分香的子廟和母廟之間的上下世代關係，則「香火」的象徵便可納入說明。我們知道在進香過程中，神像和大轎是眾人矚目也可膜拜的聖物。但香擔內的香爐和香灰卻是比大轎和神像更神聖，不可被偷窺或觸摸。耗費數百萬元的進香目的即為了取得母廟香爐的香灰和入子廟的香爐中，因此香火傳承應是媽祖進香的主要象徵意涵。

筆者以為媽祖進香「實」為香火傳承，「虛」為「回娘家」。回娘家是民間對媽祖作為一個女人期待其外出回娘家的一種假借比喻。而實際上媽祖進香卻是透過香火傳承來加強並確認分香子廟與母廟之上下關係。因此媽祖進香似乎不像印度那麼強調父系與從夫居制間的矛盾。台灣出嫁女兒與娘家間的對立也似乎沒有印度那麼尖銳。媽祖進香重點在香火繼承大過出嫁女兒回娘家的象徵意涵，其強調的是分香子廟一定要回母廟謁祖的責任義務上。而不像印度Nanda 女神自夫廟被迎回村落膜拜再被送回夫廟內，強調的是婚姻建立的夫妻／父女關係。

其次，我們來談舊信仰內的女神被新來強力的女神所同化的情形。James L. Watson（1985）即談過清初香港的一些地方性小女神因為清政府政治勢力到達後施行的宗教標準化（standardization），

7　林美容：《台灣區域性宗教組織的社會文化基礎》，《東方宗教研究》，
　　台北：國立藝術學院傳統藝術研究中心，1991 年。

使原有的小女神紛紛被冠上天妃或天后的名號來祭拜。宗教改宗背後隱涵的是政治統治霸權的建立。

　　Waston 引述香港新界沙田報導人的話「天后真的吃掉並消化掉早期的小神祇當她升格之後。」新界廈村鄉的沙江媽便是被天后「征服」掉的小神祇之一。沙江媽是廈村早期來開墾的漁戶所拜的神，現在沙江媽顯靈的石頭則被壓在天后廟的神像下。在沙田也有同樣的例子，天后廟建立在早期一個廟的地基上成為新的最高鄉神。報導人說天后吸了越多的小神祇的精氣便越可壯大她自己的法力。Watson 則認為「天后精神上征服了廣東沿海地區實則是現實世界政治統治的一個比喻」（Watson, 1985: 311）。如果香港的媽祖（天后）有「吃掉」早期小女神的紀錄，台灣有嗎？

　　如果作為一個有待驗證的假設，對媽祖的了解會有另一角度之助益，也有助於瞭解早期漢番交接地帶的宗教改變。至於台灣媽祖也有「黑臉」、「金臉」和「粉臉」之分。民間相信金面是媽祖得道時的表情，黑面是救苦救難的表情，粉面則是平時的表情（林祖良，1989：56）。而有名的台南開台天后宮其媽祖即為「黑面媽」，另外台北關渡的干豆媽亦為黑面。我們可以假設「黑面媽祖」的法力比較強嗎？可以假定黑面媽祖與早期地方小神祇被同化成媽祖而保留其黑面造型是有關的嗎？Sangren（1988b）曾經提到，信徒認為有靈驗的媽祖一定是黑臉，因為證明她有求必應，信徒很多，香火鼎盛而薰成黑色。如果是薰黑的，那麼當然不在我們討論範圍，何況每個廟宇均可為了吸引信徒而把媽祖薰成黑色，何以只有少數幾個媽祖廟強調他們的媽祖是黑面！Sangren 倒是提醒我們「有靈驗的媽祖應是黑色」，表示「黑色是更有法力的」乃是中西信徒共同接受的。

肆、媽祖的時代意義及創新

　　媽祖這位女神歷經宋元明清各朝文人的塑造，女神的家世、封號以及能力一一被增演出來。二十一世紀的今天，不但絲毫不減其信仰的威力，反而新的詮釋以及傳說仍然不斷被創造出來且多方傳頌。

　　回顧在歷史時期，四百多年前，有一批渡海來台的台灣人祖先，當他們面對險峻的黑水，帶著開天闢地的勇氣出發的當時，伴隨他們的除了生存的堅毅韌性之外，更有一股強大的信仰力量扶持著他們乘風破浪——就是媽祖。

　　先民們背著媽祖神像，引領他們度過最壞的天氣以及最危險的風浪，來到這座美麗的寶島，尋找他們的新土地。就像開台聖王鄭成功堅守這片土地，所有漢民族的移民，自始至終都未曾想過離開這座小島。

　　在這動盪不安的四百年間，媽祖是台灣人最大的依靠，永遠守護著他們。因此在台灣奉祀媽祖的廟宇近千座；對台灣人而言媽祖不是迷信而是根深柢固的信仰，從海上到陸地，從白天到夜晚大家守護著媽祖，也守護著台灣人純樸與仁慈的胸懷，一代一代香火傳續下去，中華民族最寶貴的文化也隨著薪傳下去。

　　近年來文化創意產業是相當流行的趨勢，所以我們難以逃離一個「設計」的世界，連媽祖也是一樣。這一次大甲鎮瀾宮的媽祖，被設計成「Q版平安媽祖絨毛娃娃」及「媽祖太陽能祈福光明燈」，在 7-11 的預購通路上販售。現代的設計，也融入傳統的儀式，這些設計衍生出來的創意產品，仍遵循傳統的「過香」儀式，對於媽祖的信徒而言，再新穎的設計，也需傳統的儀式來賦予真正的意義。

　　對於新世代而言,「設計」,讓信仰更貼近年輕一代的創意生活,讓媽祖的信仰可以用新的形式傳到下一代,而不是傳統老人家的香灰、收驚與藥籤等具代溝的形式。

　　但是,對於老一輩的信徒而言,太多的「設計」,從時尚秀到週邊商品販售,太多的行銷,讓大甲媽祖少了一點點原真性,開始懷念起到北港朝天宮繞境的舊時光,有的甚至覺得白沙屯媽祖到北港的進香活動,比大甲媽到新港的繞境,更具原真性,走起來的感覺,會離媽祖更近一些。Less is More,反而是他們的期許。在原真性與擴大信仰參與間的取捨,的確是現代文化創意「設計」的兩難。

一、「平民媽祖藝術化」的創新

　　堅持在作品中,個別加入「典藏、紀念、保平安」的元素,創新的運用「楹聯、籤詩、經咒文」「遶境、陣頭、媽祖廟」等,媽祖特有的文化素材。名家團隊果然不負所託,成功的賦予媽祖文化,嶄新的藝術價值。

二、「藝術創作個性化」的挑戰

　　提供信眾一個自由發揮創意,量身打造個性化藝術的空間,這是創舉也是一項不可能的任務。文化與創意產品的結合

　　例如:「杯壺組」信眾可以提供不同的楹聯、籤詩、遶境圖,定製個性化,文杯、茗壺。

　　「聚寶盆」只要提供圖文,世界各地的媽祖宮廟皆可量身定製。

　　「超大瓶」大圓、大觀瓶,這更是收藏家,發揮創意實現夢想的良機。

　　世界各地的媽祖廟近五千座，信眾近兩億人，台灣媽祖創先走入國際藝術殿堂，這是可以期待的宗教大事。我們更深信，在未來在國際藝術投資浪潮之中，媽祖藝術也將佔有一席之地。

參考文獻

不著撰人：《跟著媽祖出海去》，光華第 17 卷第 6 期，1992 年，頁 88-89。

王崧興：，《中央研究院民族學研究所專刊》13 卷（龜山島——漢人漁村社會之研究），台北：中研院民族所，1967 年。

王俊凱：〈雲林縣口湖鄉台子村甲申年（2004）迎客王祭典紀實〉，《台灣文獻》第 56 卷第 2 期，2004 年，頁 103-128。

西村一之，《台灣漁業領域民俗知識「日本」，2001 年度財團法人交流協會日台交流——歷史研究者交流事業報告書》，2002 年。

伍啟銘、陳俊宏：〈台灣北部海岸水仙尊王信仰實調〉，《文化台灣》卷一（鄭志明編），台北：大道文化，1996 年，頁 273-297。

全國寺廟整編委員會（編）：《全國佛剎道觀總覽（天上聖母篇）》，共 10 冊，台北：樺林出版社，1986 年。

李玉芬：〈綠島的區位與人文生態的變遷〉，《東台灣叢刊》5，台北：五南出版社，2002 年。

李清蓮：〈女媧氏飄海涖蘭陽〉，《蘭陽》17，1979 年，頁 54-63。

李錫祥：〈金門地區血緣聚落的社會空間組織〉，《台灣師範大學地理研究所碩士論文》，1997 年。

李獻璋：〈琉球唐人移往媽祖傳來〉，《東方學》22，1961 年，頁 99-114

李獻璋：〈媽祖信仰發生播傳影響〉，《日本中國學會報》13，1961 年，頁 70-87。

李獻璋：《媽祖信仰研究》，東京：泰山文物社，1979 年。

李獻璋：〈媽祖信仰的研究，自序〉，《大陸雜誌》第 60 卷第 1 期，1980 年，頁 34-36。

李泰翰：〈清代台灣水仙尊王信仰之探討〉，《民俗曲藝》143，2004 年，頁 271-303。

安煥然：〈宋元明清敕封媽祖事因類型與歷朝海洋事業發展之「官民關係」的探討〉，《國立編譯館館刊》第 24 卷第 1 期，1995 年，頁 227-259。

邱奕松：〈媽祖祀在日本之探討〉，《史聯雜誌》10，1987 年，頁 91-96。

林文龍：《海口龍舟奪錦標，台灣史蹟叢論風土篇》，台中：國彰出版社，
　　1987 年，頁 181-199。

林美容：〈與彰化媽祖有關的傳說〉、〈故事與諺語〉，《民族學研究所資料
　　彙編》2，1990a，頁 107-112。〈彰化媽祖的信仰圈〉，《中研院民族所
　　集刊》68，1990b，頁 41-104。《台灣文化與歷史的重構》，台北：前
　　衛出版社，1996 年。

林美容：《高雄縣民間信仰》，高雄：高雄縣政府，1997a。

林美容：〈媽祖信仰與地方社區──高雄縣媽祖廟的分析〉，《媽祖信仰國
　　際學術研討會論文集》，南投：台灣省文獻會，1997b，頁 91-109。

林美容：《台灣區域性祭典組織的社會空間與文化意涵》（徐正光、林美容
　　編），《人類學在台灣的發展──經驗研究篇》，台北：中研院民族所，
　　1999 年，頁 69-88。

林美容：〈高雄縣王爺廟分析──兼論王爺信仰的姓氏說〉，《中央研究院
　　民族學研究所集刊》88，2000 年，頁 107-131。

周世躍：〈海上女神媽祖與媽祖崇拜〉，《國文天地》第 5 卷第 11 期，1990
　　年，頁 94-96。

姜蘭虹、趙建雄、徐榮崇：〈當代海外華人的海外移民〉，《台灣大學地理
　　學系地理學報》24，1998 年，頁 59-84。

施雲軒：〈鹿港遙祭湄洲天上聖母追記〉，《鹿港風物》4，1987 年，頁 29-31。

徐麗霞：〈海上的守護神：「水仙尊王」〉，《中國語文》第 80 卷第 6 期，1997
　　年，頁 93-97。

許月瑛：〈媽祖娘娘兩隻手牽著兩個島〉，《新新聞》114，1989 年，頁 50-52。

許耀彬：〈宗教直航泉州與澎湖媽祖關係沿革〉，《中央月刊》第 35 卷第 9
　　期，2002 年，頁 96。

陳國強、林瑞霞：〈鄭成功登陸台灣與媽祖文化〉，《台灣源流》15，1999
　　年，頁 98-105。

陳瑞樺：〈一個漁村的社群性宗教──從龜山島到仁澤新村的變遷〉，《宜
　　蘭文獻》34，1998 年，頁 76～120。

陳憲明：〈澎湖北海一帶無人島紫菜採集的領域管理〉，《師大地理研究報
　　告》17，1991 年，頁 63-84。

陳憲明：〈澎南地區五德里廟產的石滬與巡滬的公約〉，《師大地理研究報
　　告》25，1995 年，頁 117-140。

陳憲明：〈澎湖鼎灣、許家兩村合鎮安營的儀式：村落社會秩序與象徵秩序的彰顯〉，《西瀛風物》1，1996年，頁62-75。

張清海：〈金門縣——湄洲媽祖巡安金門，「神」氣十足〉，《中央月刊》第35卷第6期，2002年，頁93。

黃文博，《南瀛刈香誌》，台南：台南縣立文化中心，1994年。

黃有興，《澎湖的民間信仰》，台北：台原出版社，1992年。

翁安雄，〈台灣海洋信仰中的水仙王——以澎湖媽宮的水仙宮為例〉，《史匯》4，2000年，頁71-93。

楊曲昌：〈塹港富美宮之祭祀圈演變探究〉，《台灣人文》2，（1998年），頁175-200。

楊熾昌：〈媽祖史考——朱衣的媽祖海人的尊崇護神〉，《台南文化》27，1989年，頁97-105。

鄭水萍：〈台灣海洋文化資產探討〉，《海洋與台灣學術研討會論文集》，高雄：國立中山大學，2002年，頁2-3-1-8。

從《紅樓夢》到《花語》
──試析 2008 浴火雲門葬花情懷

李栩鈺

嶺東科技大學通識教育中心副教授

壹、前言

　　本文以《紅樓夢》為中心，採用版本為台北里仁書局 1984 年出版的庚辰本，從大觀園中的誰「進」誰「出」，觀照曹雪芹的敘事風格，兼論黛玉進府的心態及源於一代名姝柳如是的病貌。《紅樓夢》中「說故事」的著名段落有劉姥姥──茗玉小姐抽柴火、寶玉──耗子變香芋（黛玉）、茗煙──萬兒（名字由來）、丫頭──晴雯變芙蓉花神以及「書中書」賈母批判說書人才子佳人故事，從這些故事串起的曲折離奇，正足供現代文化創意產業借鏡發展故事產業，其著重的是文本敘述的故事性。

　　而另一條可能路徑顯然是台灣文化創意產業中最具指標性的雲門舞集，以寫意方式演繹《紅樓夢》（1983）、《花語》（2008），東方美學傳統強調寫意傳神，因此舞劇場景的渲染如同戲曲一般也是虛擬的，人物造型亦是象徵性的。虛涵的意象使舞蹈語言超越具體語義。而本文深覺《紅樓夢》的現代闡發，雲門舞集的第三支紅樓系列舞碼似乎較有可能超前實踐。

貳、雲門的《水月》與《花語》

　　「雲門」在 1973 年創立，定名即據《呂氏春秋》：「黃帝時，大容作雲門，大卷……」，這是椳傳黃帝所作的樂團曲，後來雲門的表演名符其實，特別標榜天地人合一，人與世界的相遇，而這些堅持也逐漸成為雲門舞集的藝術特徵。

　　雲門的舞者迄今為止都是台灣人，他們在表演藝術的舞台上無可置疑地認同於華人社群與華人文化史，宋灝指出：他們是從台灣出發，面對全世界來「體認」中國文化的核心。在當代藝壇，他們甚至代表著中國文化自我了解的一種「化身」[1]。雲門的舞者超越舞台表演與世界事實之間原來可能存在的界線，他們將那個古老的身體模式和運動姿態納入自己整個存在之內，據此再現表象更為「具體」的方式，在舞台上實行宇宙之「自然」發生的運轉模樣。

　　2008 年雲門三十五週年，年初的一場大火燒毀平日練舞所在處──八里排練場鐵皮屋，社會大眾這才驚覺出他們練舞的窘境。這年浴火重生的秋季公演即以「花語」、「水月」兩齣舞碼，9 月 26 至三十日於國家戲劇院演出《水月》，10 月 3 日、12 日推出新作《花語》，共兩檔十五場演出。並特別邀請國際知名大提琴巨星米夏・麥斯基於 9 月 29 及 30 日與雲門《水月》首度現場合作。

　　《花語》宛如是《水月》的前傳，兩支作品有著同樣的音樂血緣，但《花語》擷取的是其中的快板樂章，輕快的風格與《水月》的沉穩氣質截然不同。《水月》的一切都在緩慢中來去自如，舞者

---

[1]　宋灝：〈當代文化與實踐──以台灣雲門舞集為例〉，《思想》第 9 期，2007 年，頁 18。

沈靜而細膩的動作像是水墨慢慢暈染，水聲潺潺中，在黑白映照的明淨清冷舞台上舒展出一幅長卷畫作，台灣的宣傳海報言：

　　一套「巴赫無伴奏的大提琴組曲」　兩齣風格不同的詩意舞作

《花語》是世界首演，《水月》則是十週年特別演出：

　　一九九八年　林懷民取巴赫經典緩慢樂章渲染《水月》

　　今年　又摘用其中輕快的章節詠歌《花語》

　　十年歲月　十年圓熟　十年對生命的凝視

　　造就林懷民創作生涯的一對高峰

　　從 1998 到 2008，十年之後，林懷民再度挑戰巴赫這部大提琴經典，結合西方閱聽觀眾熟悉的音樂元素，《水月》是西方音樂、東方舞蹈相遇，所以在歐美地區廣受好評，國際芭蕾雜誌稱讚《水月》是「巴赫的樂曲與林懷民的太極，水乳交融，彷彿百年來就等待這場相遇。」曹穎娜言：「七十分鐘的演出，《水月》行雲流水，一氣呵成，舞蹈動作揉進了中國的太極，無論獨舞、男女對舞或群舞，均以連綿不絕、週而復始的節奏遙為呼應，在一呼一吸中演繹著某種中國式的理念」。[2]迄今在歐、亞、澳、南美及北美洲演出一百多場，被認為是雲門舞集九〇年代藝術巔峰的經典舞作。2000年被選為雪梨奧運藝術最佳節目，《紐約時報》選為 2003 年最佳舞作。歐洲舞蹈雜誌評價認為：「對亞洲舞蹈進化的重要性，絕不亞於威廉佛塞的法蘭克福芭蕾舞團對歐洲古典芭蕾的影響。」歷經十年之後，《水月》依然有著綿延不絕的後續力，林懷民以「欲罷不

---

[2]　曹穎娜：〈靈動的世界——看雲門舞集《水月》有感〉，《大舞台》藝術雙月刊，2007 年第 5 期，頁 77。

能」來形容《水月》在國際上受歡迎的程度。而在對岸的華人中國，雲門又獲得何許迴響？

　　1993 年北京演出《薪傳》，闊別十四年，2007 年 7 月在北京保利劇院演出《白蛇傳與雲門精華》與《水月》。第一套節目《白蛇傳與雲門精華》，包括《白蛇傳》、《紅樓夢》、《行草三部曲》等雲門舞集早期精品之作的片段。第二套《水月》則屬於雲門舞集近期的作品。編舞者由「鏡花水月總成空」的佛家偈語出發，以巴赫大提琴獨奏組曲入舞。舞蹈動作根據「太極導引」的原理發展成形。《水月》以巴赫無伴奏大提琴組曲的慢板樂章入舞，在水聲潺潺黑白映照的舞台上，舞者以柔軟如草、飽滿圓熟的肢體緩慢流動，悠遠靜謐，美不勝收。從兩次北京演出的舞碼觀看，顯然雲門在大陸是以「傳統文化薪傳者」來自我期許。林懷民自言，放棄了血緣文化，這是慘烈的損失，他在不知不覺中，編了一些「古話新說」，讓新世代的觀眾從雲門的舞台認識了白娘子、賈寶玉和雲中君。[3]從眷戀傳統文化到親近新世代朋友的用心，我們看到生命的壯濶，也看到全球化的雲門。

　　《花語》的靈感來自 2007 年雲門舞集到葡萄牙演出時，在辛特拉近郊山頂的佩南宮外，林懷民看到落了滿山遍野的紅茶花，花瓣依然新鮮美麗，生命卻已跌入春泥，心中浮起《紅樓夢》裡秦可卿吐露的天機警語：「三春去後諸芳盡」。紅樓文學裡描繪華麗早逝，繁華落盡的生命省思，促使林懷民編創這支「傾聽花魂私密絮語」的抒情之作。雖說「靈感」的異國風濃厚，但常言道：春城何處不飛花？從文學的根基而言，《花語》絕對可視為《紅樓夢》的姐妹作！

---

[3]　林懷民：〈總序——憧憬與悸動〉；收於蔣勳：《舞動紅樓夢》，台北：遠流出版，2005 年 3 月。

　　綜觀近幾年雲門演出的舞碼，《水月》和《行草》三部曲都是黑白，《花語》可說是他這十年來最色彩繽紛的一支作品，或許因著這場八里之火，《花語》起用雲門舞集年輕舞者來表現生命的燦爛與飛揚，舞者們終於很開心不再屈膝蹲馬步，有了身體可以騰躍伸展的「跳舞」，做出漂亮的飛翔舞姿。但對舞者而言，最困難的是在花瓣上跳舞容易滑倒；對觀眾而言，感官震撼是八萬朵花瓣從繁美到靜朽，所以劇場的技術人員必須不斷嘗試增加花瓣的摩擦力，以確保舞者安全。對中文學界而言，朱光潛《詩論》第一章詩的起源，特別指出：「詩歌與音樂、舞蹈同源」。先秦時期的文學名作《詩經》、《楚辭》中，例不勝數，正是初民的鮮活的藝術結晶！屈原《九歌》的祭祀歌舞，莊嚴而震懾人心，柔媚又美不勝收，也是雲門著名的舞碼。《紅樓夢》為明清小說藝術發展的最高峰，海外漢學家的研究焦點，1983 年的雲門《紅樓夢》更可成為立足台灣、進攻大陸、放眼國際的一齣舞作！這齣結合各領域高手打造的舞蹈盛宴，由旅美舞台設計一代宗師李名覺以六套輕紗交疊，橫越舞台創造四季流轉空間，色彩繽紛，按四季劃分，舞台上用六幅寬大的雪紡紗拉出白色、綠色與紅色，呈現出生機盎然的春、欲望熱鬧的夏、蕭殺蕭索的秋與寂寥空無的冬。台灣現代音樂家賴德和，以中西樂器譜寫出氣勢磅礴、宛轉抒情的交響樂；以及亞洲最負盛名燈光設計師林克華、台灣劇場最活躍服裝設計家林璟如，用十二種顏色表現十二金釵，象徵了一個夢幻世界中不同人物的命運狀態。除了認識十二金釵（原應歎息的女性命運）傳奇與四大家族（賈、王、史、薛）興衰，藉由故事主角的悲歡離合際遇，正好提供了另一種觀看人生的視角。

參、黛玉的多愁多病與柳如是的病貌相兼

第三回黛玉因母親賈敏逝世而得進入賈府，現實中的「孤女意識」是她生命最深層的悲哀，曹雪芹的小說敘事筆法便借她的「眼」來觀看賈府排場：

> 近日所見的這幾個三等僕婦，吃穿用度，已是不凡了。何況今至其家。因此步步留心，時時在意，不肯輕易多說一句話，多行一步路，唯恐被人恥笑了他去。

就如〈葬花詞〉名句「一年三百六十日，風刀霜劍嚴相逼」，終其一生，黛玉便不曾離開賈府，最後魂斷瀟湘館，原來，她棄舟登岸，這一路所見所聞，竟成絕響！黛玉進府，是她展開生命中的第一次旅程，也是木石前盟的宿命投奔！但這種「唯恐被人恥笑」的心態一直是巨大的陰影，盤旋不去，儘管她再怎麼「步步留心，時時在意，不肯輕易多說一句話，多行一步路」，還是在後來的晚宴場面上震懾住：

> 外間伺候之媳婦丫鬟雖多，卻連一聲咳嗽不聞。寂然飯畢，各有丫鬟用小茶盤捧上茶來。當日林如海教女以惜福養身，云飯後務待飯粒咽盡，過一時再吃茶，方不傷脾胃。今黛玉見了這裡許多事情不合家中之式，不得不隨的，少不得一一改過來，因而接了茶。

賈府首餐，情妹妹也如後來的村姥姥，驚訝於用膳的靜音場面，而飯畢送茶，有違林家平常教導的養身之道，在「不得不隨」，「少不得一一改過」的狀況下，幸而黛玉不曾貿然就飲，漱口茶與

王敦出醜的塞鼻棗,都非為口腹之欲而設。紅樓學者康來新認為:「初來乍到便被茶找碴,也許預告了黛玉體質與習性畢竟不適金玉良緣的榮國府,雖然鳳姐曾打趣,說是連茶都吃了,自是未來的媳婦(二十五回),但茶哭淚還,『心事終虛化』(第三回),黛玉『心思過人』還是不敵命中注定。」[4]

　　賈母詢問黛玉念了何書,黛玉老實答道:「只剛念了《四書》。」初來乍到的她好奇追問這兒的姊妹們讀何書時,連最「親」的外婆賈母都只淡然說:「讀的是什麼書,不過是認得兩個字,不是睜眼的瞎子罷了!」學了乖的黛玉後來也更小心地回答寶玉的同樣問題:「妹妹可曾讀書?」「不曾讀,只上了一年學。些須認得幾個字。」兩人的猜心活動或許就肇源於外在世界(甚至是身邊人)的爾虞我詐。

　　這不也就是一代名姝柳如是(1618-1664)在寫作《湖上草》、《尺牘》時期呈現的避禍逃難之心態?(雨中游斷橋):「野橋丹閣摠通煙,春氣虛無花影前。北浦問誰芳草後,西泠應有恨情邊。看桃子夜論鸚鵡,折柳孤亭憶杜鵑。神女生涯倘是夢,何妨風雨炤嬋娟。」對柳如是而言,春天是「虛無」的,不論文人雅士、王孫公子「看桃」或「折柳」,都只是「神女生涯」的夢罷了。另外,著名的十首(西泠),其一、其三曰:

　　　　一

　　西泠月炤紫蘭叢,楊柳絲多待好風。小苑有香皆冉冉,新花無夢不濛濛。金吹油壁朝來見,玉作靈衣夜半逢。一樹紅梨更惆悵,分明遮向畫樓中。

4　見〈閒情幻──《紅樓夢》的飲食美學〉,收於《趕赴繁花盛放的饗宴──飲食文學國際研討會論文集》,台北:時報文化,1999 年,頁 216。

三

九嶷弱水共沉埋，何必西泠憶舊懷。玉碗如煙能宛轉，金燈不夜若天涯。山櫻一樹迷仙井，桃葉千條渺鳳釵。萬古情長松柏下，只愁風雨似秦淮。

女子雖然「楊柳絲多」，滿心盼著「好風」，但又擔心「風雨似秦淮」。再看〈西湖〉八絕句：

一

垂楊小院繡簾東，鶯閣殘枝未思逢。大抵西泠寒食路，桃花得氣美人中。

二

年年紅淚染青溪，春水東風折柳齊。明月乍移新葉冷，啼痕只在子規西。

三

湘絃瑟瑟瑣青銬，些是香銷風雨蒐。無數紅蘭向身瀉，誰知多折不能回。

四

南屏煙月曉沉沉，細雨嬌鶯淚似深。猶有溫香雙蛺蝶，飛來紅粉字同心。

五

亞枝初發可憐花，剪剪青鸞濕路斜。移得傷心上楊柳，西泠杜宇不曾遮。

六

青蕪煙掠夜涼時，落盡櫻桃暗碧池。恨殺楊花已如淚，春風春夢又相吹。

七

晴湖新水玉生煙，芳草霏霏食出雁。苦憶青陵舊時鳥，桃花啼裡不曾還。

八

愁看屬玉弄花磯，紫燕翻翻濕翠衣。寂寞春風香不起，殘紅應化雨絲飛。

　　雖然「桃花得氣美人中」，是如此的盛妝麗容，可是年年月月過去，只剩「紅淚染青溪」，「多折」的花，就算「初發」也是「可憐」，落得「傷心上楊柳」、「落盡櫻桃暗碧池」，真是「恨殺楊花已如淚」，到了最後一首的「愁看」，甚至「寂寞春風香不起，殘紅應化雨絲飛」，更印證了柳如是這個時期的生活困頓。此組作品與《紅樓夢》二十七回的〈葬花詞〉意境相似：

> 花謝花飛花滿天，紅消香斷有誰憐？游絲軟繫飄春榭，若絮輕沾撲繡簾。
> 閨中兒女惜春暮，愁緒滿懷無釋處，手把花鋤出繡閨，忍踏落花來復去。
> 柳絲榆莢自芳菲，不管桃飄與李飛。桃李明年能再發，明年閨中之有誰？
> 三月香巢已壘成，樑間燕子太無情！明年花發雖可啄，卻不道人去樑空巢也傾。

一年三百六十日，風刀霜劍嚴相逼，明媚鮮妍能幾時，一朝
漂泊難尋見。

花開易見落難尋，階前悶殺葬花人，獨倚花鋤淚暗灑，灑上
空枝見血淚。

杜鵑無語正黃昏，荷鋤歸去掩重門。青燈照壁人初睡，冷風
敲窗被未溫。

怪奴底事倍傷神，半為憐春半惱春：憐春忽至惱忽去，至又
無言去不聞。

昨宵庭外悲歌發，知是花魂與鳥魂？花魂鳥魂總難留，鳥自
無言花自羞。

願奴脅下生雙翼，隨花飛到天盡頭。天盡頭，何處有香丘？
未若錦囊收艷骨，一抔淨土掩風流。質本潔來還潔去，強於
污淖陷渠溝。

爾今死去儂收葬，未卜儂身何日喪？儂今葬花人笑痴，他年
葬儂知是誰？

試看春殘花漸落，便是紅顏老死時。一朝春盡紅顏老，花落
人亡兩不知！

　　尤其在《尺牘》中，更是句句帶病：二扇草上，病中不工。書
不述懷，臨風悵結。（十一通）、奈近羸薪憂，褰涉為憚，稍自挺動，
必不忍塞僵，以自外於霞客也。（十三通）、褵褶宴坐，愈深賞音之
懷，況矣先生之高徹，人倫水鑑，歲寒三過，何只訪戴雪舟，可一
日而不對冰壺、聆玉屑耶？昨以小疢，有虛雅尋。怏怏之餘，兼之
惡悚。（第十四通）、不意元旦嘔血，遂耳岑岑。至今寒熱日數十次，
醫者亦云，較舊沉重，恐瀕死者無幾，只增傷悼耳。所剩溫慰過情，

郵筒兩寄，銘刻之私，非言所申。嗟乎！知己知遇，古人所難。自愧渺末，何以當此？倘芝眉得見，愁苦相勞，復何恨耶？荒迷之至，不知倫次。（第十八通）、棲飲之暇，樂聞勝流。顧秘公懶甚，無意一識南金。奈何！柴車過禾，夕遲之，伏枕荒謬，殊無詮次。（第廿五通）、得讀手札，便同阿門國再見矣。但江令愁賦，與弟感懷之語，大都若天涯芳草，何絲與巴山之雨，一時傾倒也。許長史《真誥》，亦止在先生數語間耳。望之！餘扼腕之事，病極不能多述也。（第廿七通）、不意甫入山後，纏綿夙疾，委頓至今。近聞先生已歸，幸即垂視，山中最為麗矚，除藥爐禪榻之外，即松風桂渚。（第廿八通）、弟抱痾禾城，已纏月紀。及歸山閣，幾至彌留。（第廿九通）

　　柳如是體弱多病，在第一本作品《戊寅草》（訴衷情近‧添病）已言：

> 幾番春信，遮得香魂無影，銜來好夢難憑，碎處輕紅成陣。任教日暮還添，相思近了，莫被花吹醒。　雨絲零，又早明簾人靜。輕輕分付，多簡未曾經。畫樓心，東風去也，無奈受他，一宵恩幸，愁甚病兒真。

　　此詞名為「添病」。所謂「添病」語涉雙關，不僅柳如是與陳子龍均染小恙，更有所指，即「添」相思之「病」也。陳子龍（戊寅七夕病中）詩中有云「不堪同病夜，苦憶共秋河」，對柳如是的眷戀之情溢於言表。柳如是同樣靈犀不變，真情不死，發而為詞，通篇言情，追憶南園同居生活，究竟是誰「銜來好夢」？正是愛情之神。然而好夢難憑，如春天繽紛的花朵「輕紅成陣」。如果因為真愛而病，那就再添一些「病」吧，只是別讓吹來的花瓣把我叫醒。

下半闋轉入早晨醒來對昨晚愛情的回味。窗外雨絲飄零，屋內帘明人靜。憶起昨夜情，已成為「曾經」，柳如是「輕輕吩咐」自己：當愛情被外力摧殘，姻緣離變，就當什麼也未發生。追懷往昔，「一宵恩幸」，留下的離愁和心病，卻是真切而綿綿無期。柳如是與陳子龍同病相憐，在詞中宣其心聲，柔情萬千，委婉纏綿之情宛然若見。

自崇禎十四年正月二日至上元，柳、錢二人同遊拂水山莊，又偕往蘇州。但半月間竟無唱和之作，到元夕纔有詩。陳寅恪據錢牧齋之詩認為：「則河東君之離常熟，亦是扶病而行者。」隨即又云：

> 今日思之，抑可傷矣。清代曹雪芹糅和王實甫「多愁多病身」及「傾國傾城貌」，形容張崔兩方之辭，成為一理想中之林黛玉。殊不知雍乾百年之前，吳越一隅之地，實有將此理想而具體化之河東君。[5]

此「理想中之林黛玉」或被指糅和自紅顏薄命的馮小青、葉小鸞，文學家多「實者虛之」，史學家多「虛者實之」，陳寅恪深知箇中三昧，打通文史隔膜，援詩證史，引史入詩，出入文史之間，揮灑自如。但他更感慨的是柳如是竟然：

> 真如湯玉茗所寫柳春卿夢中之美人，杜麗娘夢中之書生。後來果成為南安道院之小姐，廣州學宮之秀才。中國老聃所謂「虛者實之」者，可與希臘柏拉圖意識型態之學說，互相證發，豈不異哉！[6]

---

[5] 陳寅恪：《柳如是別傳》，北京：生活讀書新知三聯書店，2001 年 1 月 1 版，2001 年 5 月 3 刷，頁 583。

[6] 同上註。

　　柳如是的避禍逃難，林黛玉的進府葬花，這一路的孤女辛酸，恐怕得在漫天飛舞花境中才能紓解與證發。

肆、劉姥姥進大觀園──讓文化想像浴火重生

　　提起「大觀園」，很容易衝口而出的配對的答案便是「劉姥姥」。畢竟這是一句耳熟能詳的話，形容那種鄉下佬進入城禮繁華世界的眼花撩亂，既新奇、又驚喜的體驗。但熟讀《紅樓夢》的讀者都知道，劉姥姥帶給賈府上上下下的鄉野情趣與精神喜悅，恐怕遠超過她最後帶走那一大車的物質。雖說她本來是對賈府的銀兩救援有所求，但配合度極高的她，和王熙鳳、鴛鴦共同演出「鴿子蛋」、「茄鯗」等橋段、逗趣自嘲「老劉，老劉，食量大如牛」，使得大家開懷大笑，曹雪芹也在此展現每位金釵恰如其分的笑姿，姑娘們的笑影倩顏，更永駐讀者腦中。對台灣六七〇年代的觀眾而言，早期或可用大家熟知的阿匹婆、青蚵嫂來比擬古典文學的劉姥姥，2009年《英國才藝秀》（Britain's Got Talent）節目中有個蘇珊大嬸爆紅，來自鄉下的蘇珊波伊（Susan Boyle）就是一副鄉下裝扮，一頭燙壞的泛白短髮，胖胖的像劉姥姥進大觀園一般，上了舞台有點手足無措，但說話倒頗有膽識。當評審聽到她是四十七歲而翻起白眼，她大膽回應：「你不知道的可多了！」言畢便插腰擺臀、用力頓頭，姿態俚俗搞笑，但她一開唱〈我夢著一個夢〉（I dreamed a dream），此名曲來自音樂劇《悲慘世界》，中段「羞辱」（shame）一字需要有五次轉音竄升，越竄越高，而蘇珊大嬸卻戰戰兢兢，以雄厚的丹田唱出，聲勢豪壯感人。蘇珊大嬸若非土貌面世，恐怕也難一鳴驚人，而故意製造反差的製作單位，或許效法的便是曹雪芹的獨到安排！

　　劉姥姥不懈的活力，尤其表現在她說故事的能耐上：雪中茗玉的鄉野傳奇竟征服了厭惡老女人的寶玉，另一則家庭故事，則連最不浪漫的王夫人也聽得津津有味。丑角的姥姥何嘗沒內涵的智慧？[7]農婦的智慧不僅止於虛構故事的活潑想像力。第三十九回「村姥姥是信口開河　情哥哥偏尋根究底」後半段劉姥姥出場，忙換了衣裳，坐在賈母榻前，又搜尋些話出來說。寶玉和姊妹們也都在場，他們何曾聽見過這些話，自覺比那些瞽目先生說的書還好聽。那劉姥姥雖是個村野人，卻生來的有些見識，況且年紀老了，經歷過世情，見頭一個賈母高興，第二見這些哥兒姐兒們都愛聽，便沒了說的也編出些話來講，因而順口說了柴火姑娘的故事：

> 「我們村莊上種地種菜，每年每日，春夏秋冬，風裡雨裡，那有個坐著的空兒，天天都是在那地頭子上作歇馬涼亭，什麼奇奇怪怪的事不見呢。就像去年冬天，接連下了幾天雪，地下壓了三四尺深。我那日起的早，還沒出房門，只聽外頭柴草響。我想著必定是有人偷柴草來了。我爬著窗戶眼兒一瞧，卻不是我們村莊上的人。」賈母道：「必定是過路的客人們冷了，見現成的柴，抽些烤火去也是有的。」劉姥姥笑道：「也並不是客人，所以說來奇怪。老壽星當個什麼人？原來是一個十七八歲的極標緻的一個小姑娘，梳著溜油光的頭，穿著大紅襖兒，白綾裙子——」剛說到這裡，忽聽外面人吵嚷起來，又說：「不相干的，別唬著老太太。」賈母等聽了，忙問怎麼了，丫鬟回說：「南院馬棚裡走了水，不相

7　康來新：〈課堂請來了劉姥姥〉，《紅樓長短夢》，台北：駱駝出版社，1996年11月初版1刷，頁38。

干，已經救下去了。」賈母最膽小的，聽了這個話，忙起身扶了人出至廊上來瞧，只見東南上火光猶亮。賈母唬的口內念佛，忙命人去火神跟前燒香。王夫人等也忙都過來請安，又回說「已經下去了，老太太請進房去罷。」賈母足的看著火光息了，方領眾人進來。寶玉且忙著問劉姥姥：「女孩兒大雪地作什麼抽柴草？倘或凍出病來呢？」賈母道：「都是才說抽柴草惹出火來了，你還問呢。別說這個了，再說別的罷。」寶玉聽說，心內雖不樂，也只得罷了。劉姥姥便又想了一篇，說道：「我們莊子東邊莊上，有個老奶奶子，今年九十多歲了。他天天吃齋念佛，誰知就感動了觀音菩薩夜禮來托夢說：『你這樣虔心，原來你該絕後的，如今奏了玉皇，給你個孫子。』原來這老奶奶只有一個兒子，這兒子也只一個兒子，好容易養到十七八歲上死了，哭的什麼似的。後果然又養了一個，今年才十三四歲，生的雪團兒一般，聰明伶俐非常。可見這些神佛是有的。」這一夕話，實合了賈母、王夫人的心事，連王夫人也都聽住了。

老人家忌諱的便是刀光劍血、火影幢幢，因為柴火故事而引起的宅第虛驚，連報信都得喊「走水」，不說「失火」，取水能滅火之義，雖說是誤打誤撞觸了礁，精通人情的劉姥姥當然得改說另一套送子觀音故事，多子多孫多福的吉兆，才能圓滿這場飯局。只是多情寶公子而言，顯然並不能打動心坎，他念茲在茲的是故事中那十七八歲的紅襖白裙姑娘（衣著亦如寶玉身影），連探春商量詩社辦賞菊的活動，他卻提「何不雪下吟詩？」，遭到平日素愛吃醋的黛玉取笑：「咱們雪下吟詩？依我說，還不如弄一捆柴火，雪下抽柴，

還更有趣兒呢。」這番話讓寶釵等人都笑了。不理會眾人的心知肚明，寶玉瞅了黛玉一眼，也不答話。仍舊私下癡情拉住劉姥姥，細問那女孩兒是誰。劉姥姥只得編了「茗玉小姐」告訴他道：

> 「那原是我們莊北沿地埂子上有一個小祠堂禮供的，不是神佛，當先有個什麼老爺。」說著又想名姓。寶玉道：「不拘什麼名姓，你不必想了，只說原故就是了。」劉姥姥道：「這老爺沒有兒子，只有一位小姐，名叫茗玉。小姐知書識字，老爺太太愛如珍寶。可惜這茗玉小姐生到十七歲，一病死了。」寶玉聽了，跌足嘆惜，又問：「後來怎麼樣？」劉姥姥道：「因為老爺太太思念不盡，便蓋了這祠堂，塑了這茗玉小姐的像，派了人燒香撥火。如今日久年深的，人也沒了，廟也爛了，那個像就成了精。」寶玉忙道：「不是成精，規矩這樣人是雖死不死的。」劉姥姥道：「阿彌陀佛！原來如此。不是哥兒說，我們都當他成精。他時常變了人出來各村莊店道上閒逛。我才說這抽柴火的就是他了。我們村莊上的人還商議著要打了這塑像平了廟呢。」寶玉忙道：「快別如此。若平了廟，罪過不小。」劉姥姥道：「幸虧哥兒告訴我，我明兒回去告訴他們就是了。」寶玉道：「我們老太太、太太都是善人，闔家大小也都好善喜捨，最愛修廟塑神的。我明兒做一個疏頭，替你化些佈施，你就做香頭，攢了錢把這廟修蓋，再裝潢了泥像，每月給你香火錢燒香豈不好？」劉姥姥道：「若這樣，我托那小姐的福，也有幾個錢使了。」寶玉又問他地名莊名，來往遠近，坐落何方。劉姥姥便順口胡謅了出來。

　　所謂的「順口胡謅」，明智的讀者早可理性判讀，擱置不論。這場戲中劉姥姥僅是見機行事，順著風向編出一個瀰天大謊，但只有情癡的寶玉，方能繼續這場謊言的浪漫：

> 寶玉信以為真，回至房中，盤算了一夜。次日一早，便出來給了茗煙幾百錢，按著劉姥姥說的方向地名，著茗煙去先踏看明白，回來再做主意。那茗煙去後，寶玉左等也不來，右等也不來，急的熱鍋上的螞蟻一般。好容易等到日落，方見茗煙興興頭頭的回來。寶玉忙道：「可有廟了？」茗煙笑道：「爺聽的不明白，叫我好找。那地名座落不似爺說的一樣，所以找了一日，找到東北上田埂子上才有一個破廟。」寶玉聽說，喜的眉開眼笑，忙說道：「劉姥姥有年紀的人，一時錯記了也是有的。你且說你見的。」茗煙道：「那廟門卻倒是朝南開，也是稀破的。我找的正沒好氣，一見這個，我說『可好了！』連忙進去。一看泥胎，唬的我跑出來了，活似真的一般。」寶玉喜的笑道：「他能變化人了，自然有些生氣。」茗煙拍手道：「那裡有什麼女孩兒，竟是一位青臉紅髮的瘟神爺。」寶玉聽了，啐了一口，罵道：「真是一個無用的殺才！這點子事也幹不來。」茗煙道：「二爺又不知看了什麼書，或者聽了誰的混話，信真了，把這件沒頭腦的事派我去碰頭，怎麼說我沒用呢？」寶玉見他急了，忙撫慰他道：「你別急。改日閒了，你再找去。若是他哄我們呢，自然沒了，若真是有的，你豈不也積了陰騭。我必重重的賞你。」

　　從一個不起眼的茶餘飯後小故事，引起虛驚一場的大火，點出了黛玉的小醋罈子，再派茗煙實地找廟供養，沒料到最後找出的是

位青臉紅髮的瘟神爺，曹雪芹的重重設限，環環相扣，不愧為敘事高手。假作真時真亦假，依然留給後人的是無窮想像——改日閒了，再找！

伍、化腐朽為神奇的紅樓故事產業

　　除了劉姥姥說故事的能力以外，《紅樓夢》十九回「情切切良宵花解語　意綿綿靜日玉生香」、五十四回「史太君破陳腐舊套　王熙鳳效戲彩斑衣」分別有寶玉說故事（黛玉是小耗子變的香芋，喻寶玉的憐香惜玉）與及元宵節兩位女先兒說書（本欲吹捧王熙鳳，卻變成賈母反諷「才子佳人類型故事」），底下分述之。

　　十九回接續的是寶玉已完成大觀園試才、賈府忙完接駕元妃之事，所以全府上下「人人力倦，各各神疲」休養生息中。無事忙的寶玉想起小書房內曾掛著一軸美人像，正想前去望慰那寂寞而傳神的美人：

> 剛到窗前，聽見屋裡一片喘息之聲，卻是茗煙按著個女孩子，也幹那警幻所訓之事，正在得趣，故此呻吟。寶玉禁不住大叫：「了不得！」一腳踹進門去，將那兩個唬的抖衣而顫。茗煙見是寶玉，忙跪下哀求。寶玉道：「青天白日，這是怎麼說！珍大爺要知道了，你是死是活？」一面看那丫頭，倒也白白淨淨兒的，有些動人心處，在那裡羞的臉紅耳赤，低首無言。寶玉跺腳道：「還不快跑！」一語提醒那丫頭，飛跑去了。寶玉又趕出去，叫道：「你別怕，我不告訴人。」急的茗煙在後叫：「祖宗，這是分明告訴人了！」

寶玉因問：「那丫頭十幾歲了？」茗煙道：「不過十六七了。」寶玉道：「連他的歲數也不問問，就作這個事，可見他白認得你了！可憐，可憐！」又問：「名字叫什麼？」茗煙笑道：「若說出名字來，話長，真正新鮮奇文！他說，他母親養他的時節，做了一個夢，夢得了一疋錦，上面是五色富貴不斷頭的『卍』字花樣；所以他的名字就叫作萬兒。」

《紅樓夢》中的警幻仙姑帶領寶玉遊太虛幻境，在全書是相當重要的關鍵回目，小說講究高潮起伏，通常會故佈疑陣，高明的曹雪芹卻在故事一開頭（第五回）即明白告知讀者十二金釵的結局（情榜判詞），十九回又提夢中的警幻仙子，更要提醒讀者第五回的重要性。只是在此先輕描淡寫的提起撞見茗煙的性事，而揭示情種寶玉的「意淫」與一般公子的「皮膚濫淫」之差，幸虧書僮茗煙好歹也知姑娘芳名，還會說出一段名字傳奇故事。

寶玉愛聽故事，故事的連環效應是：姥姥能言，書僮會講，丫頭善道，展現在七十八回「老學士閒徵姽嫿詞　癡公子杜撰芙蓉誄」中，寶玉聽聞晴雯死訊，一心盼著晴雯死前喊過他的名字，最伶俐的小丫頭趕緊向寶玉邀功，說她如何「見義勇為」冒著被夫人打的危險去探望晴雯，才擁有的「獨家報導」：

誰知他平生為人聰明，至死不變。見我去了，便睜開眼拉我的手問：「寶玉哪裡去了？」我告訴他了。他歎了一口氣，說：「不能見了！」我就說：「姐姐何不等一等他，回來見一面？」他就笑道：「你們不知道，我不是死。如今天上少了一個花神，玉皇爺叫我去管花兒。我如今在未正二刻就上任去了，寶玉須得未正三刻纔到家，只少一刻兒的工夫，不能

見面。世上凡有該死的人，閻王勾取了去，是差些個小鬼來拿他的魂兒。要遲延一時半刻，不過燒些紙，澆些漿飯，那鬼只顧搶錢去了，該死的人，就可挨磨些工夫。我這如今是天上的神仙來請，那裡捱得時刻呢？」我聽了這話，竟不大信。及進來到屋裡，留神看時辰表，果然是未正二刻他嚥了氣，正三刻上就有人來叫我們，說你來了。」寶玉忙道：「你不認得字，所以不知道，這原是有的。不但花有一花神，還有總花神。但他不知做總花神去了，還是單管一樣花神？」這丫頭聽了，一時謅不來。恰好這是八月時節，園中池上芙蓉正開。這丫頭便見景生情，忙答道：「我已曾問他：『是管什麼花的神？告訴我們，日後也好供養的。』他說：『你只可告訴寶玉一人，除他之外，不可洩了天機。』就告訴我說，他就是專管芙蓉花的。」

一切的信誓旦旦，原只為安慰寶玉的遲到，雖然小丫頭能言善道，卻沒料到寶玉追根究柢，詞窮之際即景答出池上芙蓉，一往情深的寶玉接受了這美麗的說法：晴雯「未正二刻」嚥氣，原是為了掌管芙蓉而被神仙迎去！

而寶玉親自講述的故事，就發生在他最親的黛玉房內，應該也不足為奇。這天午後，他被一陣幽香弄得醉魂酥骨，還被黛玉搶白「奇香」、「暖香」：

蠢才，蠢才！你有「玉」，人家就有「金」來配你；人家有「冷香」，你就沒有「暖香」去配他？

就是在通靈寶玉金鎖配的枷鎖中，整部《紅樓夢》是以家族興衰與兒女命運縱橫交織而成的一部辛酸淚，脂硯齋批語云：「金玉

姻緣已定，又寫一金麒麟，是間色法[8]也。」借以說明「緣」的複雜化，底色對比中又加入湘雲、妙玉、晴雯、襲人等等眾紅樓兒女，且迷離交錯，說有緣又似無緣，說無緣又似有緣，卻使「金玉」「木石」之爭的情節更加富於波折變幻。妒生於愛，黛玉敢妒即是敢愛。寶釵相反，表面上總是「遠著寶玉」，而實如薛蟠說破：對寶玉「留了心」。父母長輩看好的金玉姻緣是富貴而不俗，寶玉雖欲棄之，然無法擺脫，象徵著傳統的禁錮；兒女情長私慕的木石之緣卻清高而孤芳，寶玉心誓從之，但無力挽救，象徵著叛逆的艱難。雲門的《紅樓夢》也在四季流動中，由春至冬，從繽紛喧嘩的躍動，到春殘花落的寂滅。故事從回憶開始，寶玉披著紅色袈裟，披著俗世的最後烙印，走向洪荒，人物服裝配合文本角色個性而具暗示性，顯見寶玉「赤條條的來去」，舞者「忘形存神」，以肢體語言表現文本的真實精神。節目單上，並沒有「寶玉」之名，而是用「園子裡的年青人」、「出了園子的年青人」和原作保持若即若離的關係。詠菊詩「孤標傲世偕誰隱，一樣開花為底遲」，秋天的白衣女子省悟葬花的繁華幻相也是自己的輓詞，黛玉獨舞多低頭內縮的動作，顯現其悲傷壓抑；「滴翠亭楊妃戲彩蝶」，夏天的紅衣女子熱愛生活，翩翩撲蝶，追逐燦爛發亮的生命，寶釵獨舞多昂首伸展的俐落節奏，表現其在大觀園中的得體得意，圓融理性。寶、黛雙人舞中，寶玉以黛玉為中心，追隨黛玉亦步亦趨。他是黛玉的支點，黛玉轉身寶玉同時轉身，充分顯露寶玉的深情。黛玉是絳珠草，受寶玉前世澆

8　間色法是一種繪畫技巧，例如主色紅色之外又加入類似紅色的粉紅、淡紅、桃紅、橙紅，一層一層不斷烘托。

灌，還淚而來今生，淚盡而逝，「像一片飄在風中的花瓣，寶玉抬頭仰望，用手輕輕承接在掌中」[9]。

　　這時黛玉臉已蓋上絹子，昏昏欲睡，寶玉卻不願她大白天晝寢，睡出病來，所以故意找話搭話，問她幾歲上京，路上見何景致？揚州有何古蹟？土俗民風如何？而佳人已然進入夢鄉，寶玉不禁鄭重且正言屬色道：「噯喲！你們揚州衙門裡有一件大故事，你可知道麼？」黛玉見寶玉的正經模樣，還以為是實有真事，回過神問：「什麼事？」寶玉見計策得逞，便忍著笑，順口謅道：「揚州有一座黛山，山上有個林子洞。」黛玉笑著指出扯謊之處，因為自己從來也沒聽見這山。寶玉堅持說：「天下山水多著呢，你那裡都知道？等我說完了，你再批評。」這也是他一貫的說法，天下除了四書以外，那一部不是杜撰的？黛玉便要他說下去，寶玉又開心地謅道：

> 　　林子洞裡原來有一群耗子精。那一年，臘月初七，老耗子升座議事，說：「明兒是臘八兒了，世上的人都熬臘八粥，如今我們洞裡果品短少，須得趁此打劫些個來纏好。」乃拔令箭一枝，遣了個能幹小耗子去打聽。小耗子回報：「各處都打聽了，唯有山下廟裡果米最多。」老耗子便問：「米有幾樣？果有幾品？」小耗子道：「米豆成倉。果品卻只有五樣：一是紅棗，二是栗子，三是落花生，四是菱角，五是香芋。」
>
> 　　老耗子聽了，大喜，即時拔了一枝令箭，問：「誰去偷米？」一個耗子便接令去偷米。又拔令箭，問：「誰去偷豆？」

9　蔣勳：〈雲門紅樓‧秋‧之三十〉，《舞動紅樓夢》，台北：遠流出版，2005年3月，頁108。

又一個耗子接令去偷豆。然後一一的都各領令去了。只剩了香芋，因又拔令箭，問：「誰去偷香芋？」只見一個極小極弱的小耗子應道：「我願去偷香芋。」

老耗子和眾耗子見他這樣，恐他不諳練，又怯懦無力，不准他去。小耗子道：「我雖年小身弱，卻是法術無邊，口齒伶俐，機謀深遠。這一去，管比他們偷的還巧呢！」眾耗子忙問：「怎麼比他們巧呢？」小耗子道：「我不學他們直偷，我只搖身一變，也變成個香芋，滾在香芋堆裡，叫人瞧不出來，卻暗暗兒的搬運，漸漸的就搬運盡了。這不比直偷硬取的巧嗎？」眾耗子聽了，都說：「妙卻妙，只是不知怎麼變？你去先變個我們瞧瞧。」小耗子聽了，笑道：「這個不難，等我變來。」說畢，搖身說變，竟變了一個最標致美貌的一位小姐。眾耗子忙笑說：「錯了，錯了。原說變果子，怎麼變出個小姐來了呢？」小耗子現了形，笑道：「我說你們沒見世面，只認得這果子是香芋，卻不知鹽課林老爺的小姐，纔是真正的『香玉』呢！」

這場「小耗子」搖身一變小姐的故事，逗趣之餘，也展現寶玉的憐香惜玉，兩小無猜的小兒女情懷。這也是賈母說的「不是冤家不聚頭」（二十九回），見多識廣的賈母，怎會不知兩位孫兒的心思？但在五十四回，作者又借賈母批判所謂「佳人」、「才子」，真是大哉問，完全不合邏輯的陳套，怪道：說書人怎能傳唱不歇、聽眾何以樂此不疲？她可以聽了一段「鳳求鸞」起頭，便知「經過」與「結尾」──佳人愛上才子，書也忘了，父母也丟了，只想著自己終身大事：

　　賈母便問李薛二人：「聽什麼書？」他二人都回說：「不拘什麼都好。」賈母便問：「近來可又添些什麼新書？」兩個女先回說：「倒有一段新書，是殘唐五代的故事。」賈母問是何名。女先兒回說：「這叫做『鳳求鸞』。」賈母道：「這個名字倒好，不知因什麼起的，你先說大概，若好再說。」女先兒道：「這書上乃是說殘唐之時，那一位鄉紳，本是金陵人氏，名喚王忠，曾做過兩朝宰輔。如今告老還家，膝下只有一位公子，名喚王熙鳳。」眾人聽了，笑將起來。賈母笑道：「這不重了我們鳳丫頭了？」媳婦忙上去推他說：「是二奶奶的名字，少混說！」賈母道：「你只管說罷。」女先兒忙笑著站起來說：「我們該死了！不知是奶奶的諱！」鳳姐兒笑道：「怕什麼？你說罷。重名重姓的多著呢。」女先兒又說道：「那年王老爺打發了王公子上京趕考，那日遇了大雨，到了一個莊子上避雨。誰知這莊上也有位鄉紳，姓李，與王老爺是世交，便留下這公子住在書房裡。這李鄉紳膝下無兒，只有一位千金小姐。這小姐芳名叫做雛鸞，琴棋書畫，無所不通。」

　　賈母忙道：「怪道叫做『鳳求鸞』。不用說了，我已經猜著了：自然是王熙鳳要求這雛鸞小姐為妻了。」女先兒笑道：「老祖宗原來聽過這回書？」眾人都道：「老太太什麼沒聽見過？就是沒聽見，也猜著了。」賈母笑道：「這些書就是一套子，左不過是些佳人才子，最沒趣兒。把人家女兒說的這麼壞，還說是『佳人』！編的連影兒也沒有了。開口都是「鄉紳門第」，父親不是尚書，就是宰相。一個小姐，必是愛如珍寶。這小姐必是通文知禮，無所不曉，竟是絕代佳人。

只見了一個清俊男人，不管是親是友，想起他的終身大事
來，父母也忘了，書也忘了，鬼不成鬼，賊不成賊，那一點
兒像個佳人？就是滿腹文章，做出這樣事來，也算不得是佳
人了！比如一個男人家，滿腹的文章，去做賊，難道那王法
看他是個才子就不入賊情一案了不成？可知那編書的是自
己堵自己的嘴。再者：既說是世宦書香，大家子的小姐，又
知禮讀書，連夫人都知書識禮的，就是告老還家，自然奶媽
子丫頭伏侍小姐的人也不少，怎麼這些書上凡有這樣的事就
只小姐和緊跟的一個丫頭知道？你們想想：那些人都是管
做什麼的？可是前言不答後語了不是？」

　　得意的曹雪芹又借著賈母之口批判編書人心態：有一等妒人家
富貴的，或者有求不遂心，所以編出來糟蹋人家。再有一等人，他
自己看了這些書，看邪了，想著得一個佳人纔好，所以編出來取樂
兒。因此借賈母現身說法「別叫他諑掉了下巴頦子罷！所以我們從
不許說這些書，連丫頭們也不懂這些話。」李紈與寶釵當然忙著表
態「這正是大家子的規矩。連我們家也沒有這些雜話叫孩子們聽見。」
　　由以上例子可知，腐朽與神奇之於讀者／觀眾接受效果差異甚
大，處理實不可不謹慎！

陸、結語

　　林懷民在 1973 創辦「雲門舞集」，帶動了台灣現代表演藝術的
發展，雲門的舞蹈靈感從古典文學、民間故事、台灣歷史甚至是社
會現象的衍化發揮而來，雲門舞碼豐富精良，多齣舞作因受歡迎，
一再搬演，進而成為象徵台灣意象的心跳聲。

　　林懷民的舞作包括：行草三部曲——《行草》、《行草‧貳》、《狂草》，以及《花語》、《風‧影》、《白》、《竹夢》、《水月》、《家族合唱》、《流浪者之歌》、《九歌》、《我的鄉愁，我的歌》、《紅樓夢》、《薪傳》、《白蛇傳》等一百五十多齣。《中時晚報》譽為：「當代台灣最重要的文化財。」《紐約時報》首席舞評家安娜‧吉辛珂芙將雲門《水月》列為第一，讚許「林懷民輝煌成功地融合東西舞蹈技巧與劇場觀念」；德國權威舞評家約翰‧史密特讚賞「林懷民的中國題材舞作，與歐美現代舞最佳作品相互爭輝」；香港英文《南華早報》評論認為「林懷民是亞洲的巨人……二十世紀偉大編舞家之一」；《柏林晨報》認為他是「亞洲最重要的編舞家」。2000 年，歐洲舞蹈雜誌將林懷民選為「二十世紀編舞名家」，國際芭蕾雜誌將他列為「年度人物」。

　　近年來，雲門從傳統肢體訓練發展出重心低，上半身靈活流轉的動作風格，手部動作豐富婉轉。雲門舞者的動作，動感強烈，被譽為「像純種馬那樣剽悍美麗」，腳當手用，線條俐落，速度急驟，張力十足，極致發揮多年來的肢體訓練，顛覆了雲門以往給人的印象，展現全新的視覺驚艷。就色彩而言，《水月》和《行草》三部曲都是黑白的，《花語》展現繽紛的粉紅色彩；就巴赫大提琴音樂血緣而言，《花語》宛如是《水月》的前傳；就《紅樓夢》而言，《花語》則是再現花飛花謝的情境！就傳統中文學門的脈絡而言，經典為不刊之鴻教，歷久彌新之常道，蘊含豐富之文化資產，亟需以現代科學文化知識，開發意蘊、闡揚微旨，以期返本開新。雲門的經典舞碼《白蛇傳》、《紅樓夢》、《九歌》不可不提，具有台灣文化創意指標意義的雲門舞集，若能從《紅樓夢》再出發，締造《花語》的璀璨，進而再生產出第三章的紅夢舞碼，圓滿紅樓三部曲，庶其大備矣！

參考文獻

曹雪芹：《紅樓夢》，台北：里仁書局，1984 年。

陳寅恪：《柳如是別傳》，北京：生活讀書新知三聯書店，2001 年 1 月 1 版，2001 年 5 月 3 刷。

康來新：〈閒情幻——《紅樓夢》的飲食美學〉，收於《趕赴繁花盛放的饗宴——飲食文學國際研討會論文集》，台北：時報文化，1999 年。

康來新：〈課堂請來了劉姥姥〉，《紅樓長短夢》，台北：駱駝出版社，1996 年 11 月初版 1 刷。

蔣　勳：《舞動紅樓夢》，台北：遠流出版，2005 年 3 月。

台灣唸歌《哪吒鬧東海》的
文化傳承與創新

陳美圓

國立台中技術學院應用中文系副教授

壹、前言

展望二十一世紀台灣的產業型態，文化創意產業蔚為新興產業，從一九九〇年代以來文化政策白皮書，勾勒文化創意的新世紀藍圖開始。歷屆的文建會主委莫不透過文化產業，行銷台灣的文化傳統和文化特色，而如何從傳統文化、本土文化的深邃意涵轉化為新的創意質素，成為文化創意產業最大的精神產能和資源，也是今日亟需探討的課題。

一般而言，文化產業的資源要素有：資本資源、物力資源、資訊資源和智慧資源。其中智慧資源直接決定文化產品和服務中文化含量的資訊和知識投入，它主要以人為載體，具體展開成三種形態：符號化的文化知識、經驗型的文化技能、創新型的文化能力[1]。

符號化的文化知識，它是前人創造的圖案、語言、繪畫、音樂、造型、傳說、方案、影視等，用系統的符號形式紀錄在物質的載體

---

[1] 花建：《文化＋創意＋財富》，帝國文化出版社，2006 年 4 月。頁 199-200。

上，它可以用電腦或其它電子設備編碼，也可以複製壓縮轉換加工，或者被融合到其他文化產品中去。

經驗型的文化技能，它是由人掌握的一種活的技能，包括寫作、歌唱、舞蹈、繪畫、演奏、編程、設計等方面的各種程式和技巧，用於文化生產的過程。它的大部分不能被電腦編碼，但可以透過教學形式來傳授和通過反覆的學習來獲得。

創新型的文化能力，它以人為直接載體，是文化人在獲得知識和操作技能的基礎上，突破前人的獨創性思維和實踐能力，體現為創造性的構思、創意、主題、靈感、方案、決策等。可以說這是文化生產中的核心資源。

因此我們可以說台灣傳統的歌曲、戲劇表演、民間故事的文本都是文化產業重要的創意資源。而台灣社會長期流傳的民間歌謠，它所承載的音樂、語言、文學等各方面特色，更是發展文化創意產業非常重要的一環。

台灣唸歌是台灣民間的說唱文學，乃是明鄭期隨著福建漳州、泉州移民傳入台灣。經過三百多年的傳唱，成為台灣人重要的娛樂型態。

追溯清朝時期民間的信仰和相關於廟會的表演，主要是唸歌、歌仔戲和布袋戲，二次大戰之後，唸歌、歌仔戲、布袋戲依然相當盛行。後來社會變遷，娛樂型態多元化，唸歌、歌仔戲、布袋戲都隨著沒落，其中沒落最快就是唸歌了。

2009 年高雄世運會的開幕典禮，三太子騎著風火輪進場，引起了相當大的迴響和喝采。此後，電音三太子的名聲與演出就迅速竄紅，甚至受邀到國外演出。本土文化的形像魅力，透過世運精彩的表演行銷全世界，有關哪吒的文化產品熱賣，為高雄市府賺了許多錢。

　　面對台灣社會文化經濟與文化產業的浪潮，這些具有本土文化意象和產品的出現，到底象徵甚麼意義？

　　哪吒的信仰和故事形象深植台灣幾百年，不同的時期展現不同的風華，但世世代代延續而不輟，這種現象所透露出的深層文化意涵與傳承，在唸歌演出形式已經式微的現代社會，如何結合電音三太子，以創造新的台灣表演藝術價值，正是本文所要探討的議題。本論文的架構由兩部分組成，首先探討台灣唸歌《哪吒鬧東海》所傳承的文化面向和質素，接著提出《哪吒鬧東海》結合電音三太子在文化創新的一個思考方向。

貳、台灣唸歌《哪吒鬧東海》所傳承的文化面向和質素

　　本文所探討的哪吒鬧東海唸歌，根據陳兆南教授的考察現存歌仔冊版本有四種，第一種是 1929 年台北黃塗活版所出版的《哪吒鬧東海》；第二種為 1931 年捷發漢書部出版的《哪吒鬧東海歌》；第三種為 1957 年竹林書局出版的《李哪吒抽龍筋歌》；另外存目一種為台中瑞成書局在 1933 年的廣告書單紀錄，但此版本目前未有收藏紀錄。四種當中以黃塗活版最早，收藏於台北帝大東洋文學會編《台灣歌謠書目》中[2]。早期得歌仔仙都按照傳統的唱本表演。後來楊秀卿女士特別將它改良成口白唸歌在電台播唱。直到 2002 年洪瑞珍女士特別編註楊秀卿台灣民謠唸歌系列──《哪吒鬧東海》有聲 CD 並且出版[3]。楊秀卿女士所改良的這本口白唸歌，不

---

[2]　陳兆南：〈台灣說唱的哪吒傳說〉，第一屆哪吒學研討會論文集，頁 491。

[3]　洪瑞珍女士是音樂科班出身，因為熱愛本土曲調跟隨楊秀卿老師學習唸歌十幾年，深感台灣唸歌斷層嚴重，除了積極開班傳授之外，並透過台灣台

但標示各種唱腔曲牌、段落結構、有趣的口白對話，更有精審的注解。這種改良式的唸歌，除了傳承傳統唸歌的表演基調外，更展現了與時代推進的創造精神。從其中我們深深的體察了民間文學蘊藏的魅力，以及語言在庶民情感意識上的凝塑力量。

　　本文主要以此改良式唸歌的內容及有聲 CD 作為分析的文本，探討這本唸歌在民族音樂、閩南語言、民間文學、宗教倫理以及表演藝術各個層面的傳承意義和價值。

一、《哪吒鬧東海》傳承台灣民族音樂曲調

　　台灣唸歌是傳承自閩南的說唱音樂，所吟唱的旋律曲調具有台灣和閩南相融合的民族音樂風格。這種民族音樂最基本的特色就是，音樂曲調與語言聲調有密切的關係[4]。而台灣說唱最典型的曲調就是七字調，江湖調和雜念調，主要的伴奏樂器則為月琴與大管弦。他們的音樂來源和音樂結構，透過民族音樂學家許常惠和台灣歌謠研究學者曾子良兩位先生的論述來說明。

　　許常惠教授在《民族音樂學導論》[5]中將台灣的民族音樂分為六大類：民歌、說唱音樂、戲劇音樂、器樂、舞蹈音樂和祭祀音樂。就台灣的說唱唱曲來源的不同，又可分為：唸歌仔類、民謠類、乞食調類南管類和雜念仔類。

　　他更進一步闡述台灣唸歌曲調的來源與特色：

語社出版楊秀卿民謠唸歌（書及 CD），《有廖添丁傳奇》、《哪吒鬧東海》及《新編勸世歌、胡蠅蚊仔大戰歌》。

[4]　參見王振義〈語言聲調和音樂曲調的關係──『詩樂諧和傳統研究之三』，《台灣風物》34 卷第三期。

[5]　許常惠：《民族音樂學導論》，樂韻出版社，1993 年 10 月再版，頁 85-96。

在台灣漢族福佬系民間裡流傳最早最廣的說唱曲藝「唸歌仔」，是由先民自閩南引進的。這一類說唱曲調發源於漳州一帶的民歌小調，當地人也叫它「歌仔」，包括「四空仔」和「五空仔」的整齊句曲調，及「雜嘴仔」的長短句曲調。說唱「唸歌仔」字漳州傳入台灣後，不僅在曲調上起了變化，並且產生新的七字仔調和雜念仔口白，使這一類說唱更富於地方特色，穩固了他在台灣說唱的首要地位。

又根據曾子良先生的說法[6]：

台灣的閩南語說唱文學就是「歌仔」，是屬於中國南方彈詞系統，同時也是詩贊系的說唱文學。但就說唱藝人實際的說唱情形來看，它們每一段都會選用好幾個曲調，或就本身習慣的曲調唱，或就故事情節發展選取曲調，雖然不出江湖調、七字調、都馬調、陰調等歌仔調，但部分藝人也喜歡加入當時流行的民歌小調如恆春調、台東調等，或歌仔戲曲調，由此看來，又像是詩贊系與樂曲系兼用。

歸結上述學者的論點我們了解到台灣唸歌是說唱結構、曲調來源為閩南的民歌。而從閩南傳入台灣的歌仔，因時代而產生許多變化，台灣傳統式的歌仔曲調結構傳承了「七字調」整齊的句曲調和「雜嘴仔」長短句曲調兩種，後來才又融入台灣的民歌小調及台灣歌仔戲曲調，使得唸歌更富於台灣本土音樂特色及曲調多元的風格。

6　曾子良：《台灣閩南語說唱文學「歌仔」之研究及閩台歌仔敘錄與存目》，頁 4-5。

　　楊秀卿所演唱的這首《哪吒鬧東海》唸歌，其中所融合的曲調計有：七字仔、江湖調、都馬調、狀元樓、南光調、雜念仔、台北調、更鼓反、七字仔白、漿水調、中廣調、黑暗路、串調仔、相思苦、都馬尾及緊疊仔，總共有十五種之多。唸歌藝人乃隨著故事的情節發展，及角色的不同而營造出貼近人物生命的聲音、情感的曲調。充分體現了台灣唸歌多元曲調的情韻風格[7]。

　　以下簡略敘述其中主要四種曲調所代表的音樂來源和結構特點：

（一）七字仔

　　在唸歌開頭敘述李靖的來歷地位，連續唱三個「七字仔」套詞。根據張炫文先生的研究，【七字調】是台灣民間的「俗謠之王」流傳廣泛，應用普遍。一般稱為「七字仔調」，簡稱【七字仔】。曲調的特色：「在歌仔戲中不僅是『一曲多用』，而且幾乎是個無所不能的『萬能唱腔』。民間藝人經常透過音區、速度、調式、板式及演唱型態的變化，表現戲劇表演中的任何情感，展現出來的音樂世界，真可絢麗多彩、氣象萬千。」[8]

（二）江湖調

　　有關哪吒出世的情節，則是連續唱三個【江湖調】的套詞。【江湖調】一般稱為「賣藥仔調」或「勸世調」，長久以來一直是唸歌藝人的「招牌曲」，是江湖走唱賣藥、賣藝時所唱。曲調的特色：

---

[7]　參見陳美圓：〈台灣唸歌中的哪吒傳說及表現形式〉，《道教與民俗學術研討會論文集》，頁 25-47。

[8]　張炫文：《歌仔調之美》，台北：漢光文化事業股份有限公司，1998 年 7 月。

滄桑、悲切、無奈與乞丐、盲女以賣藝維生的淒涼處境緊密結合，如訴似唱既敘述又抒情。一段唸歌如果缺少「江湖調」，就像歌仔戲缺少「七字調」一般，不但脫離了傳統，而且也顯不出本身的特色。[9]

（三）都馬調

　　對於哪吒出世的神奇形象及天賦的寶物，使用兩套【都馬調】來形容，前套結構整齊，後面一套則用長短句式自由的抒發情景。【都馬調】又叫【雜碎調】是 1948 年才由閩南傳入台灣的歌仔後起之秀，也是當時來台演出的「廈門都馬劇團」所演唱的首要曲調，深受台灣人喜愛。當時台灣歌仔戲演員也紛紛透過各種方法學習【雜碎調】並應用在自己的演唱當中。[10]曲調的特色：具有優美的旋律骨架，又能在這骨架上「依字行腔」「以腔傳情」，順著唱詞的聲韻、節奏優美的加以抒情。由於他在傳統的五聲音階上融入巧妙的變音，增加了調式的變化，也形成了【都馬調】清新秀麗的情韻風格。

（四）雜念調

　　一般簡稱【雜念仔】，也有人叫【雜念仔調】。《福建民間音樂簡論》一書論【雜念調】說：「【台灣雜念調】是從台灣歌仔戲傳回來的一種朗誦體唱腔。它來源於【錦歌雜念調】」。【雜念調】僅在第二段描述魚族生態出現，帶有戲謔的語氣，平添逗趣的情感。

9　同上註。
10　張炫文：《歌仔調之美》，台北：漢光文化事業股份有限公司，1998 年 7 月。

　　楊秀卿女士所念唱的《哪吒鬧東海》展現豐富多元的曲調風格，也具體展現了台灣民族音樂與漢族音樂的同質同源，但台灣唸歌因為有本土民歌的融入，發展出台灣音樂獨特的質素和魅力。

二、《哪吒鬧東海》是典型閩南語的範本

　　歌仔是一種說唱曲藝，歌仔的文本歌仔冊是書面化的語言，因此歌仔冊可說是豐富的語言資料庫。《哪吒鬧東海》全文大約有數千字，大部分是由四句聯仔韻文架構而成的。基本的體製還是七言為主，句句押韻，第一、三句所押的韻不限聲調，二、四句則採用平聲押韻。

　　歌仔冊主要的語言是用漳泉俗語土腔所編成的白話唱本。許多唱本經過長期的演化自然也融入台灣本土的語言。所以我們可以透過歌仔冊認識台灣閩南語在聲調、詞彙、音韻上的特色。像楊秀卿他們這些說唱藝人雖然有的從小失明，而且有的人根本就不識字，但是天賦的語言才能，加上後天勤苦的演練，又承受坎坷悲情的命運，它們將豐富敏銳的情感融鑄在精彩的說唱演藝當中，不但是台灣民族的吟遊詩人，也成為閩南語最偉大的傳播者。台灣閩南語雖歷經外來政權的壓抑禁絕，在民間卻一直有著活潑的生命力，唸歌的功勞實在不可磨滅。

　　此節透過《哪吒鬧東海》最精彩的段落——〈大鬧東海，魚蝦受害〉中的原文，來說明唸歌聲調、詞彙、用韻的特色。

（一）聲調活潑多樣、抑揚起落，語調和曲調密切結合

　　閩南語總共有七個聲調，就傳統的術語而言就是陰平（第一聲）、上聲（第二聲）、陰去（第三聲）、陰入（第四聲）、陽平（第

五聲）、陽去（第七聲）、陽入（第八聲）。每一個聲調的調值不同，有平板、高降、低降、短調不同的調性，聲調有明確的辨義作用。聲調的多樣高低常短分明，將漢語的單音節節奏特性充分展現，也形就語調的音樂性。唸歌其實就是將閩南語的語調節奏與音樂曲調諧和的語言藝術。台灣唸歌中的每一段韻文皆可以映證其中七個聲調的巧妙運用。再加上閩南語整齊又自然的連音轉調規則[11]，更使得唸歌的語感節奏的豐富悅耳。

　　試將〈大鬧東海〉的一小段原文用羅馬拼音字拼寫出來，就可以明顯的看出唸歌在聲調上的靈活應用。

太子隨時著點兵

Thai3　ch2　sui5　si5　tioh8　tiam2　ping1

龜精好漢做頭前

Ku1　chiann1　ho2　han3　cho3　thau5　ching5

鯊魚相扑展伊猛

Sua1　hi5　sio1　phah4　tian2　I1　bing2

咁仔靠伊殼兩片

Ham1　a2　kho3　i1　khak4　nng7　ping5

【江湖調】

小卷仔展伊會放火烺

Sio2　kng2　tian2　i1　e7　pang2　hue2　long7

鮭魚展伊教賁風

Kui1　hi5　tian2　i1　gau5　pun5　hong1

---

[11] 閩南語聲調的連音變化，可以參考許極燉《台灣語概論》第六章連音變化與變調，台灣語文研究發展基金會發行，1990 年 1 月初版。

聖仔一尾若竹管

Than1　a2　chit8　bue2　na2　tik4　kong2

海翁例做總兵王

Hai2　ang1　leh4　cho3　chong2　ping1　ong5[12]

　　從上面兩段的韻文都涵蓋七個聲調的字詞，形成了起起落落語感，自然諧和的聲腔，展現台灣閩南語語言的音樂性，也成就了唸歌這門特殊的語言藝術構作。

（二）通俗又獨特的閩南用語

　　歌仔冊是紀錄漳泉俗語，因此樸素平實、通俗易懂。正因為生動又獨特的庶民語言的運用，擺脫了詰屈聱牙的語辭及古典的用詞，在描述情節時顯得簡潔明快、鮮活生動，讓故事情節、場景、人物形貌活躍於腦海中，成為歌仔冊最動人之處。試舉唸歌原文說明：

【雜念仔】

獺鯊第一無路用　　出門不敢領戰爭

歹運撞著鄭國姓　　身軀予伊食一片

丁挽一枝透甲鑽　　水針金鎗第一長

飛鳥展伊敖飛遠　　海蜇一模若籠床

煙仔第一大箍呆　　生成惜命驚人邰

又攔大箍兼鎮海　　太子無愛點伊來

暗串上蓋大箍把　　生成三斑洽攪家

通海這項上狗債　　朋友無交各半個[13]

12　洪瑞珍：《哪吒鬧東海》，台北：台灣台語社出版，2002，頁 37。
13　洪瑞珍：《哪吒鬧東海》，台北：台灣台語社出版，2002，頁 39。

　　以上原文由四葩四句聯仔組成，將台灣魚類的俗名以及魚族的活潑特性，用生動的口語表現出來。「獺鯊」、「丁挽」、「水針」、「飛烏」、「海蜇」、「煙仔」、「暗串」等七個語詞都是台灣魚類的俗名。還有大箍呆、大箍把、籠床、狗債、攪家這些詞彙都是台灣閩南語獨特的用語。而這些具有台灣獨特文化特色的用語，在唸歌中俯拾皆是，這些歌仔仙的語言創造力，實在不是一般文人所能企及的。

（三）用韻的自然寬緩，尤其有許多鼻化韻和鼻音韻尾的韻腳使用，表現台灣閩南語的音韻特色

　　傳統的詩詞透過押韻讓詩歌鏗鏘有節，朗朗上口容易記誦。歌仔冊是韻文所組成的說唱文本，是民間詩歌的體製，用韻自然也是歌仔冊的特點之一。然而歌仔冊在押韻部分相當寬緩，有時只要韻尾相同即可相押韻，臧汀生《閩南語歌謠研究》[14]曾說明此情形：

> 台灣歌謠之用韻，甚是寬緩，韻部相通，彼此牽連，其理約有數端：一為漳泉音混，二為文白音混用，三為入聲與平上去通押，四為合口音與不合口音通押，五為鼻化音與非鼻化音通押，六為單句要求寬容。

　　閩南語原有有漳泉、文白之分，然在經過時代及地域的變遷後而有混同的現象，台灣唸歌歷經明鄭時期、清領時期、日治時期的唸唱，閩南語的音韻的使用已有許多在地的變化，尤其唸歌的語言是白話口語為主，在用韻方面自然寬緩與文人所創作的文言詩歌用韻有所不同。

---

[14] 臧汀生：《閩南語歌謠研究》，台灣商務書局出版，1980。

　　以《哪吒鬧東海》最精彩的第二章〈大鬧東海魚蝦受害〉為例說明此首唸歌用韻的情形：

> 這章總計有三十四葩的四句聯仔，使用了十九種不同的韻腳，分別是污（u）、翁（ong）、因（in）、哀（ai）、溫（un）、阿（a）、英（ing）、驚（iann）、挨（e）、秧（ng）、淵（ian）、歐（au）、烏（oo）、威（ui）、腰（io）、鞍（uann）、毒（ok）、蒿（o）、翁（ang）[15]。其中鼻化韻驚（iann）、鞍（uann）使用了好幾次，鼻音韻尾翁（ong）、英（ing）、淵（ian）、因（in）、翁（ang）的押韻出現的頻率較高。而這些鼻化韻和鼻因韻尾的韻腳，正是閩南語的獨特音韻。

　　至於入聲與平、上、去三聲通押、鼻化音與非鼻化音通押的情形，例舉如下：

例一、入聲與平、上、去三聲通押

白魚小肚白雪雪

Peh8　hi5　sio2　too　peh　leh　seh4

龍蝦出戰舉金叉

ling5　he5　chhut　chian　giah8　kim1　chhe1

蟳仔靠伊跤手濟

Chim5　a2　kho3　i1　kha1　chhiu2　che7

人人用行伊用爬

lang5　lang5　iong7　kiann5　i1　iong7　pe5

[15] 以上押韻的統計資料根據洪瑞珍：《哪吒鬧東海》，台北：台灣台語社出版，2002，頁 33-47。

例二、鼻化韻與非鼻化韻通押

海鱟上蓋毋成囝

Hai2　hau7　siong7　kai3　m7　chiann5　kiann2（鼻化韻）

出門翁仔某攏相晁行

chut8　mng5ang1　a2　boo2　sio1　chhua7　kiann

一擺去死著愛雙條命

Chit8　pai2　khi3　si2　toh8　ai3　siang1　tiau5　mia7

予人掠著開鱟稀

Hoo7　lang5　liah8　tioh8　khui1　hau7　hia1（非鼻化韻）

　　從上面的分析我們可以認知到，唸歌所承載的就是最典型的閩南語，而這些內容豐富多樣的念歌唱本，也是今日我們學習閩南語，研究閩南語研最重要的資源。

三、《哪吒鬧東海》所涵容的文學質素

　　民間文學是相對於專業作家的文人文學而言，指的是流行於民間的口頭文學創作。這種文學直接表現廣大民間的思想感情、要求願望、藝術情趣及美學理想等。在文學上的成就可與文人文學相提並論。申小龍（語言與民俗）中，論及語言與民間文學時，提出民間文學有七個特性，羅肇錦先生整理如下[16]：

> 1. 集體性：民間文學創作集體、歷時持久、地域廣闊，經過集體智慧不斷修改、加工所形成的文學作品。

---

[16]　參見曾學奎：《台灣客家〈渡台悲歌〉研究》，國立新竹師範學院台灣語言與語文教育研究所碩士論文，2004 年。頁 144-146。

2. 口頭性：民間文學雖然有書面形式，但本質上是一種口耳
　　相傳的活動，長期承傳活動中，自然形成一代又一代的故
　　事講述家和民間歌手。

3. 變異性：民間文學從內容至形式不斷出現種種異文、異
　　式、異調，講唱者可以對原型作品即興再創造。

4. 傳承性：民間文學由家庭承傳（故事、兒歌、童謠）和社
　　會承傳（歌謠）完成它的師承關係，並世代相傳。

5. 倫理性：民間文學中灌注了民族的倫理意識、歷史意識，
　　使達到一種教化作用，具有道德凝聚力。

6. 歷史性：民間文學是具有歷史認識作用的文學，如史詩是
　　神話和歷史的融合，是神性和人性的融合。

7. 表演性：民間文學是口頭文學，具有很強的娛樂表演性。

　　探究這本《哪吒鬧東海》它的確符合了民間文學的七種特性。倫理性、表演性屬於信仰與表演藝術的層面，在下一小節將另有陳述。此節僅針對文學作品基本質素也就是內容和結構形式來說明：在內容上《哪吒鬧東海》主要是演述中國神話故事，是神話和歷史故事的融合，具有歷史認識作用的文學；在結構形式上它是一首長篇的敘事詩，具備原因、過程、結果的基本敘述架構；除此之外我們也發現這本唸歌，在變異再創上的價值，因為台灣的唱本已增加許多的異文和異調，呈現了獨特又具體的台灣本土內涵。以下分述這三個文學特質：

（一）演述中國神話故事，傳承漢族歷史文化意識

　　這本楊秀卿所唱改良式的唸歌《哪吒鬧東海》將內容分為：一、哪吒出世，註該有戲；二、大鬧東海，魚蝦受災；三、三太子大戰

三太子；四、龍王戰輸起狗株；五、鎮天寶箭惹代誌；六、惡妻孽子，無法可治；七、太乙護徒真糊塗；八、哪吒宮起風雲；九、父子相卲大不該；十、卲輸認錯才講和。以上之內容顯然涵蓋了《封神演義》第十二回「陳塘關哪吒出世」、第十三回「太乙真人收石磯」及第十四回「哪吒現蓮花化身」等回的重要情節內容。顯然唸歌在傳述中國的歷史和神話上，做更嚴密的鋪陳，並且從小說的章回獨立成一個唱本。集中描寫這個中國的神話故事，經過代代的傳唱教化，古中國的歷史和哪吒的神話故事都深植在台灣人的心中。

（二）形構長篇的敘事詩，塑造民族英雄形象

此本唸歌是敘述英雄的神話故事。基本的結構其實是展現長篇敘事詩的結構法則：英雄的出生、劫難、死亡和再生。從人類學的觀點而言英雄的生命必須歷經過渡的儀式，不斷接受上天的試煉，以塑造超凡入聖的神力，最後完成歷史使命。《哪吒鬧東海》就以這種悲壯敘事史詩的形態結構，透過說唱藝人滄桑悲愴的聲情，成就了哪吒民族的英雄形象和斬妖除魔的護法能力。

（三）變異文本的內容，呈現具體的本土意涵

台灣是個美麗島嶼，有特殊的海洋地理環境，所以產生的歌謠與中國歌謠十分不同，尤其是詩歌中所用的材料一定是眼前所有的事物。這本《哪吒鬧東海》唱本顯然經多人多年的傳唱，產生本土演化之意義。尤其在第二章〈大鬧東海，魚蝦受災〉透過龍王的三太子點兵遣將，用台語韻文歌詠台灣海洋生物，並就他們不同的形態、習性附予人文的性格，充分展現民間文學的鄉土特性，歌中所

出現的水族魚類計有四十多種，有鯧仔、鮸仔、撬仔等等[17]，透過擬人化的手法，魚類的型態、習性和生命情景活潑生動的展現。

四、《哪吒鬧東海》所表現的民間信仰形態與道德教化意義

　　哪吒信仰隨著閩南的移民進入台灣，幾百年來已哪吒成為民間信仰的大神，信仰的型態也因為台灣獨特的社會歷史情境及底層庶民的心理需求而與閩南原鄉有所變異。除了塑造神像建造宮廟之外，乩童設立神壇奉祀哪吒，直接與信眾對話，成為三太子的代言者，這樣的信仰在台灣民間有一定的影響力，本小節分析《哪吒鬧東海》中的台灣民間信仰與道德教化意義。

（一）《哪吒鬧東海》具體表現宮廟神像供奉與神壇乩童顯聖兩種型態的信仰

　　唸歌中的〈哪吒宮起風湧〉這一章有這樣的描述：

【相思苦】

因母睏佇房間內　　哪吒顯聖回轉來
叫因老母共服祀　　夫人看子淚哀哀
夫人看無誠僥倖　　提錢起廟哪吒宮
哪吒起廟在翠屏　　因母叫人妝金身
吩咐妝尤著趕緊　　通赴入廟紲歸神

【江湖調】

迎神做戲攏免講　　哪吒顯聖掠真童
庇佑通莊有所望　　農家去下好收冬

---

[17] 洪瑞珍：《哪吒鬧東海》，台北：台灣台語社出版，2002，頁 11-17。

　　起廟、妝金身、裝尪、入廟歸神，都表示建造神廟，塑造神像來供奉哪吒的意思，這也是台灣民間信仰哪吒最典型的崇拜方式。

　　而所謂「哪吒顯聖回轉來」、「哪吒顯聖掠真童」，這種類似原民的巫術形式，展現了哪吒信仰另一種獨特的、靈感式的崇拜。根據鄭志明先生〈哪吒神話的生命觀〉所論[18]：

> 「巫」本質上還是人，其超能力來自背後的「神」，是由涉神的交通方式來實現人的需要與願望。在天人合一的觀念下，神是應著人的生命而來，人們可以直接向神靈求助，神靈也經常以人的形象來顯聖。神話是這種顯聖事蹟的傳播，直接帶出靈感的神明崇拜，比如哪吒在神話世界中累積其永恆的神性。後代有關哪吒的傳說，實際上是不斷用來宣揚其神性，尤其是戲曲小說，以語言表演的方式，擴充了神的人性，彰顯神聖的美感作用，讓神與人更緊密的結合。

　　哪吒之所以成為台灣民間的大神，乃是他滿足民眾驅利避害的生存需要，而民間神話的傳佈，尤其是常在廟埕唸唱的哪吒傳說，它強烈的感染力更豐富了庶民觀念的認知與信仰的情感。在台灣崇奉「三太子」的宮廟、神壇非常多，香火鼎盛，神跡歷歷。涂慧珍所撰《哪吒故事及信仰之研究》[19]論文中對於宮廟式的崇拜和神壇乩童的靈驗神跡都有實際的田野訪查，台灣最早奉祀哪吒的新營太子宮，就是將哪吒視為道教中的神祇，塑像崇拜。而像花蓮東里南天宮，則是屬於神壇的型態，透過巫覡供奉中壇元帥並成為代言

---

[18]　鄭志明：〈哪吒神話的生命觀〉，收錄於《哪吒學術研討會論文集》，頁82。
[19]　涂慧珍：《哪吒故事及信仰之研究》，花蓮師範學院民間文學研究所碩士論文，2005年6月。

人，乩童起乩顯聖為信眾消災祈福解厄治病。所以在台灣哪吒信仰是相當獨特的，《哪吒鬧東海》唸歌體現了台灣哪吒信仰的真實面向。

（二）《哪吒鬧東海》表現強烈的道德教化意義與反威權的深層文化心理

現存歌仔冊的內容大多為講述中國歷史或傳統民間故事，這些傳統的故事正是傳統道德教育的最佳管道。歌仔冊中的主角往往都是富有良好德行者，正因為他們具備了善良的本質，在經歷過重重的磨難與考驗，最後都能得到上天的幫助安然度過難關，而故事中的歹徒也都能得到教訓，創作者堅持著「善有善報，惡有惡報」的思想[20]。

《哪吒鬧東海》的李靖雖身為父親，對自己的孩子卻相當無情，對於屢次犯錯的哪吒，大義滅親，毫不寬容。逼得哪吒以「刻骨還父，刻肉還母」的悲壯方式自我犧牲，回報父母恩情，但是父親還是毀了他的金身，要他魂靈永遠不得超生，最後得到師父蓮花化身成功的哪吒，想找父親報仇。但在傳統的倫理道德下，儘管李靖「父不父」但哪吒卻不可「子不子」，因此最後李靖得到燃燈道人的幫助，馴服了哪吒，重新接受李靖，服膺李靖作為父親。這些情節充分顯現出傳統社會的強烈道德要求，即使父親有萬般不是，作為子女者也不可凌駕父權。唸歌的最後還是父子攜手平亂，可以說是一齣典型的儒家倫理親情劇。

---

[20] 參考蘇姿華：《台灣說唱黃塗板歌仔冊研究》，逢甲大學中國文學研究所碩士論文，2004 年 6 月。

　　不過在陳曉怡《哪吒人物及故事之研究》論文中卻提出了另一種論點：哪吒的傑傲不馴是對父權的反抗心理[21]。哪吒故事不僅透露出原本潛伏在民族心靈中反抗父權的集體意識，更展現個人爭取自主權力的強烈意念。此故事所以會在民間廣受歡迎，部分原因乃在於他公然表達出此種被壓抑的情感。

　　台灣是個典型的移民社會，從清朝領台以來，冒著海禁及黑水溝危險渡海來台的漳州、泉州及其他閩南人士，這些目不識丁的下層民眾，背離了天朝的恩典，赤手開疆拓土，對哪吒這位七歲的兒童神顛覆傳統、冒險挺進和生生不息的生命力，有著深深的認同和疼惜，哪吒在台灣庶民心中，是中壇元帥是護法大神。由此可見哪吒故事潛蘊深層的文化心理質素。

五、《哪吒鬧東海》融合傳統說唱表演與戲劇表演

　　傳統說唱藝術可以說是個人表演的藝術，不拘限於特定的時空。田野、廟埕、歌館、茶樓、街頭、公園，只要有人群所在，歌者就能隨處展藝。這樣隨興、素樸貼近庶民的表演，在台灣早期的農業社會是很受歡迎的。所謂「唱歌唸曲解心悶」台灣曲調和語調的諧和，唱出基層民眾的心聲，引起民眾的共鳴，誰不會哼幾段七字哭調？陳達的「思想起」唸調不知觸動多少思鄉情愁？不過台灣唸歌的說唱型態，也因時代不同而產生若干變化。張炫文《台灣的說唱音樂》[22]：

---

[21] 陳曉怡：《哪吒人物及故事之研究》，逢甲大學中國文學研究所碩士論文，1994 年 5 月。

[22] 參見張炫文：《台灣的說唱音樂》，台灣省政府教育廳交響樂團出版，1986年 6 月發行。

　　早期的唸歌基本上以唱為主。除了少數沒有確定音高而與說話無異於唸的唱詞外沒有比較完整的「說」的詞句。

　　但是台灣終戰後「歌仔戲」勃興，其唱腔曲牌、布景、服飾都有很大的改進。相形之下，「唸歌」就失去號召力。而像楊秀卿女士這類優秀的說唱者就開始模仿戲曲的演唱方式，吸收其唱腔，加入表白（說唱者以第三人稱口吻講述故事情節）、說白（說唱者以第一人稱口吻說話）、咕白（將劇中人的內心活動用語言表示出來），維妙維肖地摩擬不同人物的聲音和語態，給整個劇情的進行及人物的情感性格做生動的描繪、刻劃，這種型態的說唱，稱為「改良式唸歌」或「口白歌仔」，這首「哪吒鬧東海」即是楊女士模仿戲曲的演出形式，表現男人、女人、老人、小孩等不同人物的聲音。她認為吸收戲曲的曲調，能使歌仔的感情表現更加豐富多元，加上口白，能將劇情交代的很清楚，觀眾比較容易聽得懂。

　　歸結而言台灣歌仔曲藝的展表演方式，傳統是由一名唸歌藝人自彈月琴，又說又唱，演述長篇故事。另外也可酌情加上其它樂器伴奏，獲兩名說唱者輪流演唱或二至三人分別擔任不同角色的唱法也有。

　　楊秀卿夫婦的演唱的這首《哪吒鬧東海》就是由楊女士自彈月琴又說又唱，但同時模仿戲曲的演出形式，表現不同人物的聲音，加上口白，讓劇情更加清楚。另外由她的丈夫楊再興先生加入大廣弦的伴奏。展現傳統唸歌表演與戲曲表演融合的藝術魅力。

　　綜合上面所論，我們體會到一位成功的唸歌藝人（楊秀卿）它所具備的表演能力至少有：

　　（一）優美生動的唱歌藝術；

　　（二）流暢精準的口語表達；

　　（三）維妙維肖的角色模仿；

　　（四）音律協和的伴奏琴藝；

　　（五）即興幽默機智的臨場能力。

　　五種能力巧妙配合成就一曲台灣唸歌，如是精湛卻又素樸的傳統演藝，它的價值實在應該大大的加以闡揚。

參、台灣唸歌《哪吒鬧東海》在文化創新上的思考

　　透過以上的論述我們體察了台灣唸歌多層面的意涵和價值，而這些資產如果能轉化為今日文化創意產業的智慧資源，必能為台灣文化產業開創新的契機。尤其觀察到電音三太子的表演受到那麼大的關注，可以想見活潑生動的廟會文化仍是台灣現代文化不可或缺的一環。年輕族群對台灣傳統文化意象的好奇熱情和喜愛，令我們感動，但是我們又該如何將豐厚的傳統文化傳遞給下一代呢？本節先從唸歌式微的因素談起，再深入綜覽電音三太子崛起的相關訊息，最後提出一個兩者相容相成的創新思考。

一、台灣唸歌的式微的原因

　　在農業社會時代，「唸歌」雖然不像民歌那麼簡短優美容易學習與討喜，也沒有戲曲的熱鬧場面與華麗服飾，卻能共同鼎足而三，成為台灣基層民眾的主要娛樂與精神食糧。但是隨著時代的推

移與社會環境的變遷，台灣唸歌藝人的身影已難尋覓。從四十年前
的街頭賣藥彈唱或茶樓酒館走唱的時代，到民營電台推銷藥品廣播
唸唱，如今連廣播節目也很難聽得到。台灣唸歌的沒落景況，不難
想見。

　　目前仍在從事唸歌薪傳教學就是楊秀卿女士了，而他的嫡傳弟
子洪瑞珍老師，不但學習唸歌及月琴的彈唱，更熱衷於台灣唸歌的
整理、演唱與推廣。因為長期的觀察和投入，洪瑞珍老師對唸歌的
發展有很深的憂慮。她在〈哪吒鬧東海，故事報你知〉文中提到台
灣唸歌的沒落主要的原因有[23]：

　　　1. 老藝人不識字，有的藝人從小就失明，只有靠口傳念唱，
　　　　 難能用文字記載下來，傳承的管道十分有限。
　　　2. 唱念形式比較沒有變化，不像歌仔戲有華美的裝扮以及活
　　　　 潑的身段。
　　　3. 唸歌的故事題材太過老舊，都是中國傳過來的民間故事，
　　　　 明顯與時代脫節。
　　　4. 台灣本土語言受到壓迫禁止，年輕一輩母語的能力低落，
　　　　 想要欣賞或學習唸歌也是有心無力。
　　　5. 長期以來唸歌藝人缺少表演的機會和空間，為了謀生紛紛
　　　　 改途。即使有心傳承的人也找不到前輩來指導。

　　歸結起來唸歌的表演形式和題材內容已經和現代社會產生很
大的落差，所以唸歌的生命已經不是單純的是否有人願意傳承的問
題了，台灣唸歌如果無法隨著時代創新內涵，唸歌文化恐怕就不只
是斷層而已。也有可能成為歷史絕響。

---

[23]　洪瑞珍：《哪吒鬧東海》，台北：台灣台語社出版，2002 年。

而研究歌謠的學者吳國楨先生在〈吳天羅與說唱藝人〉文中[24]：

> 比起主流樂壇的歌手和創作者，說唱藝人伴隨時代的消亡，
> 留存下來的生平訪談和所能獲得的垂青，實在相去太遠，著
> 者在此將有限的視野中曾經親炙其表演或收得其作品的七
> 字仔說唱藝人芳名歷記如下，作為對伊們的衷心感念：歐雲
> 龍、徐鳳順、吳天羅、葉秋雲、楊秀卿、邱鳳英、呂柳仙、
> 黃秋田、王玉川、蕭金鳳陳美珠、陳寶貴、陳清雲、陳草、
> 鄭來好。

面對唸歌式微的情境，台灣唸歌的研究者愛好者，除了歷記說唱藝人的芳名之外，也許也應該多投入唸歌的研究。本文的探討就是希望為台灣唸歌思考出新的發展契機，上面提到的各種困境，雖然無法在短時間改善，但只要我們有心研究傳承豐富的文化傳統，並為它注入新的生命元素，這項優秀的說唱曲藝必能在台灣社會展現新風華。

二、電音三太子的崛起

「電音三太子」這個名稱是用來稱呼那些三太子陣頭，結合電子音樂與舞蹈的一種表演形式。至於是誰開啟了「電音三太子」的表演形式？目前有兩種說法，一個認為「北港太子聯誼會」在十幾年前，就將廟會遊行結合「台客舞蹈」和「流行音樂」，轉變成嘉年華會的民俗藝陣[25, 26]。另一種說法則是認為台式電音三太子，起

---

[24] 吳國楨：《吟唱台灣史》，台北：台灣北社出版，2003 年。

[25] 朱宗慶：〈電音三太子讓台灣陷入瘋狂〉，《聯合報》，2009 年 7 月 28 日。

[26] 電音三太子北港太子聯誼會：http://tw.myblog.yahoo.com/466411：

源於嘉義縣朴子市三太子民俗技藝團團長張啟原所領軍的「朴子太子會」[27, 28]。

　　然而，真正引起媒體與大眾關注「電音三太子」的時候，應該是 2005 年的鹽水蜂炮，「朴子太子會」表演電音三太子戰鬥舞，以逗趣可愛的表演，吸引了媒體的爭先報導[29]。此後，「電音三太子」的演出邀約逐漸增加，終於在 2008 年 10 月，有了一個戲劇性的轉折，促成了 2009 年 7 月高雄市主辦之世界運動會開幕式中，四十尊大型三太子神偶，戴上大副墨鏡，騎著摩托車（象徵風火輪）出場，配以伍佰的搖滾歌曲《你是我的花朵》，使電音三太子一出場，全場觀眾立刻歡聲雷動，陷入瘋狂。根據國立台北藝術大學校長朱宗慶的描述[30]：

> 去年十月，國立台北藝術大學每年一度的「關渡藝術節」特別和北投關渡宮合作，舉辦了「民俗藝陣大遊行」。其中一個「朴子電音三太子」的表演，雖然僅短短出現三分鐘，卻讓大家感到趣味極了。隔天，我在文化生態課程中和藝管所學生討論，學生也都覺得這是一個非常特別的展演方式，融合了傳統與現代，可說是敬神又自娛，大有可為！所以在世運開幕式創意發想過程中，我和平珩、陳錦誠、李小平等創意團隊共同討論把這個橋段加進來，並從這基礎去延伸發揮，果真是一鳴驚人！

---

[27] 林昱丞：〈創新衝擊傳統　電音三太子揚名國際〉，中正大學傳播學系《中正 E 報》，2009 年 9 月 29 日。http：//enews.ccu.edu.tw/modules/news/article.php?storyid=7132。

[28] 電音三太子朴子太子會：
http://tw.myblog.yahoo.com/jw!GuXnMbOXSEJBDbZ2cTMrKsc。

[29] 同註 27。

[30] 同註 25。

　　因此，高雄的世界運動會可以說是將「電音三太子」推向國際舞台的一個轉捩點，台灣各地的「電音三太子」團體受邀約演出的機會又更多了，迎神廟會、民俗節慶、公司開幕、遊行造勢、歌星的 MV、電視節目等等都可看到「電音三太子」的身影[31]，甚至到國外演出也造成轟動，讓外國人見識到台灣神偶表演的趣味性。這種熱潮，我們稱之為「電音三太子現象」，此現象可以透過網路搜尋引擎 Google 所搜尋的結果得到印證[32]。我們以「電音三太子」作為關鍵詞，Google 找出的全部資料筆數約有 169,000 項（如圖一所示），其中包含約 2,290 項的影片（如圖二所示）與約 101,000 項的圖片（如圖三所示），可見「電音三太子」的魅力有增無減。但是，我們如何從「電音三太子現象」去思考：目前這種三太子陣頭，結合電子音樂與舞蹈的表演形式，是否仍有可以創新的地方？

圖 3-1　電音三太子全部資料筆數

---

[31]　電音三太子之台灣奇蹟：http://angelicabo.pixnet.net/blog/post/22885661。
[32]　2010 年 5 月 24 日的搜尋結果。

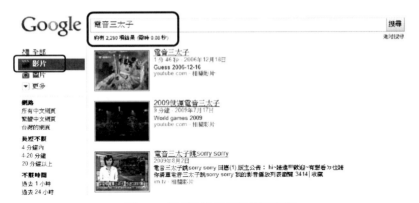

圖 3-2　電音三太子影片資料筆數

圖 3-3　電音三太子圖片資料筆數

三、《哪吒鬧東海》唸歌與電音三太子結合的可能性探討

　　一面聆聽著《哪吒鬧東海》的 CD，一面看著網路上播放的高雄奧運開幕式電音三太子的進場旋風和動感舞步。為了論文的撰寫，必須深入體察唸歌的語言和曲調，雖然不是看現場的表演，但

是整個故事的精彩仍透過歌唱者既滄桑又美麗的聲韻，活靈活現的傳達出來，令人感動不已。而電音三太子的形象很酷很炫，舞步音樂都新奇。看久了只覺得人偶晃來晃去，流於呆板，不知他要傳達的是甚麼？我想任何一種表演藝術要能持續它的生命，它的內涵意境是相當重要的。唸歌的文化意涵如此豐厚，那麼是應該要回頭去學唱唸歌，但是會有多少聽眾呢？大家都如是熱愛電音三太子，它的確掌握了時代的節奏，與草根文化的魅力。讓電音三太子把哪吒鬧東海的生動意境演出來會如何呢？如果這兩種藝術表演都能有所突破的話，豈不是能為傳統的唸歌曲藝注入新的生命。以下是個人的發想：

（一）《哪吒鬧東海》唸歌音樂與現代音樂的融合

　　唸歌音樂曲調雖傳承自閩南，但在台灣傳唱百年，不斷融入本土民歌、歌仔戲曲調而展現在地風格，可見得台灣唸歌本質上，有音樂的涵容性。台灣在日治時期因為日本人施行現代化教育，引進許多現代西方音樂、東洋音樂、甚至非洲的音樂，台灣歌謠之父「鄧雨賢」先生曾融鑄現代音樂與台灣本土音樂，而創作出「雨夜花」「望春風」等代表台灣人心曲的創作歌謠。鄧雨賢在當時感受到藝術家與大眾的疏離，鼓勵藝術家要多與群眾接觸，創作大眾能鑑賞的音樂，他說自己從小喜愛民間戲曲，也採集歌謠旋律。它的創作歌謠能受大眾喜愛，主要是他能體現台灣鄉土音樂的本質，又有優秀的現代音樂作曲能力。唸歌音樂如果能夠現代化，並與時推進這是我們第一個要思考的方向。

　　再看看今日崛起的電音三太子表演，所搭配的歌曲〈你是我的花朵〉或者〈戰鬥舞〉等，節奏韻律調式，皆屬於現代搖滾的動感

音樂，與三太子的活潑形像，急如風火般的行動是蠻貼切的。唸歌所主唱傳統的「江湖調」「七字調」固然代表我們民族的音樂，不容捨棄。但如果可以與現代藍調或搖滾作適度的結合，必能活化唸歌的生命力。

從另一方面而言，電音三太子的表演，它的配樂可以將傳統「江湖調」「七字調」的旋律、調式多元的應用，注入本土音樂的生命元素，這樣的表演的意涵價值必能更加深厚。就像知名的搖滾樂團「閃靈樂團」因為能夠將傳統最具代表性的悲情七字調融入其創作的樂章，在美國巡迴演唱而得到國際相當高的評價。其實台灣本土的音樂旋律，一直受到世界各國音樂家的讚賞。世界知名的演唱家「多明哥」來台演出，指名和本土歌謠天后「江蕙」合唱「雨夜花」，優美的曲韻，撼人心弦的畫面，至今猶為國人所樂道。如果有更多優秀的音樂作曲家，為傳承民族音樂的命脈，投入唸歌曲調與電音三太子表演音樂的創作，必能提升兩種表演藝術的價值。

（二）唸歌腳本的再創以及創作適合電音三太子表演的腳本

《哪吒鬧東海》全本唱完大概一個小時。如是的長篇敘事神話已不能適合現代社會的需求，所以如何創造出新的表演腳本，是值得思考的方向。今天大家喜愛的電音三太子形象逗趣可愛，動感舞步也迎合了廟會活動的熱鬧氣氛。但是沒有劇情沒有故事的表演流於呆板，難以維續。兩者如果能夠結合，必有新的文化契機。舉例而言《哪吒鬧東海》中最精彩的就是，哪吒大鬧東海，眾魚族迎戰的浩大場面，台灣本土魚類的形貌特質，如果能適當的設計各種角色及橋段與電音三太子一齊同台表演，或輪番表演。不但可以豐富電音三太子的表演內涵，同時也可活化《哪吒鬧東海》這本唸歌的生命。

（三）《哪吒鬧東海》唸歌表演型態的創新

　　傳統唸歌樸質的個人秀有其深厚的時代背景，自由隨興的表演也有其親和力。但隨著表演藝術的劇場化、精緻化、優質化，以劇團的方式形塑綜合型的表演是必須的發展策略。唸唱配合舞蹈、戲劇或動畫影像，讓唸歌不再只是個人的展演，而是多元藝術的交融，創新的表演型態，應該也是活化唸歌生命的一種思考。

肆、結論

　　《哪吒鬧東海》唸歌是一首優質的文本，更是精彩的民間歌謠。具有豐富多面的意涵和價值，所傳承的民族音樂曲調就是七字調、江湖調、都馬調、雜念調，音韻柔美婉轉，體現台灣移民的悲愴滄桑。所表述的閩南語，在語音、詞彙上的構造皆自然樸實，活潑豐富。在文學的形式上透過長篇的敘事詩，形塑神話英雄的神奇的經歷與超凡的能力；在文學內涵上不但演述中國神話故事，傳承哪吒正義護法的生命價值，同時也在情節上鋪陳了大鬧東海，射死石磯娘娘徒弟等獨特的情節。此外唸歌文本更傳達了台灣人對哪吒信仰真實面向，期待三太子顯聖來救苦解厄，尤其是社會底層的民眾，希望三太子化身乩童，靈驗大家的心理需求。楊秀卿女士更透過戲曲的演出方式，模擬唸歌中李靖、龍王、石磯娘娘、太乙真人等角色的聲情，當然最可愛的就是哪吒的童稚調皮和純真的聲調了。

　　但是社會娛樂型態轉變，如今唸歌的表演已經很難看見了，倒是電音三太子的崛起，動感舞步的表演，炫麗的造型，又造成三太子的迷人風潮。可見草根文化的魅力無限。本論文嘗試為傳統唸歌

和現代電音三太子兩種表演型態，作創新結合的思考，無論是唸歌與現代音樂的融合，或者現代音融入某種程度的傳統音樂；再者唸歌文本的重構再創，或者唸歌吸收電音三太子的表演方式，作創新表演型態的開發。

　　綜合以上所述，我們體察到傳統唸歌對台灣文化的傳承和創新，具有相當豐富而深刻的意義。今天台灣要發展文化創意產業，建構國際格局的藝術表演或文化產品，首先要認同和深究的就是：本土文化與傳統文化的價值。

飲料店運用文學之現象研究

陳啟佑

私立育達商業科技大學應用中文系教授

壹、前言

　　近十幾年來，國內飲食文化興盛，飲料種類琳瑯滿目，諸如礦泉水、汽水、果汁、冰沙、咖啡、醋、茶（原味茶、奶茶）、酒等等，品牌更是多到嚇人。販賣各式冷熱飲品的飲料店，如星巴克、台灣第一味、杯樂、五十嵐、茶湯會、原沏鮮泡茶等連鎖店在全台大街小巷到處可見；茶藝館如耕讀園、春水堂、喫茶趣等亦皆有連鎖店，知名度亦高。本文即以這些店面專賣飲料者為探討對象，且只針對飲料店在行銷過程中運用文學的現象從事研究。

　　林欽榮《商業心理學》表示：

> 人類行為始自於動機，尤其是生理性動機，常為促動購買行為的原動力。[1]

---

[1] 林欽榮著：《商業心理學》，台北：揚智文化事業公司，2002 年 10 月，初版一刷，〈第三章：動機與情緒──商業行為的心理基礎之一〉，頁 38。第三章敘述生理性動機包括飢餓、渴、性、母性驅力，瞌睡、痛、好奇，詳見該書頁 39-41。

　　該書所述之生理性動機中的「好奇」、「渴」、「飢餓」，與購買、享用飲料有關。而「好奇」也許是飲料行銷之所以運用文學的因素之一。當然，除了生理性動機外，心理性動機及消費者個人特性、產品的特性、情境的特性等因素，也會影響消費者的購買行為。[2]此容後詳談。

　　本文最重要的基礎在於材料的建檔，如店名、店面布置、飲料品名等，得來匪易，無法速成。這些材料是筆者多年來不斷地到全國各地記錄、索取、收集的累積。相信筆者尚未見及者還有很多，未能討論，請多包涵。以下依店名、店面布置、品名、包裝設計四方面加以探討。

貳、店名

　　開飲料店行銷飲料，第一步就是取店名。《商業心理學》述及商品名稱的命名原則：

> 　　一、簡短明瞭；
> 　　二、通俗易懂；
> 　　三、顯現特性；
> 　　四、趣味生動；
> 　　五、適應創作。[3]

---

[2]　同註 1，見該書〈第三章：動機與情緒——商業行為的心理基礎之一〉之〈第三節：心理性動機〉，頁 41-44。

[3]　同註 1，見該書〈第四章：知覺——商業行為的心理基礎之二〉，頁 74-75。

　　前四個原則的意思，一看即知。第五個原則需要說明：「商品名稱必須和商品相適應，與商品無關的名稱，對消費者形同欺騙，易起反感。同時，商品名稱不宜抄襲他人的慣用語，應就商品性質與用途的吸引力，來迎合消費者的興趣，獨立創作，以引起其購買慾。」[4]分別就「適應」與「創作」詮釋。這五個原則固然是針對商品名稱（以下簡稱「品名」）之命名而言，其實亦可轉用在店名命名上，蓋二者道理相近。黎運漢、李軍《商業語言》一書提出商品命名的三個原則：一、意美；二、新穎；三、簡明。[5]筆者認為取店名亦宜遵守之。「意美」、「新穎」為前引五原則所無，而「簡明」即是「簡短明瞭」之意。所以，綜合上述二書的原則，總共七個，可供命店名或評估店名好壞時參考。《品牌22誠》一書述及第九誠「名稱法則」，曾舉 XEROX（全錄）為例讚賞之：「它既簡短又獨特，而且意指高科技。全錄這個名稱可說是總資產額一百八十億美元的全錄企業最寶貴的資產。」[6]此名稱符合三個原則。可見名稱未必要符合上述二書所有的原則（即七個原則），這是必須再提醒的。舉例而言，下文將不斷地討論的茶藝館「無為草堂」、「耕讀園」以及「賽凡提斯咖啡」、「Mr. Wish」，前二者符合簡短明瞭、顯現特性、意美、適應創作、新穎五原則。而「Mr. Wish」則符合所有的原則，店名雖為英文，但並不難唸，且一般人應知其意。「賽凡提斯咖啡」符合顯現特性、適應創作、新穎三原則。除「Mr.Wish」

4　同註 1，頁 75。

5　黎運漢、李軍：《商業語言》，台北：台灣商務印書館，2001 年 5 月，初版第一次印刷，〈第八章：商業命名與商業楹聯〉，頁 227-235。

6　艾爾‧賴茲（Al Ries）、蘿拉‧賴茲（Laura Rles）著：《品牌22誠》，台北：臉譜出版，2000 年 7 月 15 日，初版七刷，〈第 9 誠：名稱法則〉，頁 93-94。

外，其他幾家飲料店並未完全遵照七個原則來命名，但是，上述店名均不失為好店名。

以下將具有文學氣息的飲料店名劃分三大區塊：一、茶藝館、茶行二、咖啡店三、其他（不屬於以上兩區塊，專賣數十種冷、熱飲，如奶茶、果汁、冰沙、冰咖啡、冰茶等飲品者）。

一、茶藝館、茶行

1. 問石堂茶酒藝軒（高雄市新興區）
2. 夢東籬（台南市長榮路）
3. 竹居茶樓（嘉義市大雅路）
4. 歸去來（雲林縣虎尾鎮）
5. 悲歡歲月（台中市大全街）
6. 陶園茗（台中市南屯區）
7. 東籬農園（台中市福林路）
8. 無為草堂（台中市公益路）
9. 周易茶莊（台中縣太平市）
10. 人澹如菊（台北市永康街巷內）
11. 耕讀園
12. 春水堂
13. 陸羽茶莊

具有文學性的茶藝館、茶莊店名尚有不少，恕不一一列舉。上述店名下註明店所在地，目的並非打廣告，而是便於讀者查証。有三家未註明所在地，蓋其連鎖店多，無法一一標示。上述命名七原則，這些店名或多或少遵循之，可見店舖老闆懂得店名命名竅門。

筆者發現：店名不一定非用名詞不可；一句話，如「夢東籬」、「悲歡歲月」、「人澹如菊」亦可，如此反而顯得另類，更能吸引顧客注目。這些店名皆有關文學，茲僅舉數例稍作說明。「竹居茶樓」之「竹居」一詞，典出蘇東坡（於潛僧綠筠軒）：「可使食無肉，不可使居無竹。無肉令人瘦，無竹令人俗。」而「陶園茗」標榜該店係新古典茶水空間，名稱與「陶淵明」諧音，即使不和陶淵明聯想，直接就店名文字解讀亦無妨也。[7]「人澹如菊」（筆者按：澹通淡）典出司空圖《詩品》：「落花無言，人淡如菊」。這家茶藝館初在嘉義市開店，後來結束營業，老闆李曙韻小姐北上開店，近幾年常以茶會方式在各地介紹茶道，和茶友對話。「春水堂」靈感來自張可久（人月圓——山中書事）：「數間茅屋，藏書萬卷，投老村家。山中何事？松花釀酒，春水煎茶。」典雅的文學元素出現在店名中，屬於「意美」，很「新穎」，也能「顯現特性」。從這些店名可知老闆的涵養、個性，進而言之，有高水準的店名、老闆，就會招徠高水準的消費者。談到消費者、生意，筆者因而想到「喫茶趣」，這家茶藝館生意興隆，店名「趣」與「去」諧音，「趣味生動」，但非文學。所以不見得店名運用文學，顧客就洶湧而至。

二、咖啡店

1. 攪和（澎湖馬公市惠民路）
2. 白話文學咖啡（嘉義市）

7　此家茶藝館成立之初，營業項目定位於中國茶，近幾年則改賣泡沫紅茶。店名靈感應得自陶淵明，此從茶館迴廊邊栽種五棵柳樹不難推知，料與五柳先生有關。另請參《景觀餐廳》，台北：珊如圖書出版有限公司，2004年4月，頁198。

3. 賽凡提斯咖啡（員林鎮育英路）
4. 雲之舞賞景咖啡（雲林縣古坑鄉）
5. 有一間咖啡（台中縣龍井鄉）
6. 花時間咖啡館（苗栗公館鄉）
7. 方舟咖啡館（花蓮市中正路）
8. 85 度 C（A New Café Shop）

　　八個店名皆含文學性，有的完全符合命名七原則，如「攪和」；有的只符合幾個原則，如「賽凡提斯咖啡」，符合「顯現特性」、「適應創作」、「新穎」三個原則。一個詞如果和某個詞結合，也許構成非文學的句子，例如「85℃熱水」，但和另外一詞結合，如「85℃愛情」，便成為詩句。進而言之，一個詞置於極普通的句子中，它沒有詩意，但作為店名，單獨看，文學意味濃厚，筆者之所以認為「攪和」、「85 度 C」是文學，理由在此。經營者以「攪和」和「85 度 C」為店名，應另有原因：泡咖啡須添加砂糖、奶精，然後用小條根「攪和」；而咖啡以「85℃」熱水沖泡，是最佳狀態，最好喝。如此說來，更豐富了這兩個店名的含意。

　　在這六個店名中，以「賽凡提斯咖啡」最特殊，賽凡提斯乃世界著名小說《唐吉訶德傳》之作者，一般人也許知道小說名，但不知作者大名。故此店名既不符合「通俗易懂」原則，亦不「簡短明瞭」，看來命名者具有「唐吉訶德精神」。

三、其他

1. 天降神冰（台南市）
2. 桔子天空 Orange Sky（台中市學府路）

3. 快樂方舟 Happy Ark（大里市中興路）
4. 茶の魔手（大里市中興路）
5. 花漾（南投市中學西路）
6. 有口皆杯（竹南鎮民族路）
7. 日出茶太（竹南鎮博愛街）
8. 好井好茶（水巷茶弄）（造橋鄉學府路）
9. Mr. Wish

　　似乎「其他」這區塊的店名較揮灑自如，更活潑、大胆，更富創意！完全符合七原則者有之，如「天降神冰」、「茶の魔手」、「有口皆杯」等，遵照某些原則者亦有之，，「日出茶太」、「外樂方舟」、「好井好茶」等屬之。這些店名更能證明名詞已非店名的專利，或許店名不使用名詞，更能搏得消費者歡心！

　　有些隸屬此區塊的飲料店店名亦特殊，如「台灣第一味」（Tea-Top）、「茶湯會」，然非文學，故未列出。

　　從上述三區塊的店名得知名詞之外，動詞、句子皆可以作為店名。動詞如「歸去來」、「攪和」，句子如「人澹如菊」、「雲之舞賞景」、「天降神冰」等均是。修辭在命名時正可派上用場，象徵（如「桔子天空」、「快樂方舟」）、引用（如「歸去來」、「無為」、「人澹如菊」）、仿擬（如「陶園茗」）、夸飾（如「茶の魔手」）、雙關（如「花漾」、「有口皆杯」）。有些店名同時動用兩種修辭技巧，「快樂方舟」除了是象徵外，也是引用，「方舟」遣用典故：大洪水時諾亞（Noah）所乘的船。《創世紀》記載諾亞方舟讓諾亞與他的家人，以及世界上的各種生物能夠躲過一場上帝因故而造的洪水大災

難。「有口皆杯」同時也是仿擬，我們看到諸多修辭技巧在飲料店名上大展身手。

這些店名有屬於西方的（如「Mr. Wish」）、日本的（如「茶の魔手」），不全屬於中國、台灣的。而古典、現代文學也都有表現的機會，古典文學如「竹居茶樓」、「歸去來」、「東籬」、「無為」、「周易」、「賽凡提斯」（四百年前西班牙作家）等屬之，「悲歡歲月」、「攪和」、「白話文學」、「桔子天空」、「花漾」等則是現代文學的例子。有些店名簡直就是詩，如「夢東籬」、「人澹如菊」、「攪和」、「天降神冰」、「桔子天空」、「茶の魔手」。要補充說明者，「悲歡歲月」也許出現在某句子裡，只是一個平凡的名詞而已，但作為茶藝館名，尤其這茶藝館的建築乃是日治時代木造宿舍，看起來有滄桑之感，晚上從裡面透出昏黃的燈光，讓人覺得店名不但貼切，說它是詩應不為過吧。

近十幾年來文學屢見於飲料店名上，意味著它不再是商業的禁忌，不再是生意人敬而遠之的東西，反而是商業的利器、寶藏。

參、店面布置

宋代吳自牧《夢粱錄》記載當時茶坊裝潢運用文學、藝術，坊內掛了些字畫供顧客觀賞，可見以文學布置茶藝館，古已有之。

如今，不但茶藝館，各類型飲料店紛紛與文學結合。店面布置所借重的當然不獨文學，建築、景觀、美術、書法、植物等都有其份量。本文僅就文學分析。文學可美化店面、提昇店面水準，更可表達店鋪主題及氛圍，此外尚有諸多用途。

　　「喫茶趣」全台有十六家連鎖店，位於竹南中華路那家佔地相當寬廣，這家「喫茶趣」雖然店名並非文學，但大量使用文學來裝潢，令學文學的筆者嘖嘖稱奇。和同樣擁有多家連鎖店的「春水堂」、「耕讀園」迥異其趣的是，這家經營者採用兩套思維，店名不使用文學，「簡短明瞭」、「通俗易懂」、「趣味生動」，甚至口語化，似乎是命名原則。然而店面布置卻採用高雅而不淺白的文學作品，樓上幾間包廂牆上均呈現古典詩，例如牆上陶板刻唐代李德裕（憶茗芽）：「谷中春日暖，漸憶啜茶英。欲及清明火，能消醉客醒。」一詩。樓下靠近廚房那邊的牆上一大片美化過的燈箱，秀出陸羽《茶經》，燈箱、美術、茶經的組合，形成高雅的文化創意！整個店內裝潢很講究，尤其燈的造型特殊，且光線強烈，十分耀眼，似乎坐在此店內品茗，心也跟著亮起來，展現另一種茶美學。前引林欽榮《商業心理學》表示影響消費動機的因素有三：一、消費者個人特性；二、產品的特性；三、情境的特性。[8]這三個因素的確和消費者之所以到「喫茶趣」息息相關。這裡特別引述「情境的特性」：

> 情境的特質相當複雜，包括購買時的情境，以及消費者所處的情境，如社會階層、家庭背景、文化因素、經濟狀況、價格……等是。……購買時情境的知覺與學習經驗，都會影響消費者的購買動機。[9]

　　打造亮麗、大方而有格調的喝茶空間，經營一個雅緻的情境，自然會吸引高尚的顧客上門。

---

[8]　同註1，〈第三章：動機與情緒——商業行為心理基礎之一〉，頁45。
[9]　同註1，頁47。

　　不但硬體布置運用文學，連餐盤紙也充滿文學。餐盤紙顏色淡雅，約 B4 影印紙大小，上方，從右到左，從今到古，呈現珍珠茉莉、烏龍茶、長興紫筍等七種各朝代好茶的圖片，中間則印製劉炳南、唐秉政、張炳煌等書法家書連橫、鄭板橋、文徵明、馬臻、林逋、陸羽、張載等古代文人詠茶詩文，美工處理得令人爽心悅目。茲錄其二於下：

　　　連橫先生詩
　　　山水之間見性靈平生愛
　　　好是茶經眾中陸羽今何
　　　在把臂同來辨渭涇
　　　唐陸羽六羨歌
　　　不羨黃金罍不羨白玉杯
　　　不羨朝入省不羨暮入台
　　　千羨萬羨西江水曾向竟陵城下來

　　文字排列悉照餐盤紙原狀。不論是餐盤紙，或二樓廂房、一樓燈箱，文學元素不少，且皆非淺白易懂者，一來可推知經營者文學素養高，二來可見其大膽，勇於嘗試。筆者自忖經營者亦可能想藉這些意境高遠的茶文學來引導顧客，提昇顧客的文學閱讀水準。淺顯幽默的店名，目的是讓廣大的消費群注目，經營者無意以文學店名來招攬消費者，反而以店面布置來從事文學教育。

　　談到餐盤紙上文學之深度，無獨有偶，「春水堂」人文茶館也有一尺寸略同於 B4 影印紙者，畫面中一古人閉目，手持茶杯，杯正冒煙，身旁之水壺亦冒煙，此圖乃配合餐盤紙正中間之白居易（謝蕭員外寄蜀茶）一詩而繪：

蜀茶寄到但驚新
渭水煎來始覺珍
滿甌似乳堪持玩
況是春深酒渴人

看來此圖將「煎茶」、「滿甌」、「持玩」、「酒渴」等動作、意象表達得唯妙唯肖。詩左邊有十一行文字，係該詩之註釋、賞析，下方則印白氏生平及其喝茶習慣之簡介。顧客一面品茶，一面欣賞餐盤紙上並茂之圖文，宛如上了一堂唐詩課，原來「春水堂」也在推廣文學。這種構想非常特殊，頗有意義。「無為草堂」餐盤紙上則印了：道常無為／而無不為，這兩行文字出自《道德經‧第三十七章》，實發人深省！當顧客舌頭嚐到甘醇的茶，也嚐到甘醇的文學。當眼睛讀到耐看的文學，也讀到耐看的茶湯。詩與茶都是文本！

茶藝館重視文學者還有位於台中市公益路的「無為草堂」人文茶館，仿古之柴門兩側有一楹聯：

無時來碗清心品
為變樂活如意人

將店名巧妙地鑲嵌於對聯中。其橫批「好茶無求為知己」，亦鑲嵌「無為」二字，此句另有深意，容後再說。尚未進入茶館，巧妙而又富哲理的文句即映入眼簾。茶館取法老子精神──圓融合諧之性，謙遜寬容之德，清淨無為。以台灣早期「草堂」風格建築呈現本土茶藝文化的新風貌，佔地約三百坪，店內池塘中錦鯉悠遊自在，以茅草為屋頂象徵回歸自然，以竹籬作牆，彷彿回到數十年前的台灣，處處散發一種古早情調。來此品嚐杉林溪高山烏龍茶，欣賞店內布置、陳設，生命沉澱下來，雲淡風清。老子無為精神、台

灣古早風味，是此茶館的定位，老闆十分堅持。《品牌22誠》論「專屬字眼法則」時，提到安全之於富豪（Volovo）、名望之於朋馳、速度之於 BMW，[10]「無為草堂」十六年來經營焦點相當集中，堅守獨特的、專屬的類別崗位，與其他茶藝館風格（或現代化或中國古典化）截然不同。

值得一提的是，店內經常展出現代美術作品，如畫家梁奕焚、陳來興等人的油畫。更值得強調者，某些包廂牆上長期掛著路寒袖、向陽、渡也親筆寫的新詩，如〈我的父親是火車司機〉、〈阿爹的飯包〉、〈手套與愛〉……，篇幅所限，恕不引出。這意味著該茶藝館兼容古典與現代。

前面討論的茶藝館，創意十足。接著談一家咖啡館，也頗具創意。員林鎮育英路實中巷內「賽凡提斯咖啡」店內陳列世界各國不同版本的《唐吉訶德傳》，及一系列和該書有關之插圖，牆上懸掛一長條狀木板，其上刻「桑丘的店」（筆者按：桑丘係《唐吉訶德傳》小說主角的僕人）。每月的某週日下午，老闆在該店二樓為讀書會會員介紹《唐吉訶德傳》，由於這本小說相當厚，恐怕需要十幾年才能講完，從冷僻的店名到講授長篇小說，就可感受到老闆也勇於「大戰風車」。

至於其他類的飲料店布置較少運用文學，台中大里市中興路「古冰之家」賣的是數十年前的飲品，店外面有一標語：

> 讓我們一起回到最初的感動

句子有點詩質，「最初」、「感動」二詞甚好。更有詩質的飲料店店外標語是：

---

[10] 同註6，見該書〈第5誠：專屬字眼法則〉，頁53-54。

　　解渴才是王道

　　台中市大智路「黑面蔡」店門口，有這麼一行誇張有力的詩句。以上兩個店外布置的例子，其實視為戶外廣告亦無妨。

　　不論在店外或店內布置上所借重的文學，使物質提升為精神，形而下轉為形而上。消費者藉由「移情作用」，覺得飲料亦頗有內涵、氣質、美感。進一步說，文學就是裝潢、布置，文學就是飲料！普羅大眾平常不接觸文學、不閱讀文學，卻來飲料店從店名、店內布置，甚至後面將介紹的品名等幾個層面感受、了解文學之美。陳建志說得妙：「人的一根小小舌頭在捲舒舞動之間，也不斷吞吐著整個世界的物質精華與文明。」[11]

肆、品名

　　這一節所論的品名是只專賣飲料之店家飲品，不包括超商、家樂福、餐廳等店面所售的飲品，例如竹炭茶、茶禮王、多喝水、可口可樂、飲冰室茶集、美研社、H_2O 等，即使茶禮王、飲冰室茶集、美研社品名乃文學，亦不予討論。

　　以下臚列一些飲料品名，及其銷售商店：

1. 仙波撞奶（原沏鮮泡茶）
2. 義式鴛鴦奶茶（drinking，造橋鄉學府路）
3. 天堂鳥冰茶（同上）
4. 二奶咖啡（大溪湖畔咖啡，桃園大溪鎮）

---

[11]　陳建志：〈紐約，美食共和國〉，《台灣飲食文選》，台北：二魚文化，2003年，第一冊，頁 268。

5. 烏龍戀奶（好井好茶，造橋鄉學府路）
6. 戀醇奶茶（壹咖啡，竹南火車站對面）
7. 靚奶（台灣第一味）
8. 漂浮冰咖啡（多那之澎湖店）
9. 童顏（花漾，南投市中學西路）
10.祕密花園（同上）
11.鄉村風情（同上）
12.碧螺春綠茶（天仁茗茶門市）
13.一百零八夜玉露（同上）

　　根據前引《商業語言》所謂命名的原則來評量，這些品名幾乎遵循三原則。也許消費者多係年輕人，因此品名多與愛情有關，有些甚至充滿誘惑。喝這些飲料而沉浸在文學與愛情之中，一舉三得也。

　　「喫茶趣」乃是天仁茶業股份有限公司的關係企業，天仁茗茶以完美優良的台灣茶品著稱，推出「天仁茶家族成員」，代表著台灣各地的多元茶款：普洱茶爺爺、紅茶奶奶、凍頂烏龍茶爸爸、綠茶媽媽、東方美人茶姐姐、茉莉花茶妹妹、包種茶弟弟。名稱既貼切又具創意，既有趣又富詩意。看得出天仁茗茶老闆的匠心獨運。前文所謂命名七原則，這些茶家族名稱完全符合。

　　無論天仁茶，還是其他十餘種名稱，亦皆符合曾光華《行銷管理》品名命名原則：

　　　一、配合目標市場的特性；
　　　二、能夠暗示產品的特性、品質、利益等；
　　　三、好唸好記、溜口醒目；

四、避免不當諧音；

五、道德與合法。[12]

　　這些店名或品名皆有其命名的理論基礎，是經營者深思熟慮後的決定，絕非隨便命名或順手拈來，從不同的商業領域的學者、專家的命名理論來檢測，都經得起考驗。

　　這些好名稱應能召喚消費者的味蕾，眼睛看到了，舌頭看到了，心也看到了，也許會有所行動。「一個貼切的商品名稱能使消費者印象深刻，產生良好的知覺，從而引起其注意，促發興趣，激起購買意願，產生購買行動。」[13]一旦顧客消費某好品名的飲料，只要飲料品質佳，合顧客胃口，喝得滿意，下次還會再來消費！因為舌頭有記憶。「我們吃下去的東西會進入細胞的 DNA 裡，把味道滲透到最深之處。還跑到下意識的最深層的角落裡，在那裡重構記憶，並永遠蜷縮在記憶裡。」[14]不過，在行銷上光是有好品名仍嫌不足，曾光華提出警告：

　　應該提醒的是，好的名稱與標誌固然是行銷的推手，但是，廠商不應迷信「好名會帶來好命」。品牌的經營有如馬拉松競賽，好的名稱與標誌只能讓廠商多跑幾步，競賽結果是否獲勝，還需要深入瞭解消費者、持續的創新與研發、正確的產品定位與推廣策略、完善的顧客服務等。[15]

---

[12] 曾光華：《行銷管理：理論解析與實務應用》，台北：前程企業管理有限公司，2004 年 8 月，〈第七章：產品基本概念與產品屬性〉，頁 237-240。該書在第三個原則下特別提到：1.諧音；2.簡單通俗；3.名稱奇特或詼諧。

[13] 同註 1，見該書〈第四章第五節——知覺與商品命名〉，頁 73。

[14] 蘿拉・艾斯奇弗（Esqivel Laura）著，湯世鑄譯：《內心深處的美味》，台北：皇冠文化出版有限公司，2000 年。

[15] 同註 12，頁 240。

　　要讓產品廣受歡迎，單靠優良品質是不夠的。當然，品質好是最基本的，此外尚有諸多因素，《品牌 22 誡》一書亦有類似的看法。[16]同理，品名運用文學固然給予顧客正面的感受、印象，但不一定是暢銷的保証。但自另一角度觀察，諸多飲料品名紛紛結合了文學，証明顧客並不排斥文學，不因含文學成分而對產品望之卻步。包括筆者在內，研究、創作文學的人士應樂意看到這種現象。

伍、包裝設計

　　這一節擬從飲料的包裝設計層面切入，說明文學如何助包裝一臂之力。筆者曾在學術研討會發表〈飲料行銷與文學〉一文，文中亦述及包裝設計，援引例子並不限於飲料店所售，換言之，凡飲料包裝設計與文學結合者皆屬材料。[17]本文例子、材料則僅限於飲料店專賣者。

　　所謂包裝的定義及其功用，《商業心理學》言之甚詳：

> 包裝是一種設計與製造產品之容器及包裝材料的活動。容器或包裝紙、盒，通稱為包裝（package）。在傳統上，包裝被認為是一種附帶的行銷觀念。唯近年來由於消費者愈來愈富裕，加以公司和品牌形象建立的需要，商品與包裝設計代表公司的創新性等因素，使得包裝已成為一種重要的行銷工具。[18]

---

[16]　同註 6，見該書〈第七誡：品質法則〉，頁 74-80。

[17]　陳啟佑：〈飲料行銷與文學〉，第五屆實用中文寫作學術研討會，國立成功大學中國文學系主辦，2010 年 1 月 23 日。

[18]　同註 1，〈第四章，知覺——商業行為的心理基礎之二〉，頁 70。

前引曾光華著作將包裝的功能說得更清楚：1.保護產品。2.方便使用或攜帶。3.傳達資訊。4.保護智慧財產權。5.建立形象、推廣產品。[19]

「傳達資訊」可善用文學，而商標、圖案、美工的部份當然亦舉足輕重，在「吸睛」上絕不容忽略。以下僅能就文學而言。

「無為草堂」出品幾種手提紙袋令筆者印象深刻。其一係淡棕色，長二十公分，寬十二公分，高約二十三公分，四面密密麻麻印上老子《道德經》：

> 道可道，非常道；名可名，非常名。無，名天地之始；有，名萬物之母。故常無，欲以觀其妙；常有，欲以觀其徼，此兩者，同出而異名，同謂之玄。玄之又玄，眾妙之門。
>
> 五色令人盲，五音令人耳聾，五味令人口爽；馳騁田獵，令人心發狂，難得之貨，令人行妨，是以聖人為腹，不為目，故去彼取此。

前一段係第一章，後一段乃第十二章。整個紙袋外表大約呈現《道德經》全文的四分之一。茶館主人的創意、心思與經營主題、方向僅僅從手提袋即可管窺一斑。袋子上不但加入文學，也加入哲學，更加入文化創意！茶館安靜幽雅，簡餐價廉物美，清淡有味，不就合乎「聖人為腹，不為目，故去彼取此」？主人自我要求亦希望顧客但求飽腹不求享受，寧取質樸寧靜，而不取奢侈浮華。這種境界，這種淡泊的經商胸襟，在飲料業界實屬罕見！這，應該也是一種品牌吧！

---

[19] 同註12，〈第七章：產品基本概念與產品屬性〉，頁246-248。

　　「無為草堂」門口橫批「好茶無求為知己」七個字印製在另一種白色小手提袋上，此句意思是「好茶本身無所求，只為找到懂得好茶的人」，由於「好茶」擬人化，使這句具有詩質，此外，這句子也誇獎、讚許了顧客——懂得好茶的人。

　　這家茶藝館的文化創意可不少，再舉一例，即四個行書字繞著白色瓷杯：無為若水，此句仿自《道德經・第八章》：「上善若水，水善利萬物而不爭」。仿句甚有深意。

　　小手提紙袋與白色瓷杯上的字，皆是書法家李峰的傑作，瀟灑不拘，飄逸自如。《品牌地圖》一書表示字體有情有味，此外還有其他功能：「字體不是只為了美觀、好看，而是要傳達你所預期的訊息。這些都是品牌個性的一環，跟理念、訊息必須前後呼應。」[20]

　　包裝上既有文學、哲學又有書法，而且不直接介紹產品、茶館，為何如此？Philip Kotler 將原因道個明白：

> 在第二層水準，我們可以討論核心產品（core product）所提供給購買者，或購買者所追求的主要效用或效益。婦女購買唇膏，並非購買唇膏本身之化學及實物特性；她所購買的是美麗。一個人購買照相機，並非購買機械盒子本身；他購買的是愉快，懷昔及一種永恆的形式。正式產品祇是核心產品或效益的一種包裝而已。行銷的任務，是銷售效益而非特色。他必須尋找效益化（benefitize）其產品的方法。[21]

---

[20] 麥克・摩瑟（Mike Moser）著，陳柏蒼譯：《品牌地圖》，台北：經典傳訊文化股份有限公司，2005 年 4 月 1 日，初版一刷，〈第五章：品牌符號〉，頁 143。

[21] Philip Kotler 原著，曹國俊譯：《行銷管理》，台北：雙葉書郎，1977 年 10 月 10 日，〈第九章：產品組合與品牌策略〉，頁 262。

「Mr. Wish」飲料店所使用的透明塑膠杯也印上文學作品：

　　兩小時內要把新鮮的感動都喝光光喔

　　文字係直排，字體很小，大概慮及字體大恐怕佔去太多面積，遮住杯內飲料的色澤，影響消費者的視覺。這一句本來散文的意思是：杯中飲料須在兩小時內喝完，以免變質或不涼。而將變質、不涼的意思省略不表，將「飲料」一詞改為「感動」，化腐朽為神奇，點鐵成金，即成為有點詩味的句子。不僅此也，杯子上還有一首橫排的令人覺得溫馨可喜的好詩：

　　這座城市裡處處充滿驚喜^^
　　這杯好茶裡每一口都是晴天
　　Mr. Wish 活力驚喜的製造家

　　拙文〈飲料行銷與文學〉賞析過此詩，茲轉錄於下：「此詩簡要有力，採間接表達方式，不忘提到飲料的功能、效果──喝了會產生活力，而且充滿驚喜、陽光。『晴天』一詞尤佳，將味覺寫成視覺，擬虛為實。」[22]除了上述文學外，杯上還印著店名及標誌，整體看來，這飲料杯子的設計具備前引《行銷管理》一書所說的五項功能。這杯子本身就是一種文化創意！老闆深知行銷要訣，因此大膽嘗試以具文學味的「希望先生」為店號，且在飲料杯上披露文學，米勒等人所著《廣告學》云：「有許多產品及勞務能夠賣出，並非由於事實的邏輯陳述，而是經由對產品營造出一種氣氛或情緒而賣出的。」[23]「Mr. Wish」的老闆應該懂得這個道理，而且運用得成熟、巧妙。筆者認為這又是一個成功的例子。

---

[22] 同註 17，頁 6。
[23] 米勒等箸，黃慧真編譯：《廣告學》，台北：桂冠圖書公司，1986 年 4 月 15

陸、結語

　　「春江水暖鴨先知」，民國七十幾年起，筆者對應用中文即頗具興趣，先後發表幾篇此一領域之論述。當時全國大學尚未設「應用中文系」，一般人對此一領域甚表不屑。有些人更認為將文學運用於生活中的各層面，必令文學低俗化，且對文學亦不敬。對於筆者的研究不能諒解者不少。未料自十幾年前開始，某些大學成立「應用中文系」或相關科系，傳統中文系於近幾年也有向「應用中文」傾斜的現象，實令筆者感到啼笑皆非。本文所論即文學之運用、活用，探討對象為飲料店，這証明筆者至今仍「執迷不悟」，仍相信文學可以、應該、長期實用在生活上（譬如在聽眾極多的方文山的歌詞中），相信文學有用，而非無用；相信文學健在，並非已死。文學在日常生活各層面、各角落中或被引用，或被創作，或以散文出現，或以詩出現，或以古典的身影露臉，或以現代的打扮露臉。有屬於中國的、台灣的文學，也有西方的、日本的文學。曾是行銷上的阻力的文學，現已成為助力。以前筆者曾看過某作家撰文斷言「文學無用」，聽過某作家宣告「文學已死」，其實他們只見樹木，不見森林。普羅大眾常光顧的飲料店，早已頻頻運用文學，而且難能可貴的是，這些文學泰半非淺白者，泰半是貼切而巧妙者，於是我們知道文學就在身邊，在茶藝館裡，在咖啡店裡，在紅茶奶茶店裡，在一壺茶中，一杯咖啡中，一杯奶茶中。

日，二版，〈第六篇：廣告創作〉，頁 637。

年少孫悟空之「成敗」要件解析
——兼論其現代教育學意義

高志成

國立台中技術學院附設高商

國立台中技術學院應用中文系兼任助理教授

壹、前言

　　教育事業的著重區塊，在謀個人和團體的生存和發展，以及社會文化的傳遞和發揚。人類生活之所以能夠逐步改善，人類文化之所以能夠日漸進步，教育所發揮的效能，是厥功甚偉。孫邦正認為人類重視教育，有下列四項理由：其一、維持個體生存和發展個人能力，其二、傳遞社會文化和促成社會進步，其三、促進國家建設和延續民族生命，其四、改善人類生活促進世界和平。[1]總之，人類的任何正面意義及價值，都賴教育力量為之傳遞、保障與發揚。本研究於此選擇《西遊記》中之年少孫悟空，作為討論教育學素材，其理由之一，即在闡釋孫悟空之舉止，對於當今 e 世代之啟發作用，以便在消極上能夠消除急躁與焦慮，並避免走出歧途，能夠遠離「失敗」；積極上則要能掌握「成功」要件，儘快達成生涯上的

---

[1] 孫邦正：《教育概論》，台北：台灣商務印書館，1992 年 2 月台增訂第 27 次印刷，頁 1-8。

「自我實現」之境界。[2]至於理由之二，在於透過古代典籍之詮釋，以便自我理解，增強處世信心；易言之，掌握過去、瞭解歷史，其實是要安頓個人之當下，以及樂觀的迎接未來。誠如法國哲學家呂科爾（Paul Ricoeur）所說：

> 所有詮釋學的目的，都是要征服存在於經典所屬的過去文化時代與詮釋者本身之間的疏遠和距離。藉由克服這距離，使自己與經典的時代合一，注釋者才能夠使其意義為自己所有；他使陌生成為熟悉，也就是說，他使它屬於他自己。這正是他透過理解他者而得到他所追求之自我理解的成長。[3]

因此讀《西遊記》而選擇孫悟空作為觀察重點，其實是充滿著「借彼言己」的蘊涵，在認識年少孫悟空的同時，也理解了自己，並從中撫平「焦慮」情緒，汲取有意義之智慧；由此看來，古籍詮釋與教育學理念，二者之間是彼此呼應，可以融會貫通的。

以下討論年少孫悟空之表現，就五單元進行，是為「釋石猴」，此部份為本研究之基礎論點；接著透過此論點闡釋孫悟空之「廣結善緣‧序齒排班」能力、「知行合一」的態度、及「略論其他優點」，以便提供莘莘學子明確之效法進程。然而，孫悟空成也「石猴」，敗也「石猴」，其「石猴」身份所衍生的被歧視效應，亦一併探討之，以強調古哲所言「謙受益，滿招損」定律之恒久價值性，用以說明學無止境之意義。

---

[2] 馬斯洛（Maslow）用一個三角圖形，來對個體需求動機的滿足所分的層次，由下而上依次為：生理需求、安全需求、相屬與愛的需求、尊敬的需求、自我實現的需求。

[3] 呂柯爾著，林宏濤譯：《詮釋的衝突》，台北：桂冠圖書公司，1995年，頁14-15。

貳、釋「石猴」

孫悟空的「石猴」身世,[4]有學者認為那是「出身叛逆」進步價值之所在;[5]有學者則認為「來歷不凡」;[6]本研究則以為最大意義,在不受血緣遺傳的制約,而能有更自由的思維寬廣度。

生命的成長是要學習,從學習中累積知識,在知識中轉化成智慧;前者為「量」的積累,後者為「質」的轉變。學習管道來自多元;幼童來自父母血氣,接著來自鄉里同儕,進入學校有了師長、同學,另外亦會注意社會流行,開始有了偶像崇拜。以上所說,就正面價值來看,都是擴充思維、學習成長的必要條件。但是「禍福相隨」,亦有負面消極的限制在,特別是家族史,是教育的根本,更是成見的來源,佔了極大的影響力,套用商學術語:「是資產亦是負債。」由於在家族史之「質」的先天限制下,導致「量」的累積並非「大海納百川」似的匯聚,而是不自覺下的選擇性擷取。

參照培根(Francis Bacon,1561-1626)之《新工具論》所言,學術進步的障礙來自四種限制:「種族的偶像」、「洞穴的偶像」、「市場的偶像」、「劇場的偶像」等等,換言之即為:「人類心理上天然的偏執和蔽障,因時代教育背景所造成的智識上的心態和局限,世

---

[4] 本研究使用《西遊記》版本為台北:三民書局,2006 年 3 月,由繆天華校注。又以下所引原文不另注釋,採隨文標注回目及頁碼。

[5] 任士恩、董小坤,〈孫悟空人物形象透視〉說:「孫悟空無父無母,這與傳統是背道而馳,本身就是一種叛逆──違背自然常規,打破傳統模式。」山東:《中國古代文學研究》月刊,2009 年 4 月,頁 46-47。

[6] 周先慎:《明清小說》,北京:北京大學出版社,2005 年 1 月第 7 次印刷,頁 97。

俗上似是而非的流言蜚語，和一般人奉為權威而事實上卻是錯誤武斷的教條和學說。」[7]其實不僅在學術，若用在個人生活周遭考察，用以瞭解其選擇與判斷，其實仍然是適用的。

　　追究這些「偶像」限制中的限制，絕大多數還是來自「父母家族」觀念所構成的原型模式，其稍長後之擇友行為，依然不離此模式作為容許基準，所謂「操斧伐柯，其則不遠」，因此凡合乎家族模式者，方能有被接受的空間，而這又包括社會流行脈動的選擇，依然在此範疇內；簡言之，即家族思維的「前判斷」。

　　所謂的「前判斷」（Vorurteil），依據葛達瑪（Hans-Georg Gadamer，1900-2002）所言，意指在我們自己作出判斷之前先在地存在著的那個判斷。「前判斷」不是被人們隨意地選擇出來的，就其實質，它乃是歷史的沉澱下來的理性，它被視為「前判斷」，只是因為它所賴以形成的基礎、即它自己的「為何之故」已經消失了，相對於現代，它是「前」的，即先在的；但它仍以觀念的形態延伸到現代，成為我們所從出發的基礎，構成了我們的理解之環節。現實的思維是向著傳統所開闢的方向展開的，一切理性的表達都是以傳統為基礎的，無論是對傳統的贊同還是反對，都是以此為出發點。所以說，「傳統並不只是我們繼承得來的一種先決條件，而是我們自己把他生產出來的，因為我們理解著傳統的進展並參與到傳統的進展中去，從而也就靠我們自己進一步地規定了傳統。」歷史形成的傳統與當代中存在著雙向作用：傳統作為當代的基礎而影響著當代，進入了當代，並在當代中繼續向前延伸；正因為傳統進入了當代，進入了我們的理解視界，傳統就在我們的理解中被重新構

---

[7]　劉岱：《中國文化新論・序論篇・不廢江河萬古流》，台北：聯經出版公司，1990 年 2 月第 6 次印行，頁 24。

建著。由於這種雙向作用，傳統與當代才聯結為一個整體，構成了歷史。在歷史的關聯中，傳統與當代是互相從屬的，傳統屬於當代，它是當代所理解的傳統；當代屬於傳統，它基於傳統並且是傳統的進一步展開。傳統是被給予的，這種被給定性通過我們接受的前判斷得以證明；然它又在我們的理解中被重新規定著，我們並不是簡單接受了傳統，而是在理解中完成對傳統的持續塑造，理解的首要任務便在於此：在我們所接受的前判斷中區別出「真」的前判斷和「假」的前判斷，把真的前判斷融入理解的再造過程中。[8]

我們若把上述所言的「歷史」，改為「家庭教育」，即合乎本議題討論內容。簡言之，父母所延續的家庭觀念，是我們踏入社會的「前判斷」，是從「我們」的歷史經驗——父母經驗——來作為觀察世界的出發點。每每觀看成功者《傳記》，編者的「前判斷」都亟欲表明其優秀血統，以說明其成功的必然性。以下試舉「孔子」例以證，司馬貞《史記索隱》云：

> 孔子之冑，出于商國。弗父能讓，正考銘勒。防叔來奔，鄒人掎足。尼丘誕聖，闕里生德。七十升堂，四方取則。卯誅兩觀，攝相夾谷。歌鳳遽衰，泣麟何促。九流仰鏡，萬古欽躅。[9]

編者僅提孔子成功、優秀方面來敘述，包括家族中的長輩，以及孔子從政過程具體的事蹟和後代影響與對其之感念等等；易言之，孔子之所以偉大與家族史的影響，是有著直接關係。至於孔子成長中辛苦或有過失的一面，則大都不論；其實孔子父親叔梁紇與

---

[8] 潘德榮：《詮釋學導論》，台北：五南圖書公司，2002 年，頁 126-129。

[9] 司馬遷著，楊家駱編：《新校本史記三家注并附編二種三》，引司馬貞《索隱》〈孔子述贊〉，台北：鼎文書局，1987 年 11 月九版，頁 1947。

母親顏徵在的關係，有所謂「野合」而生孔子的說法，不論「野合」
如何作解，[10]其父老母少、母是父之妾等等現象，對孔子來說，是
有著連帶效應上的瑕疵影響，以至於就孔子的童年生活，嘗曰：「吾
少也賤，故多能鄙事。」[11]「能鄙事」固然是正面稱許語，「少賤」
則難免有些遺憾；至於反應於孔子自己所建立的家庭時，不能不說
沒有受到影響。《論語‧季氏》記載（陳亢問伯魚）章：「（孔子）
嘗獨立，鯉趨而過庭。……他日又獨立，鯉趨而過庭。」很生動傳
神的描繪出父子之間因嚴肅而產生的疏離畫面。但是這些畫面，在
於「至聖先師」的光環之下，讀者幾乎都在有意無意之間給予輕輕
放過，例如程樹德《論語集釋》引《劉氏正義》云：

> 案古者命士以上父子皆異宮，所以別嫌疑厚尊敬也。一過庭
> 須臾之頃，而學詩學禮教以義方，所謂家人有嚴君者，是之
> 謂遠。[12]

---

[10] 司馬貞《索隱》：「蓋謂梁紇老而徵在少，非當壯室初笄之禮，故云野合；
謂不合禮儀。」見楊家駱編：《新校本史記三家注并附編二種三》，頁 1906。
至於今人研究，有王作新〈「野」的形式解析與「野合」的歷史嬗變──從
「野合而生孔子」談起〉就認為：「以禱求生產繁盛為目標。」鄖陽師範高
等專科學校學報，第 22 卷第 1 期，2002 年 2 月，頁 128。岳本勇〈由孔子
出生論「野合」的社會形態〉也總結學者看法，主張：「是對當時社會形態
婚姻形態的正確反映，不溢美，不隱惡。『野合』應是在當時社會生產力低
下的情況下，一種為時人認可的，有特定的地點，源于古時人對性的崇拜
和上古雜亂婚遺風的社會風俗。」《內蒙古農業大學學報（社會學科版）》，
2009 年第 4 期，頁 332。

[11] 《論語‧子罕》：「大宰問於子貢曰：『夫子聖者與？何其多能也！』子貢曰：
『固天縱之將聖，又多能也。』子聞之曰：『大宰知我乎！吾少也賤，故多
能鄙事。君子多乎哉？不多也。』」

[12] 程樹德：《論語集釋》引《劉氏正義》云：「案古者命士以上父子皆異宮，
所以別嫌疑厚尊敬也。一過庭須臾之頃，而學詩學禮教以義方，所謂家人
有嚴君者，是之謂遠。」台北：藝文印書館，1990 年 7 月 2 版，頁 1014。

　　但是無可否認的是，孔子一直沒有溫馨的家庭，而這個「沒有」並沒有被引述者給繼往開來的強調，反倒是「至聖先師」的形象與議題，才是我們所認識的區塊。其實無可否認的，家庭的「前判斷」才是主導著孔子思維與抉擇。孔子的父子間關係的互動，其上沒有父親的身教，以至於其下也無法有好的身教給伯魚，至少我們是看不到「父慈」的畫面；在家族精神傳承上，孔子的選擇性擷取，是不包括「父慈」。當然在後人編寫孔子圖像時，也認為「父慈」區塊不在重點之列，因此也在選擇性擷取的思維，輕輕的忽略之，甚至不具備有此書寫的概念；換言之，孔子「至聖先師」才是文化史上的「前判斷」。

　　至於《西遊記》裡的唐三藏，其父陳光蕊為當朝御賜欽點狀元，其母殷溫嬌為當朝丞相小女。三藏出身雖名門世家，卻有著不幸的小插曲：「父親被殺，母親被霸佔」因而當了孤兒，至十八歲時被旁人譏笑：「你這業畜，姓名也不知，父母也不識。」致使潛在焦慮，當下被引爆而出；後來，雖然得知父母親下落，也報仇了，甚至封為「御弟聖僧」，代表唐太宗前往西天取經，可說榮耀歸於一身，應該可以洗滌幼年的不幸污點，然而，他的「前判斷」限制，致使在帶領「五位一體」的取經團體時，常常暴露出領導的無知、與協調上的幼稚，甚至常常有無謂的情緒失控；這樣的行為依據，不能不說與唐三藏的成長背景，特別是破碎家庭的影響下無關。[13]

---

[13] 唐僧的個性唯一的優點，就是對取經事業的「始終如一」，但是在取經過程，其個性則是弊病叢生！例如觀世音菩薩認為取經時間大概「二，三年」，結果竟是「十四年」，時間差距如此之大，其一為觀音誤判，其一為唐僧個性無法掌握；但是就劇情推衍，觀音能力是無庸置疑，因此原因還是出在唐僧個性上。

　　以上兩項例證，都說明著其家庭的「前判斷」對主角的效應，有著既優秀又自卑的雙重情緒糾葛。相較於孫悟空是「石猴」身份，這說明了他沒有「家族遺傳」的資產，也沒有負債，換句話說，他是一個極端自由、且一無所有的軀體。日後的成長，不受限制，當然也沒有任何憑藉；是缺憾亦有優勢，端看當事者如何取捨。就孫悟空來說，得之正面意義居多；首先可證「天地之大德曰生」是為普遍真理，據書所云：

> 四面更無樹木遮陰，左右倒有芝蘭相襯。蓋自開闢以來，每受天真地秀，日精月華，感之既久，遂有靈通之意。（第一回，頁2）

　　俗諺說：「天無絕人之路。」「石猴」無父母，仍然有接受大環境照顧的條件，誠如玉皇大帝所曰：「下方之物，乃天地精華所生。」何以為證「精華所生」？看「那猴在山中，卻會行走跳躍，食草木，飲澗水，採山花，覓樹果。」生存的物質條件，早以充分擺置於此，提供需用者採擷。因此就自然界來看，最能闡揚「物競天擇，適者生存」，以及「凡存在便合理」的蘊涵；近代拜科技之賜，多有相關影片報導，試觀《動物奇觀》之類的內容，可證此理不誣。是以要理解孫悟空日後的種種表現，其先天條件「石猴」之背景，是一項重要依據。

　　孫悟空既是「石猴」，就沒有家族「前判斷」，則不受某些先天條件限制，因此：

> 菩提祖師問：「你姓甚麼？」猴王回答：「我無性。人若罵我，我也不惱；若打我，我也不嗔，只是陪個禮兒就罷了。一生

無性。」祖師道：「不是這個性，你父母原來姓什麼？」（第一回，頁12）

　　菩提祖師為什麼要問孫悟空「姓」什麼？因為掌握「姓」，就是對其家族史認識的重要途徑之一；[14]結果孫悟空說他「無姓」，即無家族包袱而得思想自由；又說其「無性」，其實孫悟空還未參拜祖師爺時，早已是「水簾洞」之王，且此期間也有三、五百年了；一般人在這種養尊處優的環境禮，多少都會有頤指氣使的領導霸氣，然而孫悟空為了「志心朝禮」，竟然可以完全卸下身份，而言其「無性」，更可以知孫悟空之所以能於踏入社會關係互動中，擁有著「無成見」、「不知畏懼」的特質，提供了未來發展的重要基礎。

　　試從發現「水簾洞」的過程，可以論證「石猴」孫悟空有著「不知畏懼」的特質。當孫悟空與眾猴「順澗爬山，直至源流之處，乃是一股瀑布飛泉。」眾猴想繼續探勘，卻又有揮之不去的畏懼感，這些表現，充分顯現出對「無知」事物的好奇與恐懼；因此願意提出優渥條件，促使有能力者能夠挺身而出，解決此一疑惑：

　　　　眾猴拍手稱道：「那一個有本事的，鑽進去尋個源頭出來，不傷身體者，我等即拜他為王。」「忽見叢雜中跳出一個石猴，應聲高叫道：『我進去！我進去！』」（第一回，頁4）

---

[14] 明・彭大翼《山堂肆考》卷五十九：「唐薛中書元超，謂所親曰：吾不才，富貴過人，然平生有三恨：不以進士及第一恨也，不娶王姓女二恨也，不得修國史三恨也。」《文淵閣四庫全書》冊974，台北：台灣商務印書館景印，1983年。蓋「王」氏等五姓家族，乃自東晉江左以來至唐，當時之貴族也。劉夢得〈烏衣巷〉：「舊時王謝堂前燕，飛入尋常百姓家。」此感嘆可為佐證。

　　團體中會產生英雄，而且僅有少數者可承當之原因，其一、或自我期許。如孔子之標榜為例：「鳥獸不可與同群，吾非斯人之徒而誰與？天下有道，丘不與易也。」〈微子篇〉其二、或乘時造勢。如孫中山先生建立中華民國，其先有〈致李鴻章書〉，觀內容知尚以改革為要，後清廷不採，又值外亂不斷，喪權辱國，造就孫中山決定「推翻」云云。但是無論是「自我期許」還是「乘時造勢」，都需要假以時日的自我磨練與社會條件培訓，絕非短暫時間所能夠造就；畢竟「英雄」之產生，要有勇氣、責任，但是在事件尚未明朗之前，充滿無法掌握之變數，心理焦慮油然而生，其壓力之重，進而產生畏懼心，實可體會。[15]然而孫悟空仍無所罣礙，高喊「我進去！」更見其異於常人之特色，可以從負面的焦慮轉換成有有正面價值的趨動力。[16]

---

[15] 說「焦慮」是採用德哲海德格（Martin Heidegger，1889-1976）的觀點。依李天命的說法：「人是一種時間性的存有，同時人的時間又是有限的。人有一種基本的情懷，那就是焦慮。焦慮將人無可消去的有限性展露出來。……焦慮的對象卻是不卻定的，沒有任何特殊的存有物能成為焦慮的來源。海德格認為焦慮的來源乃是虛無。通過焦慮的情懷，人體驗到虛無，而虛無即所以構成人的有限性。」《存在主義概論》，台北：學生書局，1992 年初版 5 刷，頁 86-87。因人的有限性下的焦慮，而進有「罪疚感」的產生，李天命又說：「人可以自由選擇其中某些可能性而實現之，……而在選擇的過程中，無可避免地，他總得捨棄他所不選擇的可能性。……我們永遠都只能選擇某種可能性而排斥其它可能性的情況之中，只能實現一個而犧牲其他的情況之中，海德格稱此為人的無可避免的『罪咎』。」頁 90。

[16] 至於「焦慮」的正面作用是可期待的，《E.Q.》一書作者 Daniel Goleman 說：「深思熟慮的確可能找出解決問題的方法。憂慮其實就是對潛在的危險提高警覺，這是人類進化過程中的基本生存能力。當腦部接受到恐懼的刺激時便開始感到憂慮，從而將注意力集中在眼前的威脅上，迫使腦子暫時拋開其他事情，絞盡腦汁想出因應辦法。可以說憂慮是預演可能出現的問題，及早設計趨吉避凶的方案。」台北：時報文化公司，1996 年 4 月，頁 83。此說更可呈現學者的積極用心。

　　畏事之心來自錯誤經驗累積，再加上個人情緒作祟，因此決定行為之前，總要多加籌畫、廣聽建言，方能一鼓作氣、奮發向上，但是過程三心二意、優柔寡斷的潛藏心理，則必然如影隨形，是不爭的存在事實，況且一般人都還有溫暖的「家族」，唯恐受到傷害而呵護不已，倡言與其積極冒險，不如消極觀望云云；試舉一例以證，《資治通鑑》卷八記載著一段秦末時，「楚漢之爭」的穿插事蹟：

> 陳嬰者，故東陽令史，居縣中，素信謹，稱為長者。東陽少
> 年殺其令，欲立嬰為王。嬰母為嬰曰：「自我為汝家婦，未
> 嘗聞汝先世之有貴者。今暴得大名，不祥；不如有所屬，事
> 成，猶得封侯；事敗，易以亡，非世所指名也。」嬰乃不敢
> 為王，謂其軍吏曰：「項氏世世將家，有名於楚，今欲舉大
> 事，將非其人不可，我倚名族，亡秦必矣！」其眾從之，乃
> 以兵屬梁。（前二〇八年）

　　在母親的呵護下，充滿著保守的心態，美其名說是自我認識，知道自己的能力有限，絕不能與天下群雄爭長；然而其消極逃避、不想直接承擔責任的想法，則是很明顯的。因此常見紙上談兵，而後卻歸之檔案，不做具體行動者。反觀孫悟空，出現於此團體，其身份，是內無期功彊進之親予以庇蔭；其關係，則外無社會歷練之友予以照應，但是卻敢於此刻冒然出頭，套句諺語所云，僅能用「初生之犢不畏虎」予以形容，即「不畏懼」，而不畏懼來自「無成見」，即來自「石猴無性」的先天條件。劉戈說：

> 這是一個純天然的生命，是一個純正的自然之子，是一個為
> 日月精華孕育而成的赤子。這個出身既說明他是三界之外
> 人，也說明孫悟空先天就不具有體制內的文化觀念的遺傳。

而且他的生命產生的奇怪性也預示了他今後勢必會有一番
奇特的人生經歷與作為。[17]

劉戈將此時的孫悟空稱之為「懵懂之子」，亦有精彩處，可以
相參。總之，「石猴」條件，究竟是年少孫悟空得以成功的重要
基礎。

參、廣結善緣‧序齒排班

孫悟空因「石猴」條件，所反應於社會關係的互動，最為具體
的行為，就是「與狼蟲為伴，虎豹為群，獐鹿為友，獼猿為親。」
（第一回，頁 3）這說明孫悟空的「無成見」到「無畏懼」，因此
可以「與狼蟲為伴，虎豹為群」，畢竟狼、虎、豹是為肉食性生物，
對於較為弱小之生物，其家族教育重點，必然將天敵之認識、逃生
視為首要課程，直到淪肌浹髓，能夠形成自然反應為止；然而孫悟
空的「石猴無性」，因沒有父母教導，反而無成見、不知畏懼，而
能與之為群、為伴。另外又能「獐鹿為友，獼猿為親」，可證孫悟
空的適應能力好，群體關係佳，能夠廣結善緣，並且知道「親親有
差等」，與何類應「親」、應「友」，又該與何類為「伴」、為「群」
即可，這些都是社會關係上的重要條件，竟都在孫悟空的「天份」
禮，早已具備而能擅加運用。

畢竟在生物界禮，除了些許是特立獨居之外，大部份的生物均
採群居為要；群居可以相互照顧、可以製造聲勢、可以抵抗外侮、
可以互通有無、可以傳遞消息，在具有眾多優勢條件下，是以形成

---

[17] 劉戈：《西遊記新論》，北京：學苑出版社，2002 年 8 月，頁 174。

共識，生活經濟模式依此而確立。[18]孫悟空一加入此團體，即掌握此中訣竅，是其即掌握成功要件。之後得以稱「美猴王」，能夠「序齒排班」、安排職務，並且有疑問提出時，旁有參謀願意借籌定策，這些都是在群體編排，周遭旁人在「親親有差等」的感受下，受到應有的重視，方有可能之現象。

　　考「親親有差等」乃儒學重要理論，《論語・學而》：「子曰：『弟子入則孝，出則弟，謹而信，汎愛眾，而親仁。』」從父母、兄弟、朋友、群眾，強調著先後順序，既說明個人能力，又重視社會責任，是最合乎人性的倫理級距。梁啟超認為秦漢以降，儒學之所以定於一尊，亦由此衍生，其說：「孔學嚴差等，貴秩序，而措而施之者，歸結於君權。」[19]其實有無「歸結於君權」之解釋角度，尚待論證，最重要的是合乎社會大眾需要，更是孫悟空所展現的領導關鍵與細心程度。

　　孫悟空的領導魅力，尚不僅於此，對於彼此情感的連絡，以促進人際關係和諧，亦頗有掌握。按、此要義於孟子時早有昭示，曰：「天時不如地利，地利不如人和。」朱子《集注》云：「人和，得民心之和也。」[20]三國時代諸葛亮〈隆中對〉也分析「三國鼎立」，成立條件是「曹操得天時」、「孫權佔地利」、「劉備要爭人和」，李贄評曰：「以天時屬操，地利屬權，人和屬玄德；孔明之為百姓而

---

[18] 唐・朱慶餘〈近試上張水部〉詩：「洞房昨夜停紅燭，待曉堂前拜舅姑。」所謂「舅姑」云云即可說明早期先民群居下的近親聯姻現象。

[19] 梁啟超：《飲冰室文集》卷二〈學術類一〉，台南：博元出版社，1989 年，頁 133。

[20] 朱子：《孟子章句集注》卷四〈公孫丑下〉，台北：大安出版社，1987 年 10 月再版，頁 241。

出也,已可知矣。」[21]亦認為「人和」才是最終統一天下的重要關鍵。無論是孟子、還是諸葛亮,這說明了此理論是民族共識,因此民間有所謂「和氣生財」、「和平共存」、「和衷共濟」等等詞句,成為普遍待人處世的堅定信仰;因此,要考察孫悟空的成功之處,就是由群體關係做起;後來孫悟空更擴大交往,與「七大聖」結拜,是為:「齊天大聖孫悟空、平天大聖牛魔王、覆海大聖蛟魔王、混天大聖鵬魔王、移山大聖獅犯王、通風大聖獼猴王、驅神大聖偶狁王。」(第四回,頁 46)此為與妖魔界的交往情形;至於與「神仙」交往情形,其細膩處,更見精彩:

> 閒時節會友遊宮,交朋結義。見三清稱個「老」字;逢四帝道個「陛下」。與那九曜星、五方將、二十八宿、四大天王、十二元辰、五方五老、普天星相、河漢群神,俱只以弟兄相待,彼此稱呼。(第五回,頁 49)

正所謂「四海之內皆兄弟」的意謂,孫悟空是發揮的淋漓盡致。考察孫悟空於之後輔佐唐三藏西天取經,在歷經八十一難,所接觸的七十二個妖魔裡,乍看之下會以為孫悟空個性是「心高氣傲」,頗為在乎他人對其稱許,以便「卻好顯我本事出名」(三十二回,頁 384)的先入為主的想法;然而仔細條分縷析,專就孫悟空個人力量就足以排難解紛的事件其實不多,反倒是透過眾多諸神、龍王、菩薩、佛陀等人協助完成者不在少數。孫悟空說:

> 若是天魔,解與玉帝;若是土魔,解與土府。西方的歸佛,東方的歸聖,北方的解與真武,南方的解與火德。是蛟精解

---

[21] 陳曦鍾、宋祥瑞、魯玉川輯校:《三國演義會評本》,北京:北京大學出版社,1998 年 11 月,頁 485。

與海主，是鬼祟解與閻王。各有地頭方向，我老孫到處里人
熟，發一張批文，把他連夜解著飛跑。（三十二回，頁 382）

　　孫悟空之所以會如此瀟灑的侃侃而談，內容並無誇張之處，昔
日的交情，再加上觀世音菩薩也曾經允諾：「假如到了傷身苦磨之
處，我許你叫天天應，叫地地靈。十分再到那難脫之際，我也親來
救你。」（十五回，頁 179）孫悟空的確是「到處里人熟」。

　　就取經過的案例歸納來看，孫悟空一方面是承認自己本能有
所不足，具備虛心就教、涵納百川的謙虛態度，另一方面能夠擅用
群體力量，借助專業技能，以便排難解紛；而令人驚歎的是，此一
態度，竟然早在其風化成「石猴」即已「不學而能」的能夠廣結善
緣，充分掌握到進入社會成功關鍵的鑰匙了。孫悟空曾自詡為「花
果山天生聖人」（第三回，頁 28），若就「廣結善緣」的能力來看，
的確是當之無愧的。

肆、知行合一

　　知道生命是有限的，追求長生是必要的，這是人性中普遍的欲
求，尤其是物質條件不予匱乏者；要是其政治地位崇高，那麼對於
長生的企求，必然會比他人更顯得積極，諸如秦始皇之流，即是最
佳佐證。[22]因此觀看孫悟空的表現，也是如此進展。

---

[22] 司馬遷：《史記》〈秦始皇本紀〉：「齊人徐市等上書，言海中有三神山，名
曰蓬萊、方丈、瀛州，僊人居之。」〈正義〉引《漢書》〈郊祀志〉云：「此
三神山者，其傳在渤海中，去人不遠，蓋曾有至者，諸仙人及不死之藥皆
在焉。」頁 247。

孫悟空「享樂天真，何期有三五百載。」「忽然憂惱，墮下淚來。」原來是想到：

> 將來年老血衰，暗中有閻王老子管著，一旦身亡，可不枉生
> 世界之中，不得久注天人之內？（第一回，頁6）

探究原因之一，應該就是當了「美猴王」後，在資源豐盛，亟欲保有現況，因此進而產生焦慮，而此焦慮必然比起其他諸猴來得強烈！畢竟凡猴的想法很單純：

> 大王好不知足！我等日日歡會，在仙山福地，古洞神洲，不
> 伏麒麟轄，不伏鳳凰管，又不伏人間王位所拘束，自由自在，
> 乃無量之福，為何遠慮而憂也？（第一回，頁6）

凡猴之所以為凡猴，只見眼前、只想當下，何期知道所謂的「無量之福」並不是真實擁有，他必須要有許多條件同時配合，且此條件中，沒有任何一項是凡猴所能掌握；換言之，目前的現象，它至少要四項條件配合而成：其一、維持生存的物質的提供，其二、氣候環境的適應、其三、身體機能的和諧，其四、沒有其他天敵的掠奪。此四項條件，沒有一項是凡猴所能自主，縱使天地大德，提供優渥條件，使花果山有著「春採百花為飲食，夏尋諸果作生涯；秋收芋栗延時節，冬覓黃精度歲華。」（第一回，頁6）生活所需物質無虞匱乏，但是日後難保在人口浩繁，仍有實物短缺之慮。至於「人是向死的存在」，加上身體器官，在年歲的累積下，必然會有某些病痛侵襲，種種現象，是令人困難不已。換言之，這些內外條件，必然是遲早要發生，除非能「自覺」意識到其急迫性，然後開始積極行動，尋求對策，這包括其一、有種植畜養的能力，其二、

有養生醫學的知識，其三、有抵禦外侮的能力。縱使這三項條件具備了，對於「氣候環境」之條件，仍然不是生物界所能決定的！[23] 其實單就「天敵」條件來看，凡猴是很脆弱的，導致危機出現時，而絲毫無招架之力。試看第二回，當孫悟空從菩提祖師處，學成功就，返回「花果山」時，所見竟是「鶴唳聲沖霄漢外，猿啼悲切甚傷情」的情況；據群猴描述：

> 近來被一妖魔在此欺虐，強要占我們水簾洞府，是我等捨死忘生，與他爭鬥。這些時，被那廝搶了我們家火，捉了許多子姪，教我們畫夜無眠，看守家業。幸得大王來了！大王若再年載不來，我等連山洞盡屬他人矣！（第二回，頁22）

再看二十七回，有「屍魔三戲唐三藏　聖僧恨逐美猴王」之前因後果，致使孫悟空有短暫空檔返回「花果山」棲身，而群猴卻垂淚告道：「自大聖擒拿上界，我們被獵人之苦，著實難捱。」

前一例之敵人，號為「混世魔王」，具有法術，導致群猴因脆弱無助以致於被欺虐，就常理而言，尚可見諒；但是在後例中的獵人，僅是凡人中的謀生者，群猴依然束手就擒、逆來順受。由此可見，群猴自以為的「無量之福」乃想像之境，就殘酷的現實環境來看，絕對是無知的井蛙囈語；《論語》：「人無遠慮，必有近憂。」聖賢所言，果然是不變真理；相較之下，孫悟空的「憂慮」，更見其遠見價值。倘若沒有孫悟空的「遠慮」在前，則花果山群猴之「近憂」發生時，難保不是毀家滅族的結局！

---

[23] 2009 年「莫拉克」颱風蹂躪台灣，造成慘烈的傷亡！由此看來，縱使氣象科學已進步到可以事先掌握颱風動向，但是人類也只能消極預防，祈禱災害降低而已。

　　凡猴當中，其實也有知識程度較高者，所聞所見，亦有參著價值。當孫悟空提出死亡憂慮，導致「眾猴聞此言，一個個掩面悲啼」時，有通背猿猴厲聲高叫，說出了：「三等名色，不伏閻王老子所管」，具備著「不生不滅，與天地山川齊壽」的能力，而他們居住在「閻浮世界之中，古洞仙山之內。」但是通背猿猴的「知道」，並不是等於「真知道」，因為他所說的「閻浮世界之中，古洞仙山之內」，究竟在那裡？說了等於沒有說，畢竟太籠統了、太虛渺了，足證通背猿猴的「知道」，僅是一種自我想像的幻覺，他也知道此一幻覺是無從著手，因此從不去積極執行，這不是他不怕死、不想求長生，而是他根本是屬於「無知」的範疇，企圖活在想像中用以慰藉自己罷了。當然也只有單純的「石猴」背景的孫悟空，沒有機心、沒有成見，竟然把通背猿猴由想像的無知描述，認真的當做一回事，勇於執行，事後證明果真的有「不生不滅，與天地山川齊壽」者，的確是居住在「閻浮世界之中，古洞仙山之內」，這絕不是通背猿猴的先知廣聞，而是孫悟空佐證了王陽明所說的「知行合一」學理：「未有知而不行。知而不行，只是未知。」[24]昔孔子曾曰：「唯上知與下愚不移。」（《論語·陽貨》）這個「不移」可以代表對某些「真理」的認同、堅信而不求代價積極去追求。明·洪自誠《菜根譚》有不錯之闡釋：

> 至人何思何慮，愚人不識不知，可與論學，亦可以建功。唯中才的人，多一番思慮、知識，便多一番臆度猜測，事事難與下手。[25]

---

[24] 陳榮捷：《傳習錄詳註集評》，台北：台灣學生書局，1998 年 2 月修訂 3 刷）頁 33。

[25] 洪自誠：《菜根譚》第 219 則，高雄：尚志圖書社，1997 年 10 月，頁 158。

　　孫悟空究竟要歸類於「上知」或「下愚」的範疇，依闡釋角度的取捨，都可以有言之成理的說法，畢竟他是確定有「建功」的事實。至於通背猿猴，空有知識，卻從未去執行的動作，嚴格說來，想像出來的知識能否算是「知識」，其實是有爭議的，[26]縱使事後可以證明而列入，那也僅是屬於「中才」之資。

　　這種「中才」，透過孫悟空的眼禮，可以見到世間真的佔有很大比例。當孫悟空決定「雲遊海角，遠涉天涯，學一個不老長生，常躲過閻君之難。」在尋求的路途上，「見世人都是為名為利之徒，更無一個為身命者。」甚至快到「靈台方寸山，斜月三星洞」時，碰到一位樵夫，口念〈滿庭芳〉詞：「相逢處，非仙即道，靜坐講《黃庭》。」乃菩提祖師教他，只要「遇煩惱時，即把這詞兒念念。一則散心，二則解困。」孫悟空質疑著：「你家既與神仙相鄰，何不從他修行？學得個不老之方。」樵夫不學，必有其理由，就檯面上當然是要「供養老母，所以不能修行。」蓋此一冠冕堂皇理由，無人敢論其不是！但是於歷史上，棄家修行而不遭受詬病者，乃大有人在，甚至流為雅談，諸如六祖惠能，就是一例。[27]因此真正理由恐怕樵夫是屬於「中才」之資，未必全信《黃庭經》真能有效能。縱使神仙住在隔壁，有「近水樓台先得月」的環境，有「得來全不費工夫」的效率，在「不相信」的成見下，他是不會花費時間學習，

26　孫振青：「知識現象包含三個要素。第一，認知主體－自我。第二，被認知的對象－事實。第三，認知行為－主體趨向到對象的作用。」《知識論》，台北：五南圖書出版公司，1990 年 7 月 3 版，頁 3。據此來看通背猿猴「認知行為」是欠缺的，因此不符合「知識」定義。

27　釋法海・丁福保：《六祖壇經箋注》〈行由品第一〉：「惠能見一客誦經，一聞經語，心即開悟，遂問客誦何經？曰：《金剛經》。……惠能聞說，宿昔有緣，乃蒙一客取銀十兩，與惠能令充老母衣糧，教便往黃梅參禮五祖。惠能安置母畢，即便辭違。」台北：文津出版社，1990 年 4 月，頁 60-62。

更不會有所投資心血於其間。總而言之,「知」、「行」若不是同時進行,此「知」屬於皮相之「知」,甚至可歸為「無知」範疇。

孫悟空與諸猴、通背猿猴、凡人、樵夫相較之下,就聰明才智是不會比他們高,就知識訊息不會比他們廣,就環境機緣不會比他們便利,但是最終卻能學到「七十二變」、「觔斗雲」,真正享有「頓教跳出輪迴網,致使齊天大聖成」的境界,於此先不論其後來發展的負面效果,單就學習成果來看,孫悟空對於「知行合一」的觀念,的確是發揮的淋漓盡致,誠如書中〈詩偈〉所言:

> 去時凡骨凡胎重,得道身輕體亦輕。舉世無人肯立志,立志修玄玄自明。(第二回,頁 21)

立志、專致,道理人人都懂,但是真要執行時,則是困難理由一堆,無論合理或不合理,總有自圓其說以便聊表慰藉心情的說詞,其實這種推託藉口,朱子最能一針見的指出其盲點所在,云:

> 今人所以懶,未必是真箇怯弱,自是先有畏事之心,才見一事,便料其難而不為。[28]

在孫悟空的身上,我們看不到他的「懶」、「怯弱」、「畏事之心」,更看不到「料其難而不為」的成見之心。《孟子》嘗云:「得天下英才而教之」亦是一樂,(《孟子・盡心上》)菩提祖師有「得」之「樂」,孫悟空有以「英才」稱呼之實,二人水火【既濟】,[29]譜出師弟互動之典範,良有以也。

---

[28] 黎靖德編:《朱子語類》卷一百二十回〈訓門人〉,台北:文津出版社,1986年12月,頁 3711。

[29] 虞翻【既濟】注:「六爻得正,各正性命,保合太和,故利貞矣。」見李道平,《周易集解纂疏》(北京:中華書局,2006年2月第4次印刷),頁 527。

伍、略論孫悟空其他優點

　　綜觀早期孫悟空的具體行為，尚值得我們學習者，亦有三點可論；即主動性、自覺性、領悟性。就這三點，其實在前文已略有提及，於此再充分描述，以肯定孫悟空其學習態度，供吾人效法之。

一、主動性

> 眾猴又道：「那一個有本事的，鑽進去尋個源頭出來，不傷身體者，我等即拜他為王。」連呼了三聲，忽見叢雜中跳出一個石猴，應聲高叫道：「我進去！我進去！」（第一回，頁4）

　　此為石猴從「出生」到此時，第一次表現；而此次主動表現並非躁進，他參與此團體已是「山中無甲子，寒盡不知年」，深知此一團體特點，因此借此機會一縱，適時成就自己，也帶領大家邁向穩定之路！相對的，群猴已有主動追求河流源頭，展現冒險精神，然而再進一步的企圖心卻不夠，終於功虧一簣！石猴的主動性，爭取自己應得的權益，在隨後亦有精彩表現。

> 石猴端坐上面道：「列位呵，『人而無信，不知其可。』你們纔說有本事得來，出得去，不傷身體者，就拜他為王。我如

蓋凡不正者使之正。依李安綱，〈易學結構在《西遊記》中的應用〉認為：「《西遊記》是一部覺悟之書，承載著深厚博大的中華民族優秀的傳統文化，而《易》學又是中華傳統文化之源，所以小說中所揭示的《易》學原理既圓融渾厚，又生動形象，潛移默化，更為精妙。」（山西：運城高等專科學校學報，第19卷第5期，2001年10月），頁1。是以本研究由此角度抒論一二。

　　今進來又出去出去又進來，尋了這一個洞天與列位安眠穩
睡，各享成家之福，何不拜我為王主？」（第一回，頁5）

　　石猴此語深具語言技巧，其中已扣緊：未發生前大家的共識，
我進出的辛苦危險，你們現在所享受的成果；有根據、有誇耀、有
成果，因此，爾等拜我為王，是合情、合理也！

　　從第一回的敘述中，悟空已展現他面對新環境時的韜光養晦；
熟悉之後，在適當時機主動出擊；後來至菩提祖師學道，亦如斯作
為，終得祖師親睞，盡傳所知。

　　話說孫悟空歷經「飄洋過海，登界遊方，有數十個年頭，方纔
訪到此處。」菩提祖師，教他灑掃應對，進退周旋之節……閒時即
掃地鋤園，養花修樹，尋柴燃火，挑水運漿。凡所用之物，無一不
備。在洞中不覺倏六七年。」（第二回，頁14）歷難數十個年頭，
卻來此掃地六七年，依一般人習性，恐怕早已灰心喪志，半途而廢，
甚至認為造化弄人，而產生憤世嫉俗；蓋凡人習性認為：「吃得苦
中苦，方為人上人。」苦：是手段，上人：是目的；有此偉大且必
然的結果，再苦都能忍受。然而細觀悟空努力過程，沒有任何承諾
與保障，卻還能「喜得他抓耳撓腮，眉花眼笑」，終於得到菩提祖
師認可，詢問道：「你今要從我學些甚麼？」相信這六七年，絕對
是試用觀察期，有太多人在注意著你，唯有平常心，立下志向，努
力不懈，方能追求當初心願！

　　「你今要從我學些甚麼？」菩提的詢問，終於使悟空的被動性
角色轉換成主動性立場，雖然悟空剛開始還很謙虛的說：「但憑尊
師教誨，只是有些道氣兒，弟子便就學了。」話中有話，什麼都想
學，求知欲望頗強烈！結果，祖師爺要教他「術、流、靜、動」等
道，悟空卻又很主動積極說他不學，展現出強烈學習目標！

二、自覺性

> 美猴王享樂天真，何期有三五百載。一日，與群猴喜宴之間，
> 忽然憂惱。墮下淚來。……猴王道：「今日雖不歸人王法律，
> 不懼禽獸威服，將來年老血衰，暗中有閻王老子管著，一旦
> 身亡，可不枉生世界之中，不得久注天人之內？」（第一回，
> 頁6）

　　舒適環境，令人心曠神怡，讓人感受到尊嚴與幸福；但是，物極必反，天理難容不變之事；當大家習慣於目前生活形態，誤以為能保長久，甚至以為胡思亂想的人，是不知足；殊不知，唯有不以現況為滿足，隨時保持再求新求變之戰鬥精神，方不會受潮流給淘汰，「唯一不變之真理者，變也！」當眾猴抱持：「我等日日歡會，……自由自在，乃無量之福，為何遠慮而憂也？」以及時行樂心態，享受當下生活，正是常人寫照；唯有大智大慧者，觀望出未來遠景，自覺出不以目前所得為滿足，領導眾人再邁更精緻生活。孫悟空的自覺性，正是身為領導者應有風範與觀瞻；眾猴何其有幸，在美猴王的領導下終能「九幽十類盡除名」，不在天地規定壽命期限！

　　孫悟空自覺心體驗成熟後，心靈清晰，此時觀他人所為，紛紛擾擾，「見世人都是為名為利之徒，更無一個為身命者。」後來在菩提祖師處與眾師兄弟學習過程，也因悟空自覺心甚強，自知本身想學什麼，不因大家爭相指責道：「你這潑猴，十分無狀！師父傳你道法，如何不學，卻與師父頂嘴？」「朝菌不知晦朔，蟪蛄不知春秋」（《莊子‧逍遙遊》）師兄弟又如何去瞭解孫悟空自覺後的雄偉企圖呢！

三、領悟性

> 難！難！難！道最玄，莫把金丹作等閒。不遇至人傳妙訣，
> 空言口困舌頭乾！（第二回，頁17）

這是菩提祖師所自吟道出，一者描述道術不輕易傳給他人，再者言及解人難得；箇中有狂傲，但是亦有傷感！「得天下英才而教育之一樂也！」祖師爺門徒甚多，據樵夫轉述：「那祖師出去的徒弟，也不計其數，見今還有三、四十人從他修行」云云；然而敢主動、自覺者，可能不多，若要說到領悟性強者，更是緣木求魚！當菩提祖師經過七年的考察孫悟空態度，深知其耐性、穩定度等條件，均為可造之才，進而意願教導法術，其大方向有「術、流、靜、動」等四大類，然而孫悟空卻言：「不學！不學！」因為孫悟空已經有一明顯且確定的學習方向，即是「不生不滅，與天地山川齊壽」。

> 祖師聞言，咄的一聲，跳下高台，手持戒尺，指定悟空道：
> 「你這猢猻，這般不學，那般不學，卻待怎麼？」走上前，
> 將悟空頭上打了三下，倒背著手，走入禮面，將中門關了，
> 撇下大眾而去。……原來那猴王，已打破盤中之謎，暗暗在
> 心，所以不與人爭競，只是忍耐無言。祖師打他三下者，教
> 他三更時分存心；倒背著手，走入禮面，將中門關上者，教
> 他從後門進步，秘處傳他道也。祖師聽說，十分歡喜，暗自
> 尋思道：「這廝果然是個天地生成的！不然，何就打破我盤
> 中之暗謎也？」（第二回，頁16-17）

悟空強烈的領悟能力，[30]再加上主動性、自覺性，終於博得菩提欣賞，傾囊相授，使得悟空得以學到「地煞七十二變」、「觔斗雲」等曠世傲人法術！「一則師父傳授，二來也是我晝夜慇懃。」悟空此語道出師徒二人相知相信之情感！相對於其他師兄弟，為何就學不到菩提高深法術？當祖師爺要傳授「觔斗雲」予孫悟空時，

> 大眾聽說，一個個嘻嘻笑道：「悟空造化！若會這個法兒，與人家當鋪兵，送文書，遞報單，不管那裡都尋了飯喫！」
>
> （第二回，頁19）

嗚呼！高級法術，竟與基本謀生技倆相提並論；《論語·子路》有「樊遲請學稼，孔子言其小人哉」之事蹟，朱子《集注》引楊氏曰：「遊聖人之門，而問稼圃，志則陋矣。」[31]企圖心不強，世俗化心態，充斥整個理念，難怪祖師爺要發牢騷：「不遇至人傳妙訣，空言口困舌頭乾！」也難怪有幸發現此一懷瑾握瑜的佳質美徒，願意傾囊相授、盡傳所知！真的是：「解人難得」也！

陸、因「石猴」所衍生的被歧視效應

孫悟空是「石猴」的先天條件，從沒有生命的石頭蹦出來，而令人激賞處就在其浪漫精神，從「自覺」中，按部就班，爭取它的社會地位：自發現「水濂洞」稱王，到想及「年歲有時而盡，榮樂止乎其身」的困境，如何跳脫生命肉體的有限，追求無限的可能；

---

[30] 註27嘗引六祖惠能事蹟為例，是有所依據以論證的，蓋六祖惠能與五祖弘忍的互動過程，就是敘述孫悟空與菩提祖師的故事來源，其情節若合符節。詳〈行由品〉。

[31] 朱子：《四書章句集注》《論語集注》卷七〈子路〉，頁142-143。

從此激起行動，企圖尋求一個無法掌握勝算的求「道」過程！歷經二十年，終於學到須菩提祖師的真傳，誠所謂：「悟徹菩提真妙理　斷魔歸本合元神」。據孫悟空自述其能力：

> 我自聞道之後，有七十二般地煞變化之功：觔斗雲有莫大的神通；善能隱身遁身，起法攝法；上天有路，入地有門；步日月無影，入金石無礙；水不能溺，火不能焚。（第三回，頁 28）

如此強的能力，卻在加入天庭團體時，僅受封為「弼馬溫」，乃未入流的廝養馬匹職務，難怪孫悟空發怒說：「養馬者，乃後生小輩，下賤之役，豈是待我的？」（第四回，頁 41）一怒返回水濂洞，眾猴也為他抱屈，認為：

> 來得好！來得好！大王在這福地洞天之處為王，多少尊重快樂，怎麼肯去與他作馬夫？（第四回，頁 41）

畢竟，孫悟空自覺不滿現狀，勇於冒險，離鄉背井，用了近二十年歲月，追求一種未可知的虛無縹緲想像結果，雖說當初目的只為了掙脫「死亡」壓力，但是「功成」後，在欲望趨使下，也想「名就」繼之，進一步之意圖，即登入高級的社經地位，以摒除「石猴」的先天宿命；結果在天庭諸神的共識安排之下，得到的竟是「豢養馬匹」，而此職務是否須要二十年的養成教育？答案當然是否定的！難怪令孫悟空怏怏不樂，雖說後來太白金星轉述玉帝旨令，解釋道：「凡授官職，皆由卑而尊，為何嫌小？」（第四回，頁 47）但是「弼馬溫」並不在官職之內，更何論由卑而尊之途徑云云！即使之後承諾給孫悟空「齊天大聖」封號，也並非認可其能力，更何遑尊敬其身份，充其量僅是「養在天壤之間，收他的邪心，使不生

狂妄，庶乾坤安靜，海宇得清寧也。」（第四回，頁47）可見玉帝、太白金星等人之思維，一直都在作敷衍了事的佈局，都是採用息事寧人的姑息政策！總言之，在天庭的神仙集團裡，根本就瞧不起「石猴」出身的孫悟空，縱使他法力已在水準之上，他仍然是卑微的！

　　說「石猴」是被排斥、是被看不起的，以下用「對比視野」來參照，立即顯見出鮮明畫面。[32]其一、豬八戒：

> 有緣立地拜為師，指示天關並地關。得傳九轉大還丹，工夫晝夜無時輟，功圓行滿卻飛昇，天仙對對來迎接，……敕封元帥管天河，總督水兵稱憲節。（十九回，頁222）

　　除了得道因由介紹之外，亦論述分封職務是「天蓬元帥」。其二、沙悟淨：

> 因此纏得遇真人，引開大道金光亮。……三千功滿拜天顏，志心朝禮明華向。玉皇大帝便加陞，親口封為捲簾將。（二十二回，頁261）

　　同樣有得道原因介紹，而職務分配是「捲簾將軍」。二人法術、能力如何，在西天取經結束後，佛陀於「受職」典禮上對豬八戒說：「汝挑擔有功。」對沙悟淨說：「登山牽馬有功。」（一百回，頁

32　吳有能師說：「通過比較，不但文化的異同得以彰顯，更重要的是我們可以擴充視域，增加觀點。通過這樣一個過程，我們不但可了解對方，更可以進一步在對比中深化自我的了解。知己知彼，才可以讓我們更有效的開創新紀元。」以上為外在理由，另外尚有內在動力，即是「理性對普遍性的追求。」因而得出：「對比是人類認知的深層基礎，或者說是認知的基礎性模態。同時，在組對、並現與移情的三步中，對比運作跳脫獨我論的危機，而呈現互為主體的生活世界。」之結論。詳《對比的視野──當代港台哲學論衡》，台北：駱駝出版社，2001年，頁6-14。此說提供哲學上的深層作用。

1202）這樣的分封，早已說明一件事實，即二人功勞僅在於體力的付出，而不是如孫悟空的「煉魔降怪有功」，可證二人法力與孫悟空相較，是不能相提並論，並且是眾所周知的事實！然而於天庭的職務分配，前者封「元帥」、呼「將軍」，後者卻為「弼馬溫」，不論職務內容為何，單就職務名稱來看，氣勢已遜色許多；唐三藏曾在「荊棘嶺木仙菴」向四老說法，說：「人身難得，中土難生，正法難遇；全此三者，幸莫大焉。」（六十四回，頁 776）足證就於「人、猴」身份的差別，的確會在天庭界有著不同思維；況且「猴類」尚屬生物，猴中之「石」者，究竟如何分類？但是，必在「猴」類之下，則無庸置疑！至此可知，孫悟空的「怒」，是來自社會集體共識所逼出的。

令孫悟空「怒不可遏」的原因，尚不止於此。假使缺額有限，額滿為止，那麼依照先後順序，早到者先登記，晚到者列冊候補，等待時機，亦無可厚非；或是依太白金星轉述玉帝旨令，解釋說：「凡授官職，皆由卑而尊，為何嫌小？」畢竟循序漸進、依能授權，也可令人安身立命。然而問題並不是那麼單純，首先神仙「不死，仙位永不出缺；不老，仙官永不退休。」[33]職位的擁有過程，竟是先後之爭的卡位戰，而不是能力高低鑑別的淘汰賽。

再者，依「道教」理念，修行成仙是一種開放行為，鼓勵後人能「有志竟成」，試觀「八仙過海」中的八仙年紀，都小於孫悟空，其職務也不用看管馬匹。看管馬匹，是否為孫悟空所言：「乃後生小輩，下賤之役。」是有著討論空間，若就孔子經驗「貧且賤。及

---

[33] 薩孟武：《西遊記與中國古代政治》，台北：三民書局，1989 年 5 月 7 版，頁 11。

長，嘗為季氏史，料量平；嘗為司職吏而畜蕃息。」[34]以及人生價值觀，必然不認同孫悟空所說，甚至要指責其錯誤觀念。但是換個角度來看，也許孔子要諒解孫悟空的；據御馬監同仁的看法：「這等慇懃，餵得馬肥，只落得道聲『好』字；如稍有些尫羸，還要見責；再十分傷損，還要罰贖問罪。」（第四回，頁 41）則知此職務是無限的責任與壓力，卻沒有相對的福利，更遑論其他升遷事宜了！

因此同樣是於凡間修鍊後，以具有法力者，當登籙至上界時，就「人身難得」理論來看，是有著較好的職務機會；至於「石猴」身份，於神仙界眼中，就如同「弼馬溫」相似，以他沒有好的出身為由而被歧視，一句「未入流」為前提，不平等待遇的根深柢固觀點，是烙印在神仙心態上的；這也激起孫悟空的隱藏下「自卑情結」爆發，進而產生出踞傲自大的自尊的無限擴大，要求「齊天大聖」的封號。換句話說，孫悟空後來會大鬧天宮，追究原因，其實是玉帝及諸天神所造就出來的！

孫悟空的大鬧天宮，引發了另一項可笑的案外案現象，即眾天將、天兵等「十萬」數字之鉅，竟奈何不了他！此時玉帝無暇議處眾將兵，趕緊「傳旨著遊弈靈官同翊聖真君上西方請佛老降伏」。佛祖聞聽，立即義不容辭，答應「煉魔救駕」！來到滋事現場，佛祖問孫悟空：

> 今聞你猖狂村野，屢反天宮，不知是何方生長，何年得道，為何這等暴橫？（第七回，頁 75）

---

[34] 司馬遷：《史記》〈孔子世家〉，頁 1909。

　　哀哉！佛祖聽從遊弈靈官與翊聖真君的說辭，已心存成見，僅從常理中的表像判斷，孫悟空至此已被歸為「暴橫」，因此憑你如何解釋，又有何用？佛祖豈知一位卑微出身的「石猴」宿命，縱使不斷的努力，仍無法擺脫既定的成見！這種憤慨，佛祖縱使不能「同理心」體會，至少也應該聽聽其辯白內容；但是佛祖在此沒有內心層面的探索，只有表像所見的論斷，「上品無寒門、下品無士族」根深柢固的存在領導者心中，難怪更激起孫悟空狂傲之心，說：「皇帝輪流做，明年到我家」的企圖心，因為據佛祖的解釋：

> 你那廝乃是個猴子成精，焉敢欺心，要奪玉皇上帝尊位？他自幼修持，苦歷過一千七百五十劫，每劫該十二萬九千六百年。你算，他該多少年數，方能享受此無極大道？你那個初世為人的畜生，如何出此大言！（第七回，頁75）

　　假設歷練辛苦，就能享有豐碩成果，那麼我孫悟空所受辛勞，難道仍無法擺脫卑微，而加入高級俱樂部？孫悟空的疑問，佛祖沒有正面回答，只是以法力定高下，勝者為王、敗者為寇；孫悟空終究是輸了，代價為「五行山五百年的拘禁」！吾人不知為何佛祖不與孫悟空談道理？是因為孫悟空以暴力行為攪亂既有的體制，所以他已不具備談理的資格！還是另有他因？或許換個方向來討論，可以知悉箇中意義！

　　大鬧天宮，玉帝束手無策時，據觀音菩薩的推薦，可以制伏孫悟空的只有「二郎真君」。但是他：

> 見居灌洲灌江口，享受下方香火。他昔日曾力誅六怪，又有梅山兄弟與帳前一千二百草頭神，神通廣大。奈他只是聽調

> 不聽宣，陛下可降一道調兵旨意，著他助力，便可擒也。（第
> 六回，頁63）

　　觀音菩薩的資訊掌握的確詳實，並且絲毫無誤，果然一舉擒住
孫悟空，勝過托塔天王所率領的十萬天兵，只在那兒窮嚷嚷！問題
是二郎真君如此厲害，難道天庭眾神無人知曉，還要等觀音菩薩推
薦，始能出現抬面？真正的答案從孫悟空的言論，可得端倪！孫悟
空與二郎真君會面，問他說：「你是何方小將，輒敢大膽到此挑戰？」
真君喝道：

> 你這廝有眼無珠，認不得我麼！吾乃玉帝外甥，敕封昭惠靈
> 顯王二郎是也。今蒙上命，到此擒你這造反天宮的弼馬溫猢
> 猻，你還不知死活！」大聖道：「我記得當年玉帝妹子思凡
> 下界，配合楊君，生一男子，曾使斧劈桃山的，是你麼？（第
> 六回，頁65）

　　原來是玉帝家族一段醜事，致使二郎真君不願居天庭、玉帝不
欲見他，眾神也就不敢提他，因為「出身不潔」、「有辱門風」！同
樣的，二郎真君譏諷孫悟空是「弼馬溫猢猻」，更是告知悟空，出
身卑微，再如何努力也無濟於社經地位的提升啊！兩位身世相當，
相互惺惺，此刻雖是敵對，但卻沒有怨懟，在後來的西行取經路途，
二人於「祭賽國」又再度碰面，孫悟空藉豬八戒邀請二郎真君捉拿
妖精，（六十三回，頁766-767）在對話中，那種剖腹相見、刎頸之
交的義氣行為，可知二人在相同氛圍的條件下奮鬥，是以備感親切
而相知相惜！
　　言歸正傳，佛祖不跟孫悟空談道理，就是因為「石猴」、「猢猻」
的先天宿命，不容許污染高級社會既成的秩序乎！試看玉帝為了答

謝佛祖擒妖之功，特別舉辦「安天大會」，觀其內容與排場：有諛詞不斷、有庸俗的唱歌跳舞、有奢侈的食品，諸如種種，文長不贅舉；（第七回，頁 77-79）六根清淨的佛祖可接受玉帝感謝，回到雷音還轉述與眾佛聽：「玉帝大開金闕瑤宮，請我坐了首席，立『安天大會』謝我。」（第八回，頁 82）自滿之情，唯恐諸佛不知，而顯露無遺；蓋高級社經地位，自有其繁文縟節、鋪錦列繡，絕不允許低層次人，任意加入，而說出一些不合體制的言語，污染了完美聖界。

　　行文至此，方知出身有高低，是永遠的真理；它與你的能力、奮鬥的過程是無關的。孫悟空是「石猴」，那是與生俱來的宿命，如影隨形並且揮之不去！由此看來，孫悟空大鬧「天宮」的粗暴行為，追究原因，其實或多或少是被逼出來的，正如劉戈所說：「大鬧天宮是不滿於玉帝用人路線而發洩自己懷才不遇的憤懣情緒的極端表現。」[35]雖然最後難逃制裁，「五行山下定心猿」，接受五百年的拘禁處罰，以便徹底思過。平情而論，孫悟空的確是要反省，其意圖以極端武力來改變政治格局，暢言「皇帝輪流作，明年到我家」，單純到認為以武力即可決定一切，這些種種出乖露醜的幼稚謬思，真是不值一哂。[36]因此五百年後向著觀世音菩薩說：「我已知悔了。但願大慈悲指條門路，情願修行。」（第八回，頁 91）孫悟空反省內容究竟是什麼，吾人或許無從知曉，然而可喜的是，承認錯誤的思維則完全是正確態度。但是反觀曾經被孫悟空指責「輕

---

[35] 劉戈：《西遊記新論》，頁 190。

[36] 詳見薩孟武：《西遊記與中國古代政治》〈孫行者大鬧天宮〉：「孫行者亦有取敗之道。他既已投降，藉名在籙，則與玉帝有君臣之義。臣簒君位，在吾國歷史上固然不乏其例，然而須有兩個條件：一是皇室式微，君主失去權威，二是臣下建立武勳，苟能樹奇功於異域，則人望已歸，禪讓之事更易成功。」頁 18。

賢」、「不會用人」的玉帝，在事後有無反省處理過程，察覺到是瑕疵不斷？其中包括著因人而異的不公、不義的態度？儒家一直教育學者，要具備「反求諸己」的操守，至於職權越高者，其反省心要越縝密，《論語‧子張》：「孟氏使陽膚為士師，問於曾子。曾子曰：『上失其道，民散久矣。如得其情，則哀矜而勿喜。』」〈堯曰〉又說：「萬方有罪，罪在朕躬。」以這些標準來衡量玉帝，看來是很難體會到的；在「安天大會」的宴席上，除了「走斝傳觴，簪花鼓瑟」感謝如來佛遠道擒妖以外，是隻字不提孫悟空膽大妄為的始末因緣；甚至到三十一回，因奎星與披香殿玉女，擅離天界，於凡間私通情感，不慎卻與唐三藏師徒起衝突，才使此一事件曝光。依律法，奎星當然要接受處罰：

> 玉帝聞言，收了金牌，貶他去兜率宮與太上老君燒火，帶俸差操，有功復職，無功加重其罪。行者見玉帝如此發落，心中歡喜。朝上唱個大諾，又向眾神道：「列位，起動了。」天師笑道：「那個猴子還是這等村俗。替他收了怪神，也倒不謝天恩，卻就是唱諾而退。」
>
> 玉帝道：「只得他無事，落得天上清平是幸。」（三十一回，頁 377）

討論結果：奎星擅離職守、私自下凡追求愛情，卻仍可以「帶俸差操」作為懲罰。對此結果，如要深入探討，則必須與「二郎真君」的母親，即玉帝的妹妹私下凡塵之現象有關，或許玉帝對於追求「愛情」者，比較會體諒而從輕發落。[37]反倒是孫悟空因緣際會，

---

[37] 說「愛情」是神聖的，若說「情愛」則是欲望的、是膚淺的。例如天蓬元帥「帶酒戲弄嫦娥，玉帝把我打了二千鎚，貶下塵凡。」（第八回）就要遭

揭發天庭「人事」管理不當，在天師與玉帝於對話中，並不覺得有那裡不當，甚至還認為是在幫孫悟空解紛排難；玉帝更以「天上清平」為最佳情形自詡哩！足證這五百年來，以玉帝為首的「天庭」集團，根本沒有意識到對「出身」歧視、以及賞罰過程不當現象等等作深刻反省，因此對孫悟空仍以「猴子村俗」來嘲謔之。所幸孫悟空已歸佛門，人生價值來源另有所歸，不然依玉帝鄙視心態，難保不會再逼孫悟空二度造反的局面。

　　看來「石猴」出身的孫悟空，不管如何表現，在玉帝思維禮，仍不改「瞧不起」的初衷！[38]

柒、結論

　　就現今教育學理論來看，教授者發掘學習者天資，在教與學之間能夠搭起一條暢行無阻的管道，以儘快得以發揮彼此意圖，達到教授者是巧譬善導、傾囊相授，學習者是定心澄慮、青出於藍。至於教育原則不外乎是培訓其專心致志精神，養成循序漸進態度，依循榜樣學習目標。[39]甚至在教育哲學方面，有主張「教育即生活，

受重罰。因此就「愛情」的處理過程，無論是否有懲戒效果，看來玉帝是有其一定標準的。

[38] 出身而限制發展，此一思唯不僅於玉帝，甚至連觀世音菩薩也有。十五回，唐三藏坐騎被西海龍王之子吃了，孫悟空無計可施，請求菩薩協助，菩薩說：「你想那東土來的凡馬，怎麼得這萬水千山？怎到得這靈山佛地？須是得這個龍馬，方纔去得。」說「萬水千山」那是能力問題，說「靈山佛地」則是身份問題；凡馬的能力是可以培訓，但是身份資格，可能就無緣到得「靈山佛地」了！說穿了，出身卑微，是沒有資格朝聖的。語出菩薩，更令人挫敗，悲手！

[39] 林玉體：《教育概論》，台北：東華書局，1988 年 3 月 5 版，頁 15-33。

生活即適應」的「實用主義學派」；有主張「解放社會傳統對個人心靈的拘束與壓迫」的「個人主義學派」；有主張「訓練國民征服自然的能力，增進人類幸福的精神，與培養服務人群的態度」的「社會主義學派」；有主張「人與世界無必然的關聯，所以他有選擇的自由」的「存在主義學派」；有主張「學習必須是一種自願的學習發展，絕不應該只是一種強迫的灌輸」等等。[40]以上這些代表精神的展現，我們都可以在年少孫悟空的舉止裡充分體會出。假使閱讀《西遊記》，僅在第一、二回仔細含英咀華，的確可以提供茫無頭緒的年輕學子，迅速掌握「成功」要件之具體內容。

　　但是若就「學以致用」的完整性來看，前面所言僅是扣住「學習」方面，至於在「致用」的表現裡，孫悟空就真的是乏善可陳了！其實所謂的「成功」定義，僅是對階段性任務完成時的肯定語，畢竟此階段結束，是另方面階段的開始，「任重道遠，死而後已」，《周易》【既濟】後接【未濟】，此概念深受民族性的認同；[41]換言之，孫悟空對於「成功」定義的誤解，以為一朝「成功」即可受用終身，其想法之幼稚，於此也略顯端倪。

　　當孫悟空榮歸故里，勦了混世魔王，這是學成之後，小試功力，得了初步自信；接著各樣妖王，共有七十二洞，都來參拜猴王為尊，這是第二次肯定；至四海龍王取武器披掛、十代冥王處將猴族生死

---

40 楊亮功主編：《教育學》。收入《雲五社會科學大辭典》第八冊，台北：台灣商務印書館，1987年4月7版，頁8-22。

41 勞思光：《新編中國哲學史》（一）：「六十四重卦，以既濟未濟二者為終。『既濟』是『完成』之意，『未濟』則指『未完成』。由乾坤開始，描述宇宙過程，至『既濟』而止，然宇宙之生滅變化永不停止，故最後加一『未濟』，以表示宇宙過程本身無窮盡。」台北：三民書局，1990年1月增訂5版，頁83。

簿撕毀，行為是輕而易舉，未受阻撓，這是第三次成就；太白金星奉旨招安，官封「弼馬溫」，不服安排，反回水濂洞，這是第四次自信；玉帝指派托塔天王領軍，前往捉取孫悟空，大敗而回，再用太白金星「招安姑息政策」，這是第五次能力肯定；名封「齊天大聖」，無事周遊天際，掌握天庭虛實，這是第六次成就印證；取蟠桃、喝瓊漿、啃金丹，如入無人之地，盡其所為，這是第七次成就。綜述所言，孫悟空盡得七大成就，再加上旁邊參謀敲邊鼓、語諛辭，導致昔日積極、可愛的美猴王，一變為霸道粗俗、猖狂村野的潑妖猴！孫悟空此刻的無限慾望與驕傲蠻橫，與昔日謙虛溫和的態度，真是天壤之別；「謙受益、滿招損」，先哲之語，是值得省思！

　　當然若仔細分析孫悟空的「滿招損」表現，或許是起因於「石猴」宿命，導致被歧視的焦慮，有學者即指出孫悟空有被歧視原因竟達八項：「出身微賤，體貌不端，作賤自己，不守禮法，思想幼稚，不知謙虛，朝中無人，不善炒作」等等；[42]再加上來自本性中揮之不去的「急躁」與「慾望」的強烈作祟。當成功條件未顯時，可以忍受寂寞、可以接受壓力；但是在功成名就之餘，有了階段滿足地位時，必然產生更多需求，也期許眾階層人士的肯定。然而「學習」端看自己即可，「致用」則須環境、旁人配合，此時完全非孫悟空單純的用「力」即可服人的。畢竟當目標不同時，心態本就必須隨時轉變，「等待」時機、穩定「情緒」，則是必要之舉、不二法門。試看有「赤腳大仙」者（第五回，頁52），端看「赤腳」外表，亦合乎「體貌不端、不守禮法」兩項，但在天庭上仍然有資格參與「蟠桃會」；試看「二十八宿」，儘是：

---

[42]　佚名：〈孫悟空上不得蟠桃宴的八大理由〉，北京：文化月刊，2008年3月，頁104。

蛟、龍、蝠、兔、狐、虎、豹、獬、牛、駱、鼠、燕、豬、
貐、狼、狗、彘、雞、烏、猴、猿、犴、羊、獐、馬、鹿、
蛇、蚓。（六十五回，頁793）

其動物原型本質，也是不離「出身微賤」背景，但是此刻仍得
身居要職，況且還有犯錯不小、處罰卻不重的「奎木狼」案例，足
見玉帝對此團隊的偏愛。因此可知當初太白金星所講的：「凡授官
職，皆由卑而尊」云云，的確是「天庭」上，至少是部份實情。況
且人際關係上的和諧，也來自時間上的長期觀察後的吻合，才會略
顯加溫而備感親切，甚至講義氣、攬為自家人，成為穩固的「絕對
關係」，所謂「最好交情見面初」之形容畫面，在社會上畢竟是少
數，不能視為通例；孫悟空難道忘了當初在須菩提祖師爺處，也是
歷經七年的磨合期才受到青睞嗎？怎麼來到天庭，即想立刻受到高
規格禮遇與肯定；而不合其意時，即斷定「玉帝不會用人」！（第
四回，頁41）畢竟會不會用人的判定標準，本就是由主管來論定，
主管之所以為主管、制度之所以為制度，其運作流程也由此推動；
倘若部屬覺得不妥，可以申訴、可以離開，而不是部屬自行判定主
管「不會用人」，換句話說，「會不會用人」的裁量權，依權責本就
隸屬於主管。這些道理其實都很簡單，可惜孫悟空身旁，內部缺少
爹娘耳提面命、外面又無弼臣、諍友叮嚀關切，再加上自己傲氣凌
人、目無法紀，果真應證了古諺所云：「福禍相倚。」成也「石猴」
之謙卑，敗也「石猴」之急躁！

推論至此可知，學習本就是多元內容，而且是無時無刻，特別
是在「功成」後的「致用」階段，更要體認才是學習的開始，[43]必

---

43 牟宗三先生昭示吾輩等後生小子，云：「三十歲得到了博士，以為也得到了

須繼續稟持虛心態度，堅守「懲忿窒欲」操守，[44]才不會僅有好的開始，卻沒有完善的結束，「行百里路半九十」，倘若鬆懈心萌生、驕傲情乍起，致使功虧一簣而徒勞無功。假使不是佛祖慈悲，以監禁作為處罰，甚至日後還提供「取經」任務，給予「教育即生活，生活即教育」的「做中學」[45]之成長機會，難保孫悟空會因自以為是而惹禍不斷、甚至遺恨終生！[46]在年少孫悟空的成長過程形象禮，可以提供當今 e 世代之莘莘學子深思一二。

學問，就想出大部頭的書；事實上根本不行，才只是剛開始作學問。博士只是個入門，只表示你可以吃這行飯，並非表示你有學問。」見《中國哲學十九講》第十八講〈宋明理學概述〉，台北：台灣學生書局，1989 年 2 月第 3 次印刷，頁 407。假使年少孫悟空懂這個道理，身體力行，或許不會惹來無謂危機。

44　《易・大象》【損】：「山下有澤，損。君子以懲忿窒欲。」程頤《易傳》注：「修己之道，所當損者，惟忿與欲；故以懲戒其忿怒，窒塞其意欲也。」台北：文津出版社，1990 年 10 月 2 刷，頁 365。朱子手訂〈白鹿洞書院教條〉，亦編列為「修身之要」，其重要性及急迫性，由此可見。

45　美國學者杜威（John. Deeey，1859-1952）「實用主義」之教育哲學理念。同注 40 書引。

46　八十一回，孫悟空自詡：「老孫到處降妖，你見我弱與誰的？」就過去的事實歸納，孫悟空此句應改為「怕與誰」而非「弱與誰」！其實妖怪之能或法器之強，勝過孫悟空者甚多，不要說咒大王、牛魔王這類的「大咖」之輩，就連「落胎泉」的如意真仙，武力根本不強，結果孫悟空為了取水，對他也莫可奈何，最後還是需要沙僧協助，才能順利取水；因此在西天路途上，所謂除妖降魔，孫悟空都必須託付其他諸神的幫忙，甚至要「菩薩」、「佛祖」等重量級主管協助才順利完成。換句話說，功成不必在我，也不用、不可能都是在我，善借眾人幫忙，借力使力，方是良久之計，孫悟空好勝之心，以為在須菩提祖師爺處功成畢業後，即想闖蕩一生，此想法之幼稚，理應要修改為佳。

參考文獻

丁福保注，釋法海：《六祖壇經箋注》，台北：文津出版社，1990 年。

王作新：〈「野」的形式解析與「野合」的歷史嬗變——從「野合而生孔子」談起〉，河南：《郿陽師範高等專科學校學報》，第 22 卷第 1 期，2002 年 2 月。

牟宗三：《中國哲學十九講，台北：台灣學生書局，1989 年。

朱　熹：《四書章句集注》，台北：大安出版社，1987 年。

任士恩、董小坤：〈孫悟空人物形象透視〉，山東：《中國古代文學研究》月刊，2009 年 4 月。

佚　名：〈孫悟空上不得蟠桃宴的八大理由〉，北京：文化月刊，2008 年 3 月。

呂柯爾著，林宏濤譯：《詮釋的衝突》，台北：桂冠圖書公司，1995 年。

吳有能師：《對比的視野——當代港台哲學論衡》，台北：駱駝出版社，2001。

吳承恩，繆天華校注：《西遊記》，台北：三民書局，2006 年。

司馬遷著，楊家駱編：《新校本史記三家注并附編二種三》，台北：鼎文書局，1987 年。

司馬光：《資治通鑑》，台北：華世出版社，1987 年。

李天命：《存在主義概論》，台北：學生書局，1992 年。

李安綱：〈易學結構在《西遊記》中的應用〉，山西：《運城高等專科學校學報》，第 19 卷第 5 期，2001 年 10 月。

李道平：《周易集解纂疏》，北京：中華書局，2006 年。

周先慎：《明清小說》，北京：北京大學出版社，2005 年。

岳本勇：〈由孔子出生論「野合」的社會形態〉，《內蒙古農業大學學報》（社會學科版），2009 年第 4 期。

林玉體：《教育概論》，台北：東華書局，1988。

洪自誠：《菜根譚》，高雄：尚志圖書社，1997 年。

孫邦正：《教育概論》，台北：台灣商務印書館，1992 年。

孫振青：《知識論》，台北：五南圖書出版公司，1990 年。

梁啟超：《飲冰室文集》，台南：博元出版社，1989 年。

陳榮捷：《傳習錄詳註集評》，台北：台灣學生書局，1998 年。

程樹德：《論語集釋》，台北：藝文印書館，1990 年。

程　頤：《易程傳》，台北：文津出版社，1990 年。

勞思光：《新編中國哲學史》，台北：三民書局，1990 年。

楊亮功主編：《教育學》收入《雲五社會科學大辭典》第八冊，台北：台
　　灣商務印書館，1987 年。

劉　戈：《西遊記新論》，北京：學苑出版社，2002 年。

劉　岱：《中國文化新論・序論篇・不廢江河萬古流》，台北：聯經出版公
　　司，1990 年。

潘德榮：《詮釋學導論》，台北：五南圖書公司，2002 年。

黎靖德編：《朱子語類》，台北：文津出版社，1986 年。

薩孟武：《西遊記與中國古代政治》，台北：三民書局，1989 年。

風華再現

——以蔡志忠動畫作品對古典小說的

詮釋與再創為例

吳宇娟

私立嶺東科技大學通識教育中心副教授

壹、前言

自從 2002 年蔡志忠的改編動畫《莊子說》面世以來，經典古籍動畫不僅在業界引領風騷，更帶來高度的文創產業經濟效益。經典古籍透過動畫的載體重新詮釋之後再現風華，他把傳統文學殿堂中的精采內蘊架設在大眾文學的框架裡，是值得讚賞的成功嘗試。

從六朝志人與志怪小說到唐代傳奇、明代擬話本小說、長篇章回小說、清代筆記小說，蔡志忠的作品幾乎把古典小說的範疇囊括其中。觀賞他的古典小說動畫，猶如瀏覽一部影音版的古典小說史話，他的改編作品充滿個人風格卻又能保有原著的風味，分寸的掌握恰如其分。本論文以蔡志忠的古典小說動漫為主述範圍，企圖梳理他運用動畫詮釋傳統小說的脈絡方向，並且尋繹其改編手法的主軸與特色所在。如果把蔡志忠的古典小說動漫作為輔助教材，因為它的趣味性，更能引發學生閱讀原典的意願；再者對於普羅大眾

而言，也可以藉助它淺顯易懂的表達方式，接觸到傳統古典小說的精隨。

貳、普羅大眾閱讀經典文學的新方法

　　蔡志忠曾被天下雜誌評選為當代對中華文化貢獻最深遠人物之一。1986 年 8 月台灣「時報出版社」首次出版《莊子說》，作品一推出即創下「高居金石堂文學類暢銷書排行榜第一名九個月之久」[1]的佳績，他的作品不僅在台灣受到熱烈的迴響並且迅速在亞洲地區造成風靡，例如蔡志忠曾提及香港的情況：「電車上，見到學生聚精會神地翻閱《莊子說》；有的廣告公司是人手一冊，認為擁有這本書是時髦的象徵」[2]；1989 年在大陸推出簡體字版，更是盛況空前「光北京地區，銷售量就可能達到一千萬至一千五百萬本；他們（書商）認為熱烈狀況可以與《毛語錄》相比」[3]。蔡志忠的漫畫作品被翻譯成二十多國語言（或說是四十五種語言）[4]，不單單是台灣、香港、日本、韓國，甚至是歐美國家與其他地區，「蔡志忠」三字頓時成為圖書界／漫畫界一股無法阻擋的時尚風潮：

---

[1]　洪德麟：《傑出漫畫家──亞洲篇》，台北：雄獅圖書公司，2000 年，頁 102。
　　蔡志忠：《蔡子說：漫畫家蔡志忠的半生傳奇》，台北：遠流出版社，1993年，頁 347，進一步說明：「更停留於前十名達十七個月之久。」

[2]　蔡志忠：《蔡子說：漫畫家蔡志忠的半生傳奇》，台北：遠流出版社，1993年，頁 351-352。本書由蔡志忠口述，楊豫馨撰稿。

[3]　蔡志忠：《蔡子說：漫畫家蔡志忠的半生傳奇》，台北：遠流出版社，1993年，頁 353-354。

[4]　根據李欣如報導，發行版本最多的《禪說》至少有四十五種：「蔡志忠創作出膾炙人口的《莊子說》、《老子說》等經典漫畫，被翻譯成二十幾種語言，而《禪說》更被翻譯成四十種語言」，李欣如：〈漫畫要用腦不是用手畫〉，《TaiwanNews 財經‧文化週刊》第 206 期，2005 年，頁 42。

一九八七年二月二日（蔡志忠）與日本講談社簽約出版《莊子說系列》作品的日文版。《孔子說》、《列子說》、《世說新語》、《禪說》、《六祖壇經》、《史記》、《聊齋誌異》、《六朝怪談》等陸續推出日文版、韓文版；亞洲英文版也在一九八八年推出。一九八九年三月一日大陸版推出後大為轟動，講談社國際部代表阿久津目睹大排長龍請他簽名的人群。大陸漫畫研究家藍建安則以「無蔡不成攤」來比喻《莊子說》漫畫系列的盛況。據報導，全世界已有二十四種語文的蔡志忠《莊子說》版本，這可說是台灣漫畫界奇特的異象。一九九二年，美國普林斯頓大學出版《莊子說系列》北美洲版，由出版《蜘蛛人》聞名的漫畫公司「驚異公司」負責發行。日本「旺文社」一九九四年版的日本高中課本也將他的作品七頁編入課程中，儘管有人對他改編古典文學不以為然，但這些國際版本卻肯定了他的作品之份量。[5]

　　「儘管有人對他改編古典文學不以為然」，有些來自學院派的質疑聲浪，擔心蔡式風格的表達方法，可能會不符合原著的思想；可能會曲解原義，因而導引讀者步入歧途。[6]蔡志忠以漫畫形式重新詮釋古籍的方式，仍然得到讀者的熱烈支持與迴響，但他對於作品的定位始終極為清楚，他說：

　　　　文言文的時代已離我們很遠了。要我們現在再去唸那些「之乎者也」的文章，可能很多人都提不起興致來；而漫畫則是

5　洪德麟：《風城台灣漫畫 50 年》，新竹市：新竹市立文化中心，1999 年，頁 124-125。

6　蔡志忠：《蔡子說：漫畫家蔡志忠的半生傳奇》，台北：遠流出版社，1993 年，頁 349。

一種最具親和力，最容易侵略讀者的武器。現在我把古書用漫畫包裝起來，就很容易引起讀者的好奇，我希望他們好奇、進而翻閱、進而詳讀、進而對原文有興趣，再去自行閱讀古書，更深入領會莊子學說的精隨。如果能這樣，我覺得《莊子說》的任務已完成了。[7]

　　蔡志忠並不想取代經典古籍的既定論述，只是希望找出適合現代人閱讀經典的入門方法，他以「入門書」定位自己詮釋古籍的作品，希望做到拋磚引玉的責任。[8]《遠見雜誌》曾說：「蔡志忠最大的成就在於，他把古代智者的智慧精髓，用最淺顯的文字和圓融的線條，演繹出生活和文化價值觀。」[9]如此看來，蔡志忠的經典古籍系列漫畫是比較接近導讀之作。既是導讀，就是希望能夠提昇初學者的興趣，許多的年輕學子／普羅大眾對於灌上古籍之名的經典作品，就會產生莫名的畏懼／排斥感，蔡志忠運用新瓶舊酒的方式，重新以通俗的漫畫糖衣包裹精英文化（elite culture），確實發揮極大的功效，吸引許多不曾接觸古籍經典的讀者群產生閱讀的興趣，如同蔡志忠所提：「明白淺顯的『古文今譯』再加上兒童喜愛的漫畫，正是讓下一代吸收中國古代思想的利器」[10]。至於談到精

---

[7] 蔡志忠：《蔡子說：漫畫家蔡志忠的半生傳奇》，台北：遠流出版社，1993年，頁 347。

[8] 蔡志忠：《蔡子說：漫畫家蔡志忠的半生傳奇》，台北：遠流出版社，1993年，頁 350。

[9] 楊永妙：〈蔡志忠用學習改變人生〉，《遠見雜誌》第 198 期，2002 年 12 月，頁 98。

[10] 蔡志忠：《蔡子說：漫畫家蔡志忠的半生傳奇》，台北：遠流出版社，1993年，頁 348。

英文化（elite culture）和通俗文化（popular culture）的關係，正如宋德熹教授所論述：

> 五〇年代以來，西方社會人類學界流行用大傳統（great tradition）與小傳統（little tradition）的二分法來探討文化約兩種層面，至今猶方興未艾。大傳統代表精英文化（elite culture），相當於學院派高級知識分子的「雅」，小傳統則代表通俗文化（popular culture），相當於一般社會大眾的「俗」，比較富於民間性。……譬如四書五經大傳統所強調的忠孝節義觀念，往往必須借助於戲曲小說小傳統的途徑，才能深入民間，達到教化社會大眾的功能；而正史大傳統中的人物事跡，如果沒有小傳統作品（如電影、電視劇、歌仔戲、布袋戲等）的推波助瀾，化繁為簡且擺脫說教的方式，則不識之無的老百姓何能如數家珍琅琅上口？由此足見小傳統文化自有其不可忽視的魔力。[11]

　　2002 年蔡志忠再與英業達集團合作成立「明日出版社」，並以其名義出版了古籍漫畫系列的動畫 DVD 版本。蔡志忠動畫系列是由甲馬創意團隊以動畫製作手法，改編蔡志忠漫畫原著而成的電腦動畫作品。他們先以 3D 模型重塑蔡志忠漫畫之人物、背景，再轉成 2D 動畫以保留原著漫畫的線條。其中並以傳統水墨畫作為背景處理，呈現濃郁中華文化特色風格的作品。此舉無異為古籍經典開發出新的讀者群。蔡志忠把古籍經典運用不同的媒材，擴大讀者群

---

[11] 宋德熹：〈漫畫三國志與小傳統文化〉，《蔡志忠漫畫三國志序》，台北：時報文化公司，1995 年。

的範圍,把不能／不悅閱讀文字的讀者,藉由影音的傳播,也有機會接觸到千年文化的底蘊。

　　蔡志忠動畫系列第一部作品《莊子》榮獲經濟部工業局主辦2002 年台灣優質數位內容產品獎;教育部國立教育資料館及國家圖書館則採購全套蔡志忠系列動畫多媒體書,作為正式館藏及公播借閱,並且成為國家圖書館採購的第一套動畫資料庫。不論是國家圖書館或是教育部資料館願意典藏蔡志忠的動畫作品,除了作品的優質製作之外,當然亦是肯定此套動畫的教育與涵化功能。二十世紀末期,教育界使用影音媒材當作輔助已經非常普遍,「如果教室像電影院,學習古籍經典像看電影」,若是把蔡志忠古籍經典動畫作為輔助教材,進而檢覈學生學習古籍經典的意願,在教學成效上確能達到加分的效果。蔡志忠把古籍經典藉由動畫呈現,把傳統內容結合影音新媒材的再製,從長紅的銷售狀況,就可以反應出觀眾的喜愛程度與接受情形。因為喜歡觀賞,所以熟悉作品中的人物表現,觀眾在潛移默化之中認同作品的理念,進而內化成為觀賞者自我的價值觀,這種浸透式的轉變就是媒材的涵化效果。[12]所以國防部也採購《莊子說》、《老子說》、《孔子說》多媒體書數百套作為軍中康樂影帶的公播使用。

　　蔡志忠古籍動畫系列總共有二十五部影片,包括《莊子》、《老子》、《孔子》、《孟子》、《列子》、《韓非子》、《六祖壇經》、《禪說》、《心經》、《六朝怪談》、《白蛇傳》、《鬼狐仙怪 I》、《孫子兵法》、《世

---

[12] 蕭湘文:《漫畫研究》,台北:五南出版社,2002 年,頁 153。「當讀者如果欣賞或喜愛該主角時,對其展現的行為舉止與價值觀的認同就相對的提高,也間接內化成為自己的價值觀,這也就是媒介效果中常提到的『涵化效果』。」另外,許銘賢,《蔡志忠〈漫畫四書〉研究》,嘉義:嘉義大學中國文學系碩士在職專班碩士論文,2008 年 10 月,頁 34,亦是引用蕭湘文的說法。

說新語》、《菜根譚》、《大學》、《中庸》、《史記》、《水滸傳》、《三國志》、《封神榜（一）》、《封神榜（二）》、《唐代傳奇聶隱娘》、《鬼狐仙怪 II》、《龍女》。雖說是二十五部，因為《封神榜》分為一、二兩部，實則應為二十四部作品。這些作品都是來自「中國歷代經典寶庫」漫畫改製而成。關於蔡志忠對於古籍經典的選材標準，都是以自己有興趣的部份為原則，他說：

> 由於繪畫《莊子說》，使我對中國古代作品產生濃厚的興趣，覺得可以挑選些歷代經典作品繪成漫畫，讓讀者更易親近古人思想的精華。我先挑出三十多本有興趣的作品，最後選擇二十四本，自己規劃成「中國歷代經典寶庫」這樣的系列。[13]

一般的創作者不論是希望讀者或觀眾接受與喜愛自己的創作，他的作品都必須先感動自己／說服自己，才能發揮所長並讓作品流露真性情，進而引發讀者／觀眾的共鳴。蔡志忠對於挑出「有興趣的作品」的創作策略，從出版後的市場熱銷反應觀察，證明是非常正確的選擇。至於蔡志忠古籍經典動畫系列為何沒有詩詞歌賦出現？原因可能與蔡志忠個人的閱讀習慣有密切的關係。他曾在自傳中提及出國前會在行囊中放入書本，作為入睡前的閱讀，「通常我會攜帶兩種書。消遣性作品，例如小說等較軟調子的。營養性書籍，看後可以增加知識的，這一回我帶的就是《老子》、《莊子》兩本」[14]，難怪在二十四部作品之中，以經部與子部的作品為多，其餘幾乎都是小說的範疇。

---

[13] 蔡志忠：《蔡子說：漫畫家蔡志忠的半生傳奇》，台北：遠流出版社，1993年，頁352。
[14] 蔡志忠：《蔡子說：漫畫家蔡志忠的半生傳奇》，台北：遠流出版社，1993年，頁341。

參、蔡式動畫詮釋古籍經典小說的特色

　　蔡志忠古籍動畫二十五部，其中有十一部是古典小說的內容，[15]他對於古典小說似乎情有獨鍾，並且有極為亮眼的成績。早在 1986 年蔡志忠四格漫畫《水滸傳》與《西遊記 38 變》就在《聯合報》、《時報週刊》推出；2004 年 SICAF2004 以蔡志忠動畫《水滸傳》參加「亞洲精選」單元。蔡志忠對於古典小說的詮釋與再創，卻有其獨到之處。如果把經典閱讀嵌入影像載體之中，小說是非常適合動畫表現的題材，因為它的故事性能藉由動畫的顯影更加具象，人物與情節的延展也容易觸發觀賞者的興趣。以下是蔡志忠作品與原典的對照表：

表 6-1　蔡志忠作品與原典的對照表

蔡志忠動畫作品		原著小說	小說類型
世說新語		《世說新語》	六朝志人小說
六朝怪談		《搜神記》、《搜神後記》、《續齊諧記》	六朝志怪小說
白蛇傳		《白娘子永鎮雷峰塔》	明代擬話本小說
鬼狐仙怪 I	聶小倩	《聊齋誌異・聶小倩》	清代筆記小說
	烏鴉兄弟	《聊齋誌異・雛鴉》	清代筆記小說
鬼狐仙怪 II	板橋十三娘子	《板橋三娘子》	唐代傳奇小說
	杜子春	《杜子春》	唐代傳奇小說
水滸傳		《水滸傳》	明代長篇章回小說

---

15 雖是十一部動畫片，但《封神榜》分為一、二兩部，因此只能算十部。至於《鬼狐仙怪》雖然也分為兩部，但是收錄內容完全不同，所以還是以兩部計算。

三國志	《三國演義》	明代長篇章回小說
封神榜（一）	《封神演義》	明代長篇章回小說
封神榜（二）	《封神演義》	明代長篇章回小說
聶隱娘	《聶隱娘》	唐代傳奇小說
龍女	《柳毅傳》	唐代傳奇小說

一、選本涵蓋古典小說精華

　　不論是魯迅、孟瑤還是郭箴一、李悔吾談起傳統古典小說史總是從神話傳說溯源[16]，其次論及六朝志人／志怪小說，再以唐代傳奇小說為接續，之後推展至宋元話本小說、明代擬話本小說，並論述《水滸傳》、《三國演義》、《金瓶梅》、《西遊記》等長篇章回小說，而後再以清代短篇小說以及《儒林外史》、《紅樓夢》、《鏡花緣》等長篇鉅著做結。從蔡志忠編選古典小說《世說新語》、《六朝怪談》、《白蛇傳》、《鬼狐仙怪Ⅰ》、《鬼狐仙怪Ⅱ》、《水滸傳》、《三國志》、《封神榜（一）》、《封神榜（二）》、《聶隱娘》、《龍女》觀察，他的作品幾乎涵蓋古典小說史的精華；另外就古典小說的形式而言，他的作品從筆記小說（即《世說新語》、《六朝怪談》、《鬼狐仙怪Ⅱ》）、傳奇小說（即《聶隱娘》、《龍女》）、話本小說（《白蛇傳》）、章回小說（即《水滸傳》、《三國志》、《封神榜（一）》、《封神榜（二）》）也都蒐羅其中。蔡志忠選擇經典小說之作，不僅許多故事大眾耳熟能詳，情節充滿戲劇張力，結構緊湊不鬆散，在動畫影片製作上已經取得相當的優勢。張秋平在〈淺議動畫文學劇本的創作〉即說：

---

[16] 魯迅：《魯迅小說史論文集：中國小說史略及其他》，台北：里仁出版社，1992 年。孟瑤，《中國小說史》（台北：傳記文學出版社，2002 年）。郭箴一，《中國小說史》（台北：台灣商務出版社，1999 年）。李悔吾：《中國小說史》（台北：洪葉文化，1995 年）。

一部動畫片的成功與失敗既受藝術風格、表現手法、美術設計、製作技術的影響，更多的是取決於動畫文學劇本的優劣。「故事決定一切」是動畫片創作成功的一條百試不爽的經驗。優秀的動畫文學劇本是動畫創作的基礎，是動畫片創作的第一步。優秀的動畫文學劇本是動畫創作的基礎，是動畫片創作的第一步。只有以優秀文學劇本為基礎進行的創作活動才是有價值的，才能將動畫片的創作活動順利地進行下去。……「一個優秀的劇本有可能被拍成一部糟糕的影片，但是一個糟糕的劇本絕對不可能拍出一部優秀的影片」是動畫創作過程中最常見的一個現象。「一個優秀的劇本有可能被拍成一部糟糕的影片，但是一個糟糕的劇本絕對不可能拍出一部優秀的影片」是動畫創作過程中最常見的一個現象。[17]

故事與劇本的編寫是屬於動畫製作的前製作業。[18]（參考以下陳世昌動畫製作流程圖附表）多數論及動畫創作的要項，幾乎一致認為「好的故事，等於成功了一半」。相較於原創故事，改編自神話傳說、知名文學原著和暢銷漫畫的動畫片，大都有著穩定的群眾基礎，因而作品也更容易得到市場的認同，影片獲得成功的機會相對較大。蔡志忠改編的古典小說動畫既有知名文學原著加持，又有暢銷漫畫作為奠基，因此動畫一上市，便是佳評如湧。

---

[17] 張秋平：〈淺議動畫文學劇本的創作〉，《電影評界》23 期，2007 年，頁 95。
[18] 有關動畫製作流程可參考陳世昌「動畫聖堂」網站。http://chenstudio. myweb.hinet.net/p-1.htm。動畫製作大致可分為三大部分，即前製作業、動畫製作、後製作。

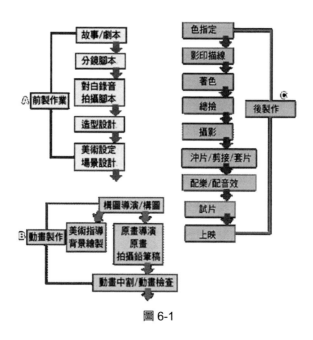

圖 6-1

　　這些以前只能在文字上閱讀的人物與情節，經過動畫的處理，就能活化在銀幕之上，但是能否將原著毫不改變的置入動畫之中？這就是值得討論的問題。王淑允說：

> 從文學作品到動畫片劇本的改編過程可以形象地喻為將文學作品中平面、靜止的文字思維轉換成影視動畫片立體、動態的形象思維的「翻譯」過程。好的翻譯者必須精通兩種語言的表達習慣，同樣，改編者既要深入瞭解改編物件，又要掌握動畫片劇本創作的特殊規律，並敏感地捕捉時代精神和觀眾的欣賞趣味，在必要時賦予劇本全新的內涵。[19]

19　王淑允：〈影視動畫劇本改編淺談〉，《學術平台──影視傳播》第 3 期，2008年，頁 81。

　　如果以上述所說「好的改編者」的要素而論，蔡志忠可說完全符合條件。他對於古典小說的研讀是認真並且充分準備的。他在自傳中曾明白的指出「在繪製『中國經典寶庫』著作前，我必須先花費許多時間蒐集相關資料。不論要畫哪一本書，我第一個動作，一定是：到金石堂書店，將所有相關的書全部買下」[20]。作為一個詮釋者，蔡志忠不是僅止於一味的翻譯或複製，他的一貫作風是「先找好主題，吸收相關資料，融會貫通，加入自己的思維與畫筆而予以呈現」[21]，所以他的作品既能捕捉作品的時代精神，又能兼顧觀眾的欣賞趣味，甚且賦與劇本全新的內涵，例如《鬼狐仙怪 I》中的〈烏鴉兄弟〉即是一例。

　　〈烏鴉兄弟〉是改編自《聊齋誌異‧雛鴝》[22]，此篇內容與《聊齋志異‧阿英》篇相似。雛鴝即八哥，故事是敘述養八哥者攜八哥外出，一時之間缺盤纏還鄉，八哥為之定計，請主人將自己售給藩

---

[20] 蔡志忠：《蔡子說：漫畫家蔡志忠的半生傳奇》，台北：遠流出版社，1993年，頁354。

[21] 蔡志忠：《蔡子說：漫畫家蔡志忠的半生傳奇》，台北：遠流出版社，1993年，頁359。

[22] 清‧浦松齡：《聊齋志異‧雛鴝》，台北：漢京文化，1984年，卷三，頁397-398。原文：王汾濱言：其鄉有養八哥者，教以語言，甚狎習，出遊必與之俱，相將數年矣。一日，將過絳州，去家尚遠，而資斧已罄。其人愁苦無策。鳥云：「何不售我？送我王邸，當得善價，不愁歸路無貲也。」其人云：「我安忍！」鳥言：「不妨。主人得價疾行，待我城西二十裏大樹下。」其人從之。攜至城，相問答，觀者漸眾。有中貴見之，聞諸王。王召入，欲買之。其人曰：「小人相依為命，不願賣。」王問鳥：「汝願住否？」言：「願住。」王喜。鳥又言：「給價十金，勿多予。」王益喜，立畀十金。其人故作懊恨狀而去。王與鳥言，應對敏捷。呼肉啖之。食已，鳥曰：「臣要浴。」王命金盆貯水，開籠令浴。浴已，飛簷間，梳翎抖羽，尚與王喋喋不休。頃之，羽燥，翩躚而起。操晉聲曰：「臣去呀！」顧盼已失所在。王及內侍，仰面咨嗟。急覓其人，則已渺矣。後有往秦者，見其人攜鳥在西安市上。畢載積先生記。

王，讓主人順利回家，自己則伺機逃脫，也飛回主人處。蔡志忠將原著中的八哥鳥改成烏鴉，在內容上也加入許多趣味性的更動與增添：

> 話說山西某地有個窮苦人家，名叫尖頭鰻，尖頭鰻的父母早死，只留下一間破屋安身，日子過得很苦。尖頭鰻每天挑個擔子，到市集做小本生意。辛辛苦苦的過日子，可是每天尖頭鰻都搶不到路邊的好位置，只好在路的正中央做起買賣來。也因為尖頭鰻的頭型夠尖夠硬，讓他每次都能夠逢凶化吉。「我是無主的鳥，可以到你家與你同住嗎？」於是，這一對烏鴉兄弟，從此就稱兄道弟，一同展開新的生活。尖頭鰻的人生，也因為多了這一隻聰明伶俐、善於模仿的烏鴉，而成為這個小鎮上的焦點人物。
>
> 話說絳州有位絳州王，是皇上的親族。絳州王是皇親貴族，當然有權有財有勢。他不愛暴食豪飲，每餐只吃雞舌一盤，身材不算太肥。然而，口吃對絳州王的生活並無大礙。只是，他也想要好好的過正常的生活。不然，這種狀況，每天都會發生。絳州王也會擔心萬一，一不小心就「蔦屁」了。
>
> 那從此就再也見不到這位「如花似玉」的夫人了……。於是，絳州王終於下定決心，隔天，在絳州王管轄範圍內的各個角落，隨處可見重金禮聘天下名醫的海報。於是雙方買賣成交，烏鴉就被相命師帶到了絳州王府中。烏鴉運用牠的機智成功的逃離絳州王府，飛回市集來跟尖頭鰻相會。有了這一次成功的行騙經驗，於是他倆一路行騙，專作無本生意。兩個最佳拍檔合作無間，無往不利，成為後世「金光黨」

的開山鼻祖。俗話說，好事不出門，壞事傳千里。於是，人們只要聽到有鳥開口講話就會說：「閉上你的鳥嘴」。人們更是聽到烏鴉叫就會生氣：「聽烏鴉啼……倒楣加八級！」「不吉利！」[23]

　　經過蔡志忠的改編，又擷取民間對於「烏鴉嘴」的解釋，讓情節充滿諧趣。故事的框架雖然源自《聊齋誌異‧雛鴿》，但是改編後的〈烏鴉兄弟〉卻是盈溢著蔡式風格的幽默，和原著又不盡相同。對於文本的再創，就如同蔡志忠自己所提「就像一隻蠶，牠吃下桑葉，就能吐出絲來」[24]，桑葉不等同蠶絲，但是經過蠶的轉化，桑葉和蠶絲就擁有連結的管道，換句話說「對待傳統就不能簡單地把古代的經典移植到今天來，而是針對當下語境，在保持傳統精神內核的前提下，讓經典在當代重新復活」。[25]另外《聊齋誌異‧雛鴿》和〈烏鴉兄弟〉其實存在著文本互涉性（intertextuality），[26]運用互

---

[23] 蔡志忠：《鬼狐仙怪 I》DVD，台北：明日工作室，2002 年。

[24] 蔡志忠：《蔡子說：漫畫家蔡志忠的半生傳奇》，台北：遠流出版社，1993年，頁 359。

[25] 楊暉：〈傳統經典的當代復活動畫版——《梁山伯與祝英台》的文化解讀〉，《影視評論》17 期，2008 年，頁 37。

[26] 文本互涉性（intertextuality），是由朱莉亞‧克莉斯多娃（Julia kristeva）首創的一個後現代詞彙。主要著重在不同文本間弔詭的互涉性，特別是某個文本置於其他指涉文本中，藉以模糊，甚至顛覆其原來文本主題的絕對性，以期喚醒讀者重新反思評估所處的社會，政治及文化的價值觀。她的理論是從米克海‧巴克汀（Mikhail Bakhtin）的〈對話論〉（dialogism）中主張敘述的真像並非能由絕對單一的敘述者所可捕捉全，而是經由不斷地對話達成的共識，加以發展延伸。《對話的想像：論文四卷》（*The Dialogic Imagination: Four Essays*）Michael Holquist 主編；translated by Caryl Emerson and Michael Holquist。Austin：University of Texas Press，1981 年，以及 Julia Kristeva《言語的意志：意符學對文學與藝術的解讀法》（*Desire in Language: A Semiotic Approach to Literature and Art*）ed. Leo s. Roudiez, and trans.

文的作用〈烏鴉兄弟〉再次啟動《聊齋誌異‧雛鴿》的重生，即是應驗「一段經典被啟動之餘，故事就在人類的記憶中得到留存和延續」[27]的展現。

二、凸顯古典小說的教化功能

選擇就是一種觀點。蔡志忠在挑選文本的同時，其實就已經呈現對文本的價值判斷與期許。在他精選的十部主題古典小說之中，可以看到濃烈凸顯小說教化的意圖，寓教於樂的觀點，成為他的作品核心主軸／元素。譬如蔡志忠在長篇章回小說選擇《水滸傳》、《三國志》、《封神榜》三部名著，雖然他並沒有說明擇取的標準，但是從選本中不難看出他的偏好與企圖。《金瓶梅》與《紅樓夢》兩大言情／世情小說都未列入其中，而《水滸傳》、《三國演義》與《封神演義》雖然都是小說，但是或多或少都有歷史／野史的成分，不論是英雄豪傑、俠士劍客，在情節中經常可見展現伸張正義、忠君報國、為民除害的懿行嘉德，這些故事本身已經存有教忠教孝的典範作用；反觀《金瓶梅》與《紅樓夢》兩部以描述男女之情為主的經典小說，因為無法明確闡述其教化功能，反而成了遺珠之憾。

又如《世說新語》的動畫內容，是從原著三十六門類，一千一百多則的故事中，挑選六十五則加以改編詮釋。其中〈德行〉、〈文學〉、〈雅量〉、〈任誕〉各五篇，〈夙慧〉、〈賞譽〉、〈規箴〉、〈排調〉、〈傷逝〉各錄三篇，〈言語〉、〈方正〉、〈品藻〉、〈捷悟〉、〈豪爽〉、

Thomas Gora, Alice Jardine, and Leon S. Roudiez，頁 71-73，NY: Columbia University，1980 年。

[27] 法‧蒂費納‧薩莫瓦約著，邵煒譯：《互文性研究》，天津：天津人民出版社，2003 年，頁 108。

〈賢媛〉、〈假譎〉、〈汰侈〉、〈惑溺〉各選二篇,〈政事〉、〈識鑒〉、
〈容止〉、〈術解〉、〈巧藝〉、〈簡傲〉、〈輕詆〉、〈黜免〉、〈儉嗇〉、〈忿
狷〉、〈紕漏〉、〈仇隙〉則各一篇,另外〈自新〉、〈企羨〉、〈棲逸〉、
〈寵禮〉、〈讒險〉、〈尤悔〉皆未見選錄。《世說新語》是一部記載
東漢到東晉之間文人名士的軼聞瑣事以及言行風貌的志人筆記小
說,和當時社會喜歡品評人物的風氣有關。內容分則記載,一則一
事,各自獨立;再加上言簡意賅,人物形象鮮明,作者善於抓住人
物特徵,運用對比突出人物性格,作重點式誇張描繪;情節具有戲
劇張力,曲折風趣,兼併記事、記言的特色。檢視以上所提的人物、
文學及故事特質都十分適合漫畫/動畫的製作,無怪乎蔡志忠會選
擇此部名著。

　　關於《世說新語》的原著介紹,動畫在第一單元導讀部份即說:

> 《世說新語》……在許多故事背後,展現的是未進時代的所
> 有政治,社會和人文的整個縮景,幫助後人瞭解魏晉黑暗政
> 治下的貴族哲學,知識分子脫離儒教籠罩,產生的自我覺
> 醒。更讓我們明確的看到了魏晉清談的風貌。[28]

　　至於從各門類的選材分析,蔡志忠大都以「教化」為首要選項,
例如頌揚德性/雅量/端正的品行、或是讚賞特殊文采/資質/藝
能/才賦、或是能勸人向善的規箴、或是能引人自省、或是能見賢
思齊等篇章,另外如後世詩文常用的典故、膾炙人口的成語故事等
也是他選材的標準。再者,蔡志忠冀望讀者能藉由動畫瞭解當時的

---

[28] 蔡志忠:《世說新語》DVD,台北:明日工作室,2002 年。此部動畫總共
　　分為九個單元,第一單元為〈世說新語〉,其他分別為〈世說新語一〉8 則、
　　〈世說新語二〉8 則、〈世說新語三〉8 則、〈世說新語四〉8 則、〈世說新
　　語五〉8 則、〈世說新語六〉8 則、〈世說新語七〉8 則、〈世說新語八〉9 則。

貴族哲學、魏晉文人脫離儒教教化以及清談之風等等狀況，所以也把相關的材料納入其中，因此他選放〈任誕〉五篇，記載劉伶、王徽之、桓伊等人異於儒教的行徑。以下是經過筆者整理的《世說新語》動畫各篇出處附表：

表 6-2　《世說新語》動畫各篇出處

蔡志忠《世說新語》動畫篇名及出處		
01.席不暇暖〈德行〉	25.駑牛勝駿馬〈品藻〉	49.桓伊吹笛〈任誕〉
02.捨命全交〈德行〉	26.吉人之辭寡〈品藻〉	50.鳳〈簡傲〉
03.割席絕交〈德行〉	27.武帝不忘哺乳恩〈規箴〉	51.無勳受祿〈排調〉
04.喜怒不寄於顏〈德行〉	28.錦被風波〈規箴〉	52.狗洞自有狗出入〈排調〉
05.庾公不賣馬〈德行〉	29.元帝戒酒〈規箴〉	53.倒吃甘蔗〈排調〉
06.楚囚對泣〈言語〉	30.闊〈捷悟〉	54.白頭烏〈輕詆〉
07.以簡對煩〈言語〉	31.「合」字玄機〈捷悟〉	55.望梅止渴〈假譎〉
08.文王之圃〈政事〉	32.畫地令方〈夙慧〉	56.曹操的詭計〈假譎〉
09.向郭二莊〈文學〉	33.日近日遠〈夙慧〉	57.肝腸寸斷〈黜免〉
10.白馬論〈文學〉	34.心靜自然涼〈夙慧〉	58.王戎重錢輕女〈儉嗇〉
11.官本臭腐，財本糞土〈文學〉	35.王敦擊鼓〈豪爽〉	59.美人行酒〈汰侈〉
12.七步成詩〈文學〉	36.王敦驅婢妾〈豪爽〉	60.人乳養豬〈汰侈〉
13.婦人之美，非誄不顯〈文學〉	37.床頭捉刀人〈容止〉	61.魏武殺妓〈忿狷〉
14.陳元方答客〈方正〉	38.為卿做驢鳴〈傷逝〉	62.蟻動如牛鬥〈紕漏〉
15.義無虛讓〈方正〉	39.靈床鼓琴〈傷逝〉	63.荀粲情深〈惑溺〉
16.臨刑不變色〈雅量〉	40.琴隨人亡〈傷逝〉	64.德不足稱，以色為主〈惑溺〉
17.王戎不摘李〈雅量〉	41.王湛選妻〈賢媛〉	65.骨肉相圖〈仇隙〉

18.東床快婿〈雅量〉	42.韓母隱古幾〈賢媛〉	
19.中夜奏胡笳〈雅量〉	43.委罪於木〈術解〉	
20.臨危不亂〈雅量〉	44.畫人點睛〈巧藝〉	
21.見機而退〈鑑識〉	45.劉伶戒酒〈任誕〉	
22.王述晚成〈賞譽〉	46.劉昶的酒品〈任誕〉	
23.桓彝鑑人〈賞譽〉	47.房子是褲子〈任誕〉	
24.王大自是三月柳〈賞譽〉	48.乘興而行，盡興而返〈任誕〉	

三、偏好引人異想的志怪／奇幻主題

　　從《六朝志怪小說》、《聶隱娘》、《龍女》、《鬼狐仙怪 II》中的〈杜子春〉與〈板橋十三娘子〉、《白蛇傳》、《封神榜》直到《鬼狐仙怪 I》的〈聶小倩〉，[29]蔡志忠的古典小說動畫明顯偏好志怪／奇幻的主題。自從台灣颳起《哈利波特》的旋風之後，奇幻文學（Fantasy Literature）頓時成為顯學。接踵而至的《魔戒》、《納尼亞傳奇》更助長這波奇幻的氣燄。[30]近年來文化創意產業，尤其是角色扮演遊戲（RPG），只要與奇幻接軌都能造就一股風潮，帶來可觀的商機，例如《仙界封神傳》、《女媧》等等。蔡志忠在改編古典小說動畫作

---

[29] 作品的排列順序是以小說史的直線敘述為主，即《六朝志怪小說》（六朝筆記小說）、《聶隱娘》（唐傳奇）、《龍女》（唐傳奇）、《鬼狐仙怪 II》中的〈杜子春〉與〈板橋十三娘子〉（二篇皆為唐傳奇）、《白蛇傳》（明擬話本）、《封神榜》（明長篇小說）、《鬼狐仙怪 I》的〈聶小倩〉（清代筆記小說）。

[30] 關於奇幻文學的界定可參閱吳宇娟，〈接觸奇幻國度——奇幻文學與再創〉，《2009 秋・百家藝談》，台中：翔思遊藝社，2010 年，頁 90-94。「至於什麼才是正統的奇幻呢？簡單的說，這類文學作品的故事結構多數設定以神話與宗教／古老傳說為主軸，進而衍生出獨特之世界觀。換言之，最常見的內容則包括中古時代的先知、精靈、城堡、戰士、魔法、龍等自然或超自然生物；以時間軸解釋，奇幻文學偏向過去，即是在歷史求背景中尋找依據或是相似的事件與場景。」

品時，早已嗅得先機，他大量選用有關志怪小說、神魔小說或是鬼狐仙怪的故事，這股異想的主張，正好站上二十世紀末期，文學與文化界流行的奇幻浪頭。

很多人認為華文文學沒有真正的奇幻文學。但是把奇幻文學的定義套入《封神演義》的架構情節觀察與印證，此部小說可以宣稱是正統奇幻／古典奇幻（high Fantasy）的代表作。它的故事設定以神話與道教封神為主軸，並且規劃完整的異世界（仙界／神界），另有商周的中土戰爭，也有猙獰、四不像、花狐貂、玉麒麟等自然或超自然生物；還有鴻鈞老祖、道德天尊、原始天尊與通天教主等先知。商、周二方也各自擁有許多異能驍勇的戰士——哪吒、楊戩、土行孫、張桂芳、趙公明、魔家四將……等。如果再詳細檢索並且分析六朝志怪、唐代傳奇小說（志怪類）與話本小說靈怪類、清代《聊齋志異》等短篇小說的故事內容，即可發現原來傳統古典短篇小說其實是一座奇幻寶庫。例如《鬼狐仙怪 II・板橋十三娘子》源自唐代薛漁思的《河東記・板橋三娘子》內容講述一個美麗但會幻術的客棧老闆娘，會把來往旅客變成驢子的的奇幻故事。

古典小說中除了六朝志怪小說之外，其他各種形式的小說，雖然大都包含志怪奇幻的內容，另外還有很多種類型存在。例如傳奇小說還有歷史類、愛情類、宗教類、諷刺類、俠義類等；話本小說則有煙粉類、公案類、傳奇類、樸刀杆棒類、神仙妖術類，[31]至於長篇章回小說可以選擇的門類更多，諸如愛情、歷史、諷刺…等等，但是蔡志忠卻在不同形式的小說中，挑選志怪／奇幻類型為主要選項。誠如他在《六朝志怪》動畫（導讀）中所說：

---

[31] 關於話本小說的分類請參考宋・羅燁，《醉翁談錄・小說開闢》，《世界文庫・四部刊要：1》，台北：世界書局，1958 年。

> 撰《搜神記》的目的，是為證明鬼神之實有，撰述態度嚴謹。
> 故事來源廣泛，故不少優秀的民間故事，和神話傳說得以保
> 存下來，客觀地反映了一般百姓的感情與願望，於是我們在
> 鬼狐的身上見到了人的情感。雖言「搜神」，實為人性「搜
> 身」……[32]

　　他選擇以志怪小說為改編的大宗，是意圖把人類光怪陸離的行
徑，投射在花精鬼魅、鬼狐仙怪的異想世界，以表達詫異、驚奇、
非人能解的感受與感慨。例如動畫《六朝志怪・虹幻》是根據《搜
神後記》卷七改編而來，記載陳濟的妻子外遇生子的經過。[33]蔡志
忠在此則故事末尾加入「『閨中少婦不知愁，春日凝妝上翠樓。忽
見陌頭楊柳色，悔教夫婿覓封侯。』事業心重的男人小心了，莫教
獨守空閨的妻子心生綺思，愛上了彩虹」[34]的結語；又如《儷人行》
改編自《搜神記》卷十九，描述張福遇大黿幻化美女之事。[35]同樣

---

[32] 蔡志忠：《六朝志怪》動畫 DVD，台北：明日工作室，2002 年。

[33] 晉・陶潛：《搜神後記》，台北：木鐸出版社，1982 年，卷 7。原文：盧陵
巴邱人陳濟者，作州吏。其婦秦，獨在家。常有一丈夫，長丈餘，儀容端
正，著絳碧袍，采色炫□，來從之。後常相期於一山澗間。至於寢處，不
覺有人道相感接。如是數年。比鄰入觀其所至輒有虹見。秦至水側，丈夫
以金瓶引水共飲。後遂有身，生而如人，多肉。濟假還，秦懼見之，乃納
兒著□中。此丈夫以金瓶與之，令覆兒，云：「兒小，未可得將去。不須作
衣，我自衣之。」即與絳囊以裹之，令可時出與乳。於時風雨暝晦，分期
付款見虹下其庭，化為丈夫，復少時，將兒去亦風雨暝晦。人見二虹出其
同行冤家。數年而來省母。後秦適田，見二虹於澗，畏之。須史見丈夫，
云：「是我，無所畏也。」從此乃絕。

[34] 蔡志忠，《六朝志怪》動畫 DVD（台北：明日工作室，2002 年）。

[35] 干寶：《搜神記》，台北：里仁出版社，1980 年，頁 233。原文：滎陽人張
福船行，還野水邊，夜有一女子，容色甚美，自乘小船來投福，云：「日暮，
畏虎，不敢夜行。」福曰：「汝何姓？作此輕行。無笠，雨駛，可入船就避
雨。」因共相調，遂入就福船寢。以所乘小舟，繫福船邊，三更許，雨晴，

的他在末端以「喜歡打野食的朋友小心囉！或許你釣上的不是隻美人魚，而是個大妖婆」[36]作結，這些話語都可視為蔡志忠為改編篇章所做的詮釋與註解。以下是筆者整理的《六朝志怪》動畫各篇原著出處附表：

蔡志忠《六朝志怪》動畫篇名及原著出處

01.導讀	07.鬼怕人《搜神記》	13.螺女情深《搜神後記》
02.世間無鬼《搜神記》	08.賣身葬父《搜神記》	14.公理何在《搜神後記》
03.鱉母登遐《搜神記》	09.儷人行《搜神記》	15.滿夷始祖《搜神記》
04.報應《搜神後記》	10.鬼屋《搜神記》	16.下凡仙子《搜神記》
05.奇女子《搜神記》	11.馬女《搜神記》	17.豬臂金鈴《搜神記》
06.分家《續齊諧記》	12.虹幻《搜神後記》	

四、兼採各家說法，非是單篇小說翻譯改寫

蔡志忠動畫改編古典小說的策略，並非採取是一對一式的單篇翻譯。他蒐集同一主題的相關資料，選擇其中一篇為改寫的主架構，並視情形加入相關篇章或是其他民間傳說豐富其故事內容。這種狀況猶以《白蛇傳》動畫最為明顯，動畫雖在導讀的部分已經是直接說明為改寫馮夢龍《警世通言》，他說：

> 白蛇傳是中國家喻戶曉的民間故事，乃改編自「三言」中的「警世通言」第二十八回。警世通言的處理故事方法，顯然是傳統的「正」、「邪」不兩立觀點。但是民間大眾偏愛白素貞，並不以她是蛇妖為嫌，更加上很多情節，突出她大膽追

月照，福視婦人，乃是一大鼈，枕臂而臥。福驚起，欲執之，遽走入水。向小舟是一枯槎段，長丈餘。

[36] 蔡志忠：《六朝志怪》動畫 DVD，台北：明日工作室，2002 年。

求愛情的形象，以及不惜犧牲自我營救負心郎的聖潔和勇敢
的情操。[37]

　　但是《警世通言・白娘子永鎮雷峰塔》[38]的白娘子並未以白素
貞為名，故事中也還未有盜草、水漫金山、生兒的情節，白娘子在
馮夢龍的筆下依舊是妖氣未脫，所描寫的白蛇行徑確有擾亂人間之
嫌；許宣因感念法海協助收妖，最後遁入空門，正邪之間的刻劃依
然是壁壘分明。動畫的故事內容則是比較接近清代方成培改編的
《雷峰塔》劇本，[39]劇中新增的〈端陽〉、〈求草〉、〈水鬥〉、〈斷橋〉、
〈祭塔〉、〈合缽〉等情節，除了〈斷橋〉、〈合缽〉之外，皆為蔡志
忠所採用。劇本也剔除了妖孽害人的內容，更突顯白娘子的善良和
頌揚抗爭的合理性，並且強化故事的悲劇衝突。其實俗稱《白蛇傳》
者，是指清代陳遇乾的《繡像義妖傳》，它是一部卷帙浩繁、情節
豐富的唱本，屬於彈詞小說。[40]書中人物刻畫細膩、生動，展現白

---

[37] 蔡志忠：《白蛇傳》動畫 DVD，台北：明日工作室，2002 年。

[38] 馮夢龍：〈白娘子永鎮雷峰塔〉，《警世通言》，台北：桂冠出版社，1984 年，
28 卷，頁 417-444。

[39] 清乾隆三十六年（1771 年），兩淮鹽商為祝賀皇太后八十壽辰上演《雷峰
塔》，方成培對劇本作了較大幅度的改動，其改本稱水竹居刊本。方成培對
在民間演出的黃本《雷峰塔》，從關目、人物到曲辭都作了加工或重新創作，
劇中新增端陽、求草、水鬥、斷橋、祭塔、合缽等場，為黃圖珌的看山閣
刊本《雷峰塔》中所無。清・方成培，《雷峰塔傳奇》（台北：明文書局，
1981）。明代，在杭州一帶有陶真《雷峰塔》演唱本和浙江彈詞《雷峰塔》。
明萬曆年間，陳六龍編成戲曲《雷峰塔》傳奇。黃圖珌的看山閣刊本《雷
峰塔》刊刻於乾隆三年，以馮夢龍整理的話本為藍本，著力描寫了白娘子
對愛情的執著追求和溫柔多情的性格，在刻畫許宣易為動搖性格，但他終
究仍視白娘子和許宣的婚姻是孽緣。

[40] 清・陳遇乾，《繡像義妖傳》12 冊，台北：中央研究院，清同治己巳八年
刊本線裝書，1869 年。此書總共 28 卷，53 回。今存中央研究院刊本為陳
遇乾原稿；陳士奇，俞秀山評定。陳遇乾是清嘉慶、道光年間蘇州彈詞藝

娘子善良多情、疾惡如仇的善心，充分表現出當時市民階層反對傳統枷鎖的思想意識。至於蔡志忠敘述的水淹金山寺、許夢蛟祭塔的情節其實都是沿用《義妖傳》而來。

又如動畫《三國志》雖以《三國演義》為編寫藍圖，但是也兼顧正史《三國志》的記載以及博採其他的民間／口與傳說，作品規劃出〈桃園三結義〉、〈美人計〉、〈三請孔明〉、〈火燒赤壁〉四項單元。再如《龍女》，動畫雖以唐傳奇小說李朝威的〈柳毅傳〉為基本架構，但故事之中又加雜元代雜劇尚仲賢〈洞庭湖柳毅傳書〉、以及明代戲曲傳奇許自昌〈橘浦記〉的影子，[41]因而使得動畫內容更加豐富。至於談到《鬼狐仙怪 II・杜子春》，蔡志忠當然是以唐代傳奇〈杜子春〉為編寫藍圖，卻又擷取《醒世恆言・杜子春三入長安》的部份情節，[42]讓動畫故事更具延展性。

蔡志忠運用動畫詮釋古典小說的方式是屬於經典文本的再創，他並不拘泥文本字句的琢磨，也不框限於前人對經典的既有解讀。在他的筆下，古典小說故事是以一種「古話今說」的樣貌呈現。經典之作雖說已經通過時間的試煉而得以流傳後世，但是對於不同時空背景的閱讀者／觀眾群而言，在接觸作品之後，如何才能體會作品釋放出的能量與感動，並且引起共鳴，這才是詮釋者／導引者最大的課題與思索方向。即如董學文所說：

人，被列為「評彈前四家」之首。清乾隆以後，蘇州彈詞崛起，白蛇傳的故事也被蘇州彈詞演唱，吸收了浙江彈詞、宋元話本和戲曲本的營養，情節更加細緻曲折。清嘉慶十四年（1809 年）出現了《繡像義妖傳》的刊本。

[41] 元・尚仲賢：〈洞庭湖柳毅傳書〉，《四部分類叢書集成，三編，第 30 輯，古雜劇，第 2 函：7》，台北：藝文印書館，1971；明・許自昌：〈橘浦記〉，台北：天一出版社印行，出版年不詳。

[42] 馮夢龍，〈杜子春三入長安〉，《醒世恆言》，台北：三民書局，2009 年，37 卷，頁 816-838。

經典是過去與現在、文本與讀者之間的對話和張力關係中動態地存在的，它需要重新被提出問題並從中尋找答案。無論過去還是現在，其經典性都不是永恆的，而是與在新的時代審美需要及其期待視野的滿足與拒斥中獲得經典性的。……所謂「經典」只能說明它在與文學期待視野的張力關係中曾經是作為「傑出」而存在，但事實上，當某種傳統被當作榜樣效仿時，代表這種傳統的傑作在人們的回顧視野中就包括了它們本來的消極性，他們迫使我們去懷疑它們那不言而喻的經典性並重新尋找「真正的問題的視野」。[43]

　　蔡志忠的古典小說動畫，既能保留故事原味又能呈現個人觀點，經過改編原著的蹤跡依然可見，他並非單純地全盤翻譯或複製經典文本，蔡式風格的動畫是一種或借鑒、參照，或引用、戲仿的表現手法。普羅大眾透過蔡式動畫的媒介，可以換種方式閱讀古籍小說，成為一探經典文學堂奧的新視窗。因為一部作品的內蘊掘取來自於讀者的解讀，不同的文本接受者會產生不同的詮釋與觀點，作品的價值也藉此不斷地變化與更新。

肆、結論

　　馬克‧吐溫曾以一貫的幽默笑談：「所謂經典，就是我們每個人都希望自己讀過，然而事實上沒有人願意去讀的作品（A classic is something that everyone wants to read and nobody wants to

---

[43] 董學文：《西方文學理論史》，北京：北京大學出版社，2005 年，345-355 頁。另外，程瑜瑜：〈走上卡通舞台的文學經典——試論迪士尼對名著的動畫改編〉，《文藝評論》01 期，2010 年，70-74 頁，亦有相同的論述。

read.）」[44]。經典絕非僅是指稱被放置在書架上無人翻閱的文學鉅著，文學經典的生命需要在具有創造性的閱讀／理解中得以延續並且永恆。而改編的經典動畫作品就如同站在巨人的肩膀上，獲得珍貴的文學題材，然後運用動畫為工具，瓦解傳統平台和舊視界的藩籬、使經典文學走向平民化的台階。正如德國學者 H・R・姚斯所說：

> 一部文學作品並不是一座獨白式地宣告其超時代性質的紀
> 念碑，而更像是一本管弦樂譜，不斷在它的讀者中激起新的
> 迴響，並將作品從語詞材料中解放出來，賦予其以現實的存
> 在。[45]

　　動畫的改編，和一般電影改編一樣，都是由一種藝術形式邁向另一種藝術形式的轉變，不論是移植、節選、濃縮或是取意，「由於電影與電視的大眾性，更易於向大眾傳播宣傳某種思想或故事，一旦這種故事被人們認知並認可，人們便會到書中去尋找更多更深刻的感受。因為文字震撼作用比圖像的影響強烈得多」[46]。因此蔡志忠把它的作品設定為「入門書」的角色，顯然是具有前瞻性的視野與氣度。

　　相較於其他的經典古籍，對於現代人而言，小說應該是比較容易被閱讀／接受的文類。但是古典小說在運用語言文字的狀況，今昔相比依舊存有時代的差異性，因此一般民眾還是有望之卻步的心

---

[44] 劉陸先：《馬克吐溫：美國幽默文學作家》，台北：婦女與生活出版社，2000年。

[45] 德・H・R・姚斯，美・R・C・霍拉勃，周甯，金元浦譯：《接受美學與接受理論》，瀋陽：遼寧人民出版社，1987年，頁47。

[46] 端木義萬：《美國傳媒文化》，北京：北京大學出版社，2001年，頁19-20。

理障礙。蔡志忠把古典小說配上現代的敘述與對話，無異是消弭橫阻在大眾與經典文學之間的高牆，動畫媒材的應用，更是加速／擴增觀眾人數的成長倍數。蔡志忠以動畫為魔杖啟動傳統經典在當代復活。但是改編經典作品應在多少幅度上保留／還原原著的風格？這個問題至今依舊存在眾說紛紜的標準。動畫不僅可以成為文學作品一個特殊的傳播載體，同時也是文學作品讓重新暢銷成功的展示平台，如何取得改編動畫作品的思想性、藝術性與商業性之間的平衡基準，確實還有待文創業者與學術界的溝通與努力。改編「既不能忽略或歪曲原著固有的超時代的思想和藝術價值，又必須克服原著當中歷史和時代的局限性」[47]。但是如果當原著題材受到「扭曲」，只為配合豐厚的商業盈收，此時業者與改編者就必須深切省思它的正確性／正當性。畢竟文化產業，不僅是為了創造經濟利益而存在，它更是一種兼具時代精神傳承與心靈陶冶的良心事業。

　　如果把閱讀經典古籍視為復古，蔡志忠則讓復古也可以變的很時尚。他在台灣開起改編古籍經典的風潮，而且就其動畫改編而言，幾乎囊括所有古典小說的範疇。雖然難免有遺珠之憾，但同時也為動畫界預留對古典小說的再創空間，因為還有許多佳作值得選擇與耕耘。基於好還要更好的期盼，筆者藉由整理蔡志忠的古典小說動畫作品，不僅是對「蔡式旋風」的解讀與回顧；更希望能以本文得到文創業者的共鳴與反饋。就如角色扮演遊戲（RPG）取用《封神演義》、《三國演義》為題材的成功案例一樣，新瓶舊酒的再製，必定能甦活沉寂已久的經典作品，進一步使傳統文化和產業的結合，創造出雙贏的榮景。

---

[47] 張宗偉：《中外文學名著的影視改編》，北京：中國廣播電視出版社，2002年，頁83。

人文經典與創意故事行銷
——以牛郎織女傳說為例

林淑媛

國立台北商業技術學院通識教育中心副教授兼主任

壹、前言

　　牛郎織女與孟姜女、梁山伯祝英台、白蛇傳為中國四大著名傳說，牛郎織女傳說，經由時代的嬗遞、空間的流佈，已呈現多元多樣的面貌。無論是文人或庶民百姓以此為題材所敷衍的各類文學作品與習俗活動，內涵豐富、深刻，承載文化記憶與民族心理。[1]它源自先民對日月星辰的想像與農業社會的文化，表現人類對愛情的嚮往與追求，成為一則美麗動人的浪漫神話傳說。神話傳說在二十

* 感謝羅文玲教授的論文講評，使筆者拙稿得以修正得更完備。

[1] 牛郎織女研究成果簡述可參施愛東：〈牛郎織女研究簡史〉，《中國社會科學院院報》，2008 年 7 月。又牛郎織女傳說不只中國，甚至影響日本，隨著遣唐使傳入日本，亦有七夕習俗，它基本上是中國的星辰信仰、牛郎織女傳說，及乞巧奠習俗等傳入日本後，與日本固有的豐年祭以及中元盂蘭盆祭前的淨身、祓除災厄等民俗信仰結合演變而成的。最後，今日有號稱日本三大祭典之一的仙台七夕祭（8 月 6 日～8 日），以及東京郊平塚的七夕祭，還頗有名氣，雖極盡豪華，但多已趨於觀光化，目的在吸引觀光人潮而已。參葉漢鰲：《日本民俗信仰藝能與中國文化》，台北：大新書局。

世紀本因為科學的發達而漸失色，但是經由「重述」觀念，對文化的遺忘與記憶之辯證，又重新恢復它的光采。[2]

　　重述不應只是再次敘述，而是重新的再創造與文化編碼。這裡涉及敘事的角度與言說的策略與話語，本文擬從目前的文化創意產業的角度思考，神話傳說在現在社會的重述與再創造的情形，以牛郎織女傳說為例，從實際的案例分析說明其中的文化內涵。

　　文化創意產業（Cultural and Creative Industry）是近年來政府大力發展的新興產業之一，如經濟部文化創意產業推動小組（2003）將文化創意產業定為「源自創意與文化積累，透過智慧財產的形成與運用，具有創造財富與就業機會潛力，並促進整體生活環境提升的行業。」[3]文化創意產業所帶來的創新視野與巨大的經濟效益，成為重要的新興產業趨勢。其中所創造的文化商品不同於一般的商品，能創造出巨量的產值。

　　文化商品意謂商品蘊含文化意蘊，從經濟學的角度來看，文化商品指消費者對商品的需求，除了商品本身因具有交換價值而產生價格，它可以「量產」，故當文化透過市場機制，產生交換價格關係及量產的需求產製，文化產品就具有商品特性。就這個定義來看，文化產品商品化即包含了可計算價值的文化產品、及難以捕捉

---

[2] 以文學史為例，只要承認神話是文學的源頭，那麼整個的文學史，就可以看成主要是由各種自覺的與不自覺的神話重述鏈接而成的。不僅中世紀的經典《神曲》和現代主義的里程碑之作《尤利西斯》都是重述古典神話，去歲轟動世界影壇的史詩巨片《特洛伊》也是以現代多媒體表現技術再創造神話，就連《哈姆雷特》或者《紅樓夢》這樣的世界超一流的文學經典也都是。葉舒憲，《神話意象》，（北京：北京大學出版社，2007年），頁88。

[3] http://www.gov.tw/office/business200908.html。

本質的文化服務，經過創作者設計、量產、且涉及利益行為的活動，為文化之核心創造其發展的潛力與價值。[4]

如何將文化轉化成具有經濟效益商品乃文化創意產業中重要環節，又如何文化創新？傳統文化被視為重要豐富的文化資產，乃文化創意產業的寶貴資源，它可以因應時代的變遷與產業的發展，創造出符合新時代需求的文化商品。牛郎織女的傳說在現代除了民俗習俗的保留、地方風物傳說的口頭傳述，並可與現代社會結合有不同的發展。但是文化與商業的結合是否引生了某些問題？

從相關資料收集中，發現已有不少與這個傳說有關的商業活動，如七夕情人節，所帶來的大量商機。另外電視電影的影像傳播對牛郎織女傳說的改編重述，所引發的傳播效益與商業利益[5]因此可以說為傳統文化轉化為文化創意產業的範例，證明文化是門好生意。但是傳統文化的創新轉化且與商業結合，產生的問題，如文化精髓的喪失，並非只有單純帶來利益而已。牛郎織女傳說實為重要的文化資產，文化資源的保存運用方式，有些物質文化遺產，可以直接開發作為旅遊資源；對於更為豐富的非物質文化遺產，它們存活於人們的記憶寶庫和生活形式中，必須通過具有時代感的內容產品作為載體，才能展示出來，作為產品進入市場產生價值。傳統文化能有時代感，這就是文化的創新。

因此本文借由目前的相關商品與活動，分析其優劣。從台灣在地文化的角度結合文化觀光的理念，整合環繞這個傳說有關的文化

4　文化商品化與商品文化化是另一個爭議問題，有的學者反對文化商品化庸俗化。

5　七夕情人節相關活動請參以下的說明，電視劇以目前較近播出的 2009 央視製作為例。

資產、地方特色、景物、產品，是否可以使傳統文化資源的神話傳說轉化為當今文化創意產業的利基？其中台南府城的七夕習俗包括成年禮活動即展現了傳統文化與地區特色的創新思維。

　　本文研究的方法採取文獻分析，首先概述牛郎織女傳說的歷史演進，說明其內涵特色：愛情與習俗文化；其次分析與現代商業活動的結合情形，並以具有本土文化特色的活動為例，提供傳統文化創造文化的商機的示例。[6]

貳、牛郎織女傳說的演進概說

　　我們擁有豐富的文化資源，但潛質不等於產業。牛郎織女傳說是中國農業文明與星辰信仰結合的產物，如《詩經・小雅・大東》：「維天有漢，監亦有光。跂彼織女，終日七襄。雖則七襄，不成報章。睆彼牽牛，不以服箱。」的詩句，這是有關牛郎織女傳說最早的文字記錄，是牛郎織女傳說的雛形。從命名內涵即表彰了農業文化的反映，體現先民對天的崇敬與想像。但在流傳過程中故事的世俗性越濃，成為愛情的浪漫象徵。如漢代《古詩十九首》之一：「迢迢牽牛星，皎皎河漢女。纖纖擢素手，箚箚弄機杼。終日不成章，泣涕零如雨。河漢清且淺，相去複幾許。盈盈一水間，脈脈不得語。」[7]將牛郎織女人格化，添加了思念的情感。從先秦到漢代，牛郎織女的神話傳說一直在民間流傳並得到發展和孳乳，到了魏晉

6　台灣有豐富的文化資源，不論精緻或是通俗、工藝或是節慶、菁英或是普羅、都會或鄉鎮。然而，若沒有經濟命脈的話，文化較不容易存活。文化產業化正是去找尋各種面相的文化，用不同的包裝來經營。蘇明如：《解構文化產業──島嶼文化創意產業生態行旅》，頁 33。

7　這首詩後來介紹七夕故事時常被引述。

南北朝時期，這個故事大致已經定型，從張華的《博物志》和殷芸《小說》中，已有這個故事的基本雛形。殷芸《小說》的記載：「天河之東有織女，天帝之子也。年年機杼勞役，織成雲錦天衣，容貌不暇整。帝憐其獨處，許嫁河西牽牛郎，嫁後遂廢織。天帝怒，責令歸河東，但使一年一度相會。」織女原為天帝之女，工織，因嫁給牛郎而廢去機杼，天帝生氣責罰他們分居河東河西，並且一年一度才能相會，這個故事的發展演變的核心，成為後世的牛女故事的基礎，牛郎織女的故事成為具有淒美色彩的愛情傳奇。

後來魏晉時期，傳說揉合了民間習俗，牛郎織女的故事和民俗節日七夕結合，產生七夕乞巧習俗。本來在在南北朝的乞巧，以織女為祈求對象，等到傳說中的唐宮乞巧，才揉合浪漫的愛情主題。[8]迨及唐宋之際，加上鵲橋傳說情節，神話內容更豐富[9]。從文學史的角度觀察，牛郎織女神話故事在文學殿堂中大放異彩，同時在民間文化中廣泛傳播。[10]而唐宋詩詞流行，文人已多以七夕題材的創作詩歌，與七夕風俗在民間盛行相得益彰，牛郎織女的愛情成為情感的符碼。明清時期七夕詩歌與文人關注牛郎織女故事亦繁盛，如明代萬曆年間朱名世的《新刻全像牛郎織女傳》、清代鄒山

---

[8] 白居易長恨歌七月七日長生殿夜半無人私語時，唐明皇與楊貴妃愛情密誓就在此七夕之時。

[9] 牛郎織女在鵲橋相會的故事，應該是在漢代就有了。宋代陳元靚《歲時廣記》卷二六引《淮南子》：「烏鵲填河成橋而渡織女」。唐代韓鄂《歲華紀麗·七夕》：「鵲橋已成，織女將渡」，文中引《風俗通》：「織女七夕當渡河，使鵲為橋」，宋代羅願《爾雅翼》卷十三：「涉秋七日，鵲首無故皆髡。相傳以為是日河鼓（即牽牛星）與織女會於漢東，役烏鵲為梁以渡，故毛皆脫去。」這些都是鵲橋渡織女與牛郎相會的神話。參考袁珂編著：《中國神話傳說辭典》，台北：華世出版社。

[10] 洪淑苓詳細整理牛郎織女傳說故事的演變與其神格的變遷。《牛郎織女的民間故事》，台灣大學中文所碩士論文，1987 年，頁 259、頁 260。

的傳奇《雙星圖》等都在故事原型的基礎上孳生出的一些新作品。明清牛郎織女故事的演進主要在殷芸《小說》《郭翰》《新刻全像牛郎織女傳》、《牛郎織女傳》、《雙星圖》等敘事文學與歷代七夕詩歌和民間故事流傳的基礎上組成。[11]

　　洪淑苓曾論述從文學的發展來說牛郎織女傳說帶給文學豐富的泉源，包括對古典文學的滋養，與對俗文學的反哺。說明了牛郎織女故事乃「雅俗共賞」，因此廣受文人青睞，與庶民喜愛。這個故事不只源遠而流長，深入整個中國民族西理與社會文化；而且傳入鄰近的東亞異國，以及南洋華僑社會，都有類似的故事流傳。[12]

　　大致上目前研究牛郎織女傳說有關的文獻，大致分析故事的源流與演化，以及在民間的流傳變異，較新的研究焦點在各地的口頭傳說的田野調查。[13]

　　總之牛郎織女傳說提供愛情的傳奇與七夕習俗的活動，使後代都能不間斷的在節日慶典中重新溫習這個應景的故事。故事與習俗的關係如何產生與發展，譚達先曾定義牛郎織女傳說為描述性傳說：

> 描述性傳說，就是以敘述和描寫人物的事跡為主，且具有故事性的民間傳說，他是民間傳說中兩大種類之一（另一大類為解釋性傳說，他是以某物某事某風物為出發點，引申出一個人物故事，最後又回到解釋該物該事該風習的成因，河

---

[11] 周玉嫻：《元明清時期牛郎織女文學的傳承與嬗變》，首都師範大學碩士論文，2009 年。學界對牛郎織女的研究成果可參閱：1955 年范寧的《牛郎織女故事的演變》，王孝廉始發表於 1974 年的《牽牛織女的傳說》、洪淑苓完成於 1987 年的碩士學位論文《牛郎織女研究》等。

[12] 同註 10，頁 274。

[13] 大陸興起傳說熱，許多地方都認為他們是牛郎織女的發源地。

這人物故事有關），他的數量在民間傳說中，簡直是多的驚人。[14]

牛郎織女的傳說不只是人物傳說尚揉合星辰信仰與農業文化與民間文化，但無論如何，這個故事都已成為浪漫愛情的象徵，與此有關的七夕乞巧的習俗活動則有生命禮儀的意義與價值。

據南宋吳自牧《武林舊事》記載：

> 立秋日，都人戴楸葉，飲秋水、赤小豆。七夕節物，多尚果食、茜雞。及泥孩兒號「摩睺羅」，有極精巧，飾以金珠者，其直不貲。並以蠟印鳧雁水禽之類，浮之水上。婦人女子，至夜對月穿針。餖飣杯盤，飲酒為樂，謂之「乞巧」。及以小蜘蛛貯盒內，以候結網之疏密，為得巧之多少。小兒女多衣荷葉半臂，手持荷葉，數輩摩睺羅。大抵皆中原舊俗也。七夕前，修內司例進摩睺羅十卓，每卓三十枚，大者至高三尺，或用象牙雕鏤，或用龍涎佛手香製造，悉用鏤金珠翠。衣帽、金錢、釵鐲、佩環、真珠、頭須及手中所執戲具，皆七寶為之，各護以五色鏤金紗廚。制閫貴臣及京府等處，至有鑄金為貢者，富姬市娃，冠花及領皆以乞巧時物為飾焉。[15]

「婦人女子，至夜對月穿針。餖飣杯盤，飲酒為樂，謂之「乞巧」。及以小蜘蛛貯盒內，以候結網之疏密，為得巧之多少。」乞巧可見為古代婦女的活動佳節。婦女準備供品，七夕晚上就在庭院焚香祭拜天上雙星。在七夕的夜晚，婦女用彩線穿七巧針，並且擺設香案，桌上放置一些瓜果，向織女乞巧─如果夜裡有小蜘蛛在瓜果

---

[14] 譚達先：《中國描述性傳說概論》，台北：貫雅出版社，1993 年，頁 1。
[15] http://www.73wx.com/XiaoShuo/592/171686.shtm。

上結網，就被認為得到織女的青睞，能夠得到靈心巧手。以針線穿過一支七孔針，誰先穿滿七孔就表示向織女求得巧手，在當時婦女普遍使用女紅的時代，此活動兼具實用與娛樂的性質。明清以後，流行「丟巧針」的遊戲。[16]另外有「鬥巧」起源於漢朝宮廷的遊戲。[17]

　　七夕習俗在不同時代流傳中，其中牛郎織女的神格有所變化；晉人七夕乞願，只是一般性的祝禱，梁朝產生「乞巧」之名，織女成為職掌女紅之神。唐代，織女為司愛之神，掌姻緣巧配。宋代，牛郎地位提昇，牛郎為司智慧文章之神。乞巧活動包括了求財求子求名等功能。七夕習俗有地方性差異，閩台地區，以織女為「七娘媽」之信仰，織女乃成為護兒之神。七夕習俗可說隨時代的推衍而有不同的變化。[18]

參、牛郎織女傳說與現代社會的結合示例分析

　　牛郎織女傳說與現代社會的結合，可以作為傳統文化如何轉化為美學經濟的示例。首先可以從與現代科技結合思考。

---

[16] 在七月七日的上午，拿一碗水曝曬在太陽下，過一會兒，水面便產生一層薄膜，這時平日縫製衣服或繡花的針投入水中，針便會浮在上面。如果這時看到水底的針影成雲物、花朵、鳥獸的影子或細直如針的，便是「乞得巧」；但是如果水底針影像槌子般粗或彎曲不成形的，就表示丟針的婦女是個拙婦。

[17] 據漢高祖愛妃戚夫人的宮女賈佩蘭（離開宮中嫁給扶風人段儒為妻）說：「漢宮在每年的七月七日，首先在百子池畔，奏于闐樂之後，就用五色絲縷，互相絆結起來，叫做『相憐愛』。隨後，宮中的宮娥才女們，一起到開襟樓上，大家學習穿七巧針乞巧。而有個叫徐婕好的宮女，可以把生的菱藕，雕刻成各種奇花異鳥呈獻給皇上，皇上把這些小玩意在晚上隨手放置在宮中的桌角上讓宮女們摸黑尋找，這種遊戲就叫做「鬥巧」。

[18] 同註10，頁247-252。

一、現代科技的結合

（一）影視

　　而牛郎織女與現代科技的結合運用，創造更迅速的傳播效益。

　　影視媒體的興起與發達，可以為傳統文化帶來新的活力。從歷史的演進過程了解牛郎織女展現了文化的豐富度，它與各種不同的媒介展現了多采多姿的樣貌而其產生的利益，難以估計，從民間剪紙年畫戲曲表演與小說的出版歌謠的創造等，帶來難以計算得經濟產值。[19]而現代科技的運用更加難以估算。以 2009 年《牛郎織女》（央視電視劇）主演演員有田亮、安以軒、秦漢、午馬、孫興，是結合台港陸三地大卡司大製作，播出有極高的收視率。其中以跳水王子田亮扮演牛郎引起話題，加上特技效果劇情中添加了深愛織女的夏炎使故事更增添了浪漫色彩，成為浪漫神怪劇，這是運用現今科技將故事改編演出使故事更普及流傳。從該劇中牛郎織女彼此純真的愛戀，水神夏炎對織女的暗戀，村女鳳凰對牛郎的纏戀，玉皇大帝與美人瑤姬十幾載的宿戀，以及法師太陰對瑤姬的苦戀。這一切的情，一切的戀，其實都是編劇精心刻畫的一個圈圈，這個圈圈始於情也終於情。電視劇的高收視率帶來的相關效益，從廣告收益、光碟發行等等難以計算。

---

[19] http://big5.china.com.cn/info/movies/2009-06/29/content_18032248.htm。

（二）網路遊戲

網路遊戲已成為二十一世紀普及的休閒娛樂，在遊戲開發中不少以中國傳說為素材的設計，牛郎織女亦不例外，這款遊戲當然訴求為愛情，操作簡單而有趣。[20]

無論是影視或網路遊戲，牛郎織女傳說有其可供發揮的利基。一方面是故事行銷的概念，一方面是行銷廣告中文化符碼的運用。

故事行銷，乃透過故事的一種想法、信念、個人歷史與生活經驗的溝通，也是使用語言、聲音、文字或姿勢具體展現意象給特定者的一種藝術。說故事使用能被瞭解的方法經由故事傳遞價值與情感，故常作為行銷與管理的工具。故事行銷被認為是銷售手法中最具價的成功因素；在銷售過程中，有價值的故事會給予消費者特異的想法，故事愈動人價值越高。[21]

故事行銷中運用「原型」，原型是亙古以來存在人類心理的「形象」，而且反覆出現在世界各地傳說和神話故事裡。例如：「耐吉」代表「英雄」，「新力」像讓人心想事成的「魔法師」。牛郎織女的愛情傳奇既已深植人心，非常適合成為故事行銷的範例，它如何被運用在現代社會，我們可以相關活動為例說明。

二、七夕加上愛情元素──情人節

本來七夕的習俗與牛郎織女傳說結合，無論是乞巧或鬥巧，與女性有較深的關係，向織女乞得一手好手藝，讓女性在傳統社會中

---

[20] http://hk.chinesegamer.net/home/news/index.aspx?id=141。

[21] 天下雜誌201001的專題：http://www.cw.com.tw/。

得已符合社會的期望，這原來與傳說的愛情主題揉合並行。[22]但是隨著時代變遷，七夕牛郎織女傳說中愛情成為最顯明的文化符碼七夕已成為中國的情人節，因而每年總會有因應此節日的相關活動，創造出無數的商機。官方營造的節日慶典，以台灣 2009 年為例，大約有宜蘭七夕情人節、淡水金色情人節等。[23]

　　以 2009 宜蘭七夕情人節為例，四天的活動整合個。種動靜態表演，包括七夕舞劇、樂聲曲音樂、威尼斯默劇、秀濃情蜜意‧情告天下活動婚紗秀、情歌傳唱與電影等等。加上運用鵲橋與煙火燈光營造郎漫的情人節氣氛。主要是抓住七夕為情人節的象徵而開展的活動串連。[24]

　　探究活動內容可以發現宜蘭主打的是愛情密碼，以現代社會喜歡的舞台聲光效果，吸引旅客，創造觀光效益。跟牛郎織女有關的元素為七夕節日、鵲橋、婚戀。

　　這其實運用了行銷學與廣告學的原理——感情符碼行銷概念，克勞泰爾‧拉派爾提出情感行銷的符碼的概念：

> 在當今體驗消費興盛的時代，能否產生消費者情緒的共鳴，是產品競爭力的重要關鍵。這些產品之所以擁有強大的市場競爭力，關鍵並不在於該產品的功能（以最新、最完整的功能作為消費訴求）或是價格（以價格遊戲的操作刺激消費行為），而是因為這些產品表現出強烈的性格，深深的吸引消

---

[22] 同註 14，頁 8-9。
[23] 據網站收集資訊所得，資料不能齊全，唯只作範例說明。
[24] http://www.lanyangnet.com.tw/celebrate/valentine/。

　　費者的目光，這些產品具備獨特的情緒因子，讓消費者難以
　　抗拒的產生購買慾望。[25]

　　體驗消費中重視能抓住消費者目光的產品，主要能引起強烈的
情緒欲望的產品。因此廣告學認為成功的廣告特質，需引起消費者
的共鳴：

　　共鳴是一種心有同感，當別人所言，你心有戚戚焉；或某些
　　訊息引發你心中認同的情感反應就是共鳴。所以當你發現某
　　些情境、某些問題、某些人物、某些情感、某些理念、某些
　　語言、某些音樂、某些圖形標誌、或某些處理方式能與你的
　　生活相契合或引發你認同時，你就是產生共鳴的反應了。廣
　　告就像任何藝術品般能激發人的感情，當這些感情事引發消
　　費者共鳴時，對於產品的銷售會有很大的助益。要感動即振
　　奮人心並不容易，往往從人性思考的創意比較容易引起共
　　鳴、打動人心。所以與其教條性的闊談產品優勢點，不如用
　　談心的表現或精鍊的文字來觸動消費者的心弦。[26]

　　消費者對某些情境、某些問題、某些人物、某些情感、某些理
念、某些語言、某些音樂、某些圖形標誌、或某些處理方式能與生
活相契合或引發認同，引發其共鳴。對但是甚麼文字或表現能引
發共鳴？克勞泰爾‧拉派爾認為是人的心理潛意識所表彰的文化
符碼：

---

[25] 克勞泰爾‧拉派爾著，馮克芸譯：《情感行銷的符碼》，台北：天下遠見，
　　2007 年，頁 14。
[26] 馬繼康：《廣告學 Q&A》，台北：風雲論壇，2000 年，頁 256-257。

好的產品必須具備啟動消費者文化符碼的能力。想要開發體驗性的消費產品，業者必須先了解文化符碼。文化符碼存在於人們的潛意識層次。[27]

文化符碼深植於人的潛意識，它可說來自文化的積澱，牛郎織女傳說在流傳過程中已成為中國的浪漫愛情傳奇。據此宜蘭七夕情人節活動的訴求就是牽牛織女的愛情傳奇，乃基於這個傳說與節日習俗對現代人而言為中國的愛情象徵。

環繞情人節的主題包括所有商業活動其實也是運用愛情訴求，推出相關的產品與活動，如情人節套餐玫瑰花金飾等。玫瑰花是西洋文化中愛的象徵，現在早與中國結合成為情人節最普遍的禮物。[28]

從這些例子觀察，它們所訴求的是心理的感動，反映對愛情的渴望。為何牛郎織女傳說在現代能夠創造無數的商機？當然運用現代科技與行銷手法有關，就傳說的本質而言，一則擁有浪漫情節的傳奇，本身就是最好的賣點，恰好符合現今流行的故事行銷的概念。故事行銷的興起與流行，引發一鼓風潮。

三、七夕加上本土文化──成年禮

牛郎織女在台灣，發展具有本土特色的文化習俗。如織女已轉變成為兒童的守護神，七夕習俗與相關的人事物非常有地方特色。郭立誠說：

---

[27] 同註 25，頁 15。

[28] 如花店推出「2009 牛郎@傳情‧花送織女 e 動凡心」等：
http://18032784.tftd.org.tw/flower/front/bin/forumview.phtml?Nbr=2251。

　　至於台灣七夕要祭七娘嗎，供甜粿鮮花香粉頭繩，有小孩的
人家都要供奉，因為七娘媽能保佑兒童強健無災，到十六歲
時即為長大，要焚紙亭一座，以謝神，家中女孩向神乞巧，
並在月下穿針，祭完將香粉頭繩分成兩份，留下一半自用，另
一半丟到屋頂送給七娘，將來自己必將美如天仙。由這些習俗
來看，這雖然已經和汴梁不同，可是仍然比其他地方講究，
織女到此已經變成兒童的保護神，她的職能已經改變，研究
民間信仰的人遇到同類的例子也不少，也就不覺得奇怪了。[29]

　　文中所指織女成為七娘媽，為兒童的守護神，不光是婦女乞巧
的對象，在台灣因此有相關的有趣習俗。以下綜述目前較為大眾熟
悉的拜七娘媽、拜魁星與作十六歲的習俗與相關的內容。[30]

（一）拜七娘媽

　　織女，在本省（像是泉州、台灣與華南沿海）的宗教信仰中，
被尊稱為「七星娘娘」，祂與其六位姊妹（即七仙女）會護佑未滿
十六歲的小孩順利長大，是兒童的守護神，因此，在民間社會中對
護佑孩童的七仙女多以「七娘媽」尊稱。[31]每逢農曆七月七日「七
娘媽生」時，當天的黃昏，家中有小孩的，都會在門口祭拜七娘媽，
以祈求保佑子女平安長大。祭拜時，首先要燒香請下神案上的香
爐，接著準備供品，供品有：

[29] 郭立誠：《中國民俗史話》，台北：漢光文化事業公司出版，1983 年，頁 54。
[30] 這些資料大致根據《台灣大百科全書》的網站資料整理概述。
　　http://taiwanpedia.culture.tw/。
[31] 洪淑苓指出流傳至台灣地區而變為護兒之神，其間因素有四：第一，民俗
　　心理的反映第二，社會狀況使然，第三，習俗的歷史因素之推進第四，文
　　學故事的影響。同註 10，頁 247-252。

1. 軟粿（在台中又稱為「不情願粿」）：用糯米搓成，類似湯圓，在中心用手指壓一個凹洞（因牛郎織女每年只相會一次，信眾便將象徵「一家團圓」的湯圓壓個凹洞來盛裝他們的眼淚）、雞酒油飯（是一種糯米飯、胡麻油、酒、雞混合煮成的飯）、牲禮、水果。

2. 香花：圓仔花、雞冠花或茉莉花、鳳仙花等（一為多子，一是濃香，取子多，香火濃盛的意思）。

3. 清水一盆，新毛巾一條（讓七娘媽洗手、洗臉）、凸粉、胭脂（化粧品）、紅砂線等；金紙、壽金、刈金、燭等。

　　祭拜七娘媽的儀式和一般祭祀相同，黃昏時在門前或庭院中祭拜，祭祀結束時將部份花、粉、紅紗線拋上屋頂給「七娘媽」化粧使用，一部份留給自己用，民俗信仰中認為這樣就可以變成像「七娘媽」一樣，手巧又美麗。而拜完「七娘媽」後，通常還會準備一份雞酒、油飯、軟粿，放在床頭拜謝「床母」，燒三柱香，感謝並祈求「床母」保護幼兒好睡、好養育，而後將香插在安全處，待焚香片刻，手持「床母衣（一種印有衣服圖樣的金紙）」拜供「床母」察納後焚燒，祭儀就算完成。[32]

（二）拜魁星

　　拜魁星和拜織女相似，都是在月光下進行。祭拜時常玩一種「取功名」的遊戲，用桂圓、榛子、花生三種乾果，分別代表狀元、榜眼、探花三甲，其中一個人手拿三種乾果各一顆，往桌上投，隨它自己滾動，看哪一種乾果滾到某人面前停下來，那個人就代表那一種鼎甲，直到大家都有功名為止。

---

[32] 同註 30。

　　另外，在清朝時，有一種購買青蛙來放生風俗，是專門用來祭拜「魁星」的（因古時的奎與蛙字相通，奎又演變為魁星，故買青蛙放生來祝賀他的生辰，並且戒食青蛙以示尊敬）；而在台灣，則有用羊或狗來祭拜魁星的儀式，被稱為「魁星會」，此乃取其角的諧音，視為高中的吉兆。

（三）做十六歲

　　台灣民間流傳，女人結婚後，多求拜「註生娘娘」賜生貴子；待懷孕後，會求「臨水夫人」保佑分娩平安；而嬰兒誕生以後至十六歲，則需「七娘媽」庇護。因為「七娘媽」是兒童的保護神，所以小孩滿十六歲時，要在當年七月七日「七娘媽生」這一天，舉行成年禮，俗稱「做十六歲」。

　　一般習俗中，幼兒出生滿周歲後，父母為求子女平安長大，常有到七娘媽廟讓子女拜「七娘媽」為契子、契女（義子、義女）的儀式，在儀式中行「加絭」（即加錢），「加」是以古錢、銀造鎖牌或以黃紙畫符折成八卦形裝入紅布袋，綁上紅線，掛在頸上，所以又稱「掛絭」。民間相信「加絭」後，就可保護小孩平安。之後每年七夕，都要到廟中祭祀，將「絭」在香爐上旋繞，獲得靈力，直到滿十六歲為止。根據台南開隆宮的記載，在十六歲那年的七月七日，依例須燒香拜「七娘媽」，行三跪九叩禮，而祭拜時需要攜帶幾項祭品：有五牲、六色菜碗、七碗甜芋、四果、紅龜粿、麵線、麻油雞酒、帶尾甘蔗兩根、金紙、經衣（用於祭祀孤魂野鬼）、七娘媽亭（以竹片紮製，用紙糊的樓台，有兩層或三層兩種，上面寫著：「福祿全壽」、「蓬萊宮」、「百子亭」等字樣到廟裡祭拜，主要是用來答謝「七娘媽」多年來照顧的恩情。

　　到祭祀結束時，做十六歲的成年人要穿過供桌，鑽過父母親所拿的「七娘媽亭」；鑽時不可向後看，要向前看，表示勇往直前，不要回顧。鑽過「七娘媽亭」時，男的往左繞三圈，女的往右繞三圈，民間稱為「出鳥母間」、「出婆姐間」，前者與「七娘媽」化身為鳥庇佑兒女的傳說有關；後者則與臨水夫人的三十六婆姐照顧幼兒的傳說相關。之後則拜謝神明，焚燒「七娘媽亭」、金紙、經衣，將掛在頸上的「絭」取下，「脫絭」後，表示完成「成人禮」，已經長大成人了。

　　以上的台灣七夕習俗如何轉化為具有文化傳承又有創意的活動，這就考驗了現代人的智慧，除了商業促銷的情人節相關活動，台南市的七夕活動相當有本土的特色。它結合了以上七娘媽、魁星與作十六歲的義涵而開展一系列的活動。

（四）台南市的七夕活動

　　以 2009 年的台南為例，市政府與法務部共同舉辦「2009 府城七夕 16 歲藝術節」，於 8 月 22 日至 26 日在台南市孔廟文化園區及週邊景點舉辦為期五天的展演活動，活動中除了承襲往年的「做 16 歲」成年禮文化及國際團隊表演以外，尚有法務部推出的藝文特色商品展。活動的內容，包括傳統布袋戲、滇緬竹琴與川劇變臉……等節目。府城「七夕 16 歲藝術節」有兩大特色，第一：廟宇及家戶參與更為普級化，讓活動變得更為盛大；第二結合法務部矯正機關收容人的技藝訓練，創造出具有特色產品，不論用的、吃的都經國內名師指導，這些產品與台南市推廣的十大伴手禮可相互媲美。

　　2009 府城七 16 歲藝術節內容規畫九個主題活動，分別為「家庭做十六‧科儀一樣溜」、「台灣真少年‧十六歲少年營」、「勇敢做

自己・府城女兒節」、「呷好逗相報・府城伴手禮展售」、「一十六歲、二乞丐、三都市・府城・京都・仙台七夕文化交流展」、「七娘媽生・左十六歲成年禮科儀展」、「樂舞翩翩・好戲連連～台、韓、美、紐國際大匯演」、「愛轉運　站放光芒感恩祈福園遊會」、「藝氣風發展翅飛揚——98 年度矯正機關藝文技訓聯合展」。[33]內容可說琳琅滿目，美不勝收。

肆、創意的展現——台灣牛郎織女的文化行銷

　　牛郎織女傳說已成為物質文化資產，大陸彼岸興起了資產熱，希望運用傳統文化與在地結合，以文化觀光代來經濟效益。[34]

　　例如南陽詹莊村與史窪村（被當地人稱為「織女莊」）進行溝通和交流，雙方達成協定，攜手開發旅遊產業。他們運用具有「牛郎織女」愛情傳說得天獨厚的文化資源，委請專家學者調查與訪問在地的耆老，組織的規畫，擬定方針，將打造中國「愛情村」，相信必能促進當地社會經濟發展。[35]

　　而台灣如何發揮自己的特色，創造利基？行銷學有以差異化達到最大經濟效益的主張，因此牛郎織女在台灣應該也要建構出自己

---

[33] 台南市政府網頁：http://www.tncg.gov.tw。

[34] 2006 年 5 月 20 日，七夕節被國務院列入第一批國家非物質文化遺產名錄。又大陸興起文化資產熱，不少地方宣稱他們是牛郎居住過的村莊，目前有七個鄉村，自稱是牛郎的後代：河南省魯山縣辛集鄉孫義村、山西省和順縣、河北省邢台市、陝西省西安市、山東省沂源縣燕崖鄉、陝西省興平市、河南省南陽市。

[35] 〈牛郎莊引資辦旅遊欲打造中國「愛情村」〉：http://www.nytv.com.cn/nytvweb/newnytv/NewsTemplate.asp?newsid=103209，2007-3-30。

的文化品牌。此文化品牌的建立，筆者以為強調在地化應是可以發展的方向。

以前述台南的七夕活動即掌握了台灣的在地特色，織女轉化為七娘媽，成為兒童的守護神，因此建構為成年禮的禮俗，同時彰顯生命禮俗的意義。在活動設計中雖看起來由地方政府主導，但整合了地方廟宇，禮俗，美食、戲曲演出等相關活動。

這樣的內容規畫基於結合文化的保存與帶來地方的繁榮，或許可以更進而以文化觀光的角度思考整合。因為兩岸開放，將吸引大量陸客來台觀光消費，促進經濟發展。七夕活動可以在中國傳統中強調台灣本土的特色，將可以成為文化觀光的焦點。

文化觀光據「聯合國教科文組織」定義為：「一種與文化環境，包括景觀、視覺和表演藝術和其它特殊地區生活型態、價值傳統、事件活動和其它具創造和文化交流的過程的一種旅遊活動」。[36]它的範圍可以包括「文化觀光」包括許多不同層次的經驗形式，且所包含的面向亦相當廣泛，諸如參觀博物館、美術館、歷史遺跡、出席表演藝術活動等。

以台灣的地方特色產業發展，必將生活四周的人、文、地、景、產，作為整合。其中人文資源（人文）部分：

> 結合豐厚地方歷史資產、信仰節俗、鄉土雜技、傳統工藝、表演視覺藝術、特色餐飲食物等人文資源，所呈現的「有溫度的幸福產業！」是地方特色產業的代表典型。[37]

---

[36] http://www.unesco.org/new/index.php?id=18633&L=0。
[37] 《文化創意產業實務全書》，台北：財團法人國家文化藝術基金會，2004年，頁148。

　　台灣七夕的習俗與相關的活動包括地方歷史資產、信仰節俗、鄉土雜技、傳統工藝、表演視覺藝術、特色餐飲食物等人文資源，實可以成為文化觀光的招牌之一。如果它符合了可以觀、可以遊、可以學、可以味、可以買的設計，[38]宗教性廟宇的參觀，地方產業巡禮（特別是台灣紡織業在台南的發展歷史。[39]）成年禮的教育意義。主題餐廳與風味小吃，伴手周邊商品等等。[40]

　　總之利用休閒活動、節慶文化與美食小吃、紀念品等等，提高參訪的旅客再次到訪參觀的意願，讓文化資產與文化觀光形成密不可分的再循環。當然執行方式，包含了選擇與規劃文化的產量與通路、認識產品訴求對象、靈活運用開發觀眾的相關理論、將文化產品賦予適當的符號意義，並且透過各種管道把這個訊息傳播給大眾。[41]

　　以上借由牛郎織女傳說在現代的重述，使其復活的各種活動例子，從文化觀光角度整合愛情與七夕的習俗，創造具有在地化的文化創意產業。由此可見敘述傳說所積澱的文化符碼與心理為基礎所發展的相關商業與文化活動，可以成為目前文化創意產業的發展一環，同時提供傳統文化在現代的新詮釋的方向。

---

[38] 蘇明如：《解構文化產業──島嶼文化創意產業生態行旅研究》，高雄：春暉出版社，2004 年，頁 104-106。

[39] 陳介英：《牽紗引線話紡織──台灣紡織產業發展史》，高雄：國立科學工藝博物館，2007。

[40] 同註 38。

[41] 同註 38，頁 33-34。

參考文獻

葉漢鰲：《日本民俗信仰藝能與中國文化》敘，台北：大新書局。

葉舒憲：《神話意象》敘，北京：北京大學出版社，2007 年。

袁珂編著：《中國神話傳說辭典》，台北：華世出版社）

洪淑苓：《牛郎織女的研究》敘，台北：台大中國文學碩士論文，1987 年。

周玉嫻：《元明清時期牛郎織女文學的傳承與嬗變》，大陸：首都師範大學
　　碩士論文，2009 年。

郭立誠：《中國民俗史話》敘，台北：漢光文化事業公司出版，1983 年。

蘇明如：《解構文化產業──島嶼文化創意產業生態行旅研究》敘，高雄：
　　春暉出版社敘，2004 年。

陳介英：《牽紗引線話紡織-台灣紡織產業發展史》，高雄：國立科學工藝
　　博物館，2007 年。

張瓊慧總編敘：《認識文化創意產業：行政院主委陳郁秀特輯》敘，台北：
　　生活美學館，2003 年。

網站類

文建會網站：http://www.cca.gov.tw/。

文建會網路學院：http://case.cca.gov.tw/case3/。

台灣經貿網：http://www.taiwantrade.com.tw/tpt/sreport/brand06.htm。

台灣大百科：http://taiwanpedia.culture.tw/web/category。

台灣民間信仰教學資源網：http://web.nutn.edu.tw/pbt/。

台灣民俗文化研究室：http://web.pu.edu.tw/~folktw/folklore.html。

產學及文化創意產業在應用文學系所
的前景與困難之探討

黃玉蘭

國家科學委員會綜合業務處科長

壹、前言

　　大學是「教學、研究、服務」[1]等教育活動發生的重要場所，產學合作研究（以下簡稱產學合作）已行之多年，且產學合作計畫與一般研究計畫最大的不同之處，即為廠商或企業可派遣研發人員至學校參與研究，相同地，教授亦可透過產學計畫派學生赴業界實地合作研究或實習，運用學術資源，培育產業所需的研發人才及提升技術，不過，以往的產學合作大多落在理工學院、生物醫農學院或商管學院，文學院的產學合作案件相對較少，而文化創意產業發展法（簡稱文創法）實施後，大學校園師生面對了新課題，本論文以大學或技職校院（以下簡稱大學）的應用中文系、應用華語系、應用語文系、數位文藝系等系所（簡稱應用文學系所），計有 13

---

[1]　大學法第 5 條規定：「大學應定期對教學、研究、服務、輔導、校務行政及學生參與等事項，進行自我評鑑……」；另依大學法第三十八條：「大學為發揮教育、訓練、研究、服務之功能，得與政府機關、事業機關、民間團體、學術研究機構等辦理產學合作……」，此為大學從事產學合作之法源。

校設立的 14 個應用文學系所[2]，約計有 3,050 名的博碩士及大學部（含四技、二技）學生為研究對象。

　　文創產業法第三條定義其所稱之「文化創意產業」，歷經「六次會議……專家業者分別進行十六場會前會」[3]的論壇會議及立法院的無數次討論後，現在，文化創意產業現在已經列入六大新興產業，「98 年 2 月 21 日馬總統（英九）在召開的『當前總體經濟情勢及因應對策會議』中，特別強調文化創意是當前重要六大關鍵新興產業之一，政府應投注更多資金，以擴大規模，並輔導及吸引民間投資」[4]，除此之外，列入六大新興產業意味著百億元以上經費、人力的移撥及投入，更意味文創產業的顯學地位不容忽視。因文化創意產業的根本大法──文化創意產業發展法（簡稱文創法）終於在 99 年 2 月 3 日公布實施，此一文創法當然可為產學合作注入新的契機，在二十一世紀全球化及區域整合的知識經濟發展體系下，創新成為競爭力的根源，創新系統的有效運用，端賴於各公私部門間緊密地連繫及互動；而國家創新體系的核心是由政府、大學、研究機構及產業界所組成，各部會確也從 92 年起分別由經濟部、文建會、新聞局及教育部等機關，挹注經費到大學校園，可是由於現

---

[2]　據筆者分析計有台東大學、聯合大學、台師大、台中技術學院、中原、元智、銘傳、聖約翰科大、僑光科大、育達科大、文藻外語、修平學院、稻江等 13 所學院，多數以應用中文系、應用華語系為名，但其中聯合大學台灣語文傳播系、聖約翰科技大學數位文藝系、稻江科技學院應用語文系等與文學應用系所之關聯度仍強，故本研究仍予納入討論範圍。

[3]　詳見文創產業論壇「自 98 年 1 月……召開六次會議……專家業者分別進行十六場會前會……」總統府編印，《文化創意產業圓桌論壇結案報告》（台北：2009 年 6 月），頁 1。

[4]　文建會：《創意台灣──文化創意產業發展方案行動計畫 98-102 年（核定本）》，台北：文建會，2009 年 10 月，頁 1。

今文創產業法規與配套機制仍在初期發展階段,且如文創產業發展方案行動計畫所言[5]:

> 方案之推動策略分為二大塊面,「環境整備」主要是對於所有文化創意產業整體面臨的共通性問題,思考因應策略,著重於健全文化創意產業發展的相關面向……『旗艦產業』部分,則是從現有個產業範疇中,擇取發展較為成熟、具產值潛力、產業關聯效益的業別……針對其發展特性及需求提出規劃,予以重點推動

因此,本論文藉**由政策推動的角度,探討文創產業經費及整體資源**,在大學的整合情形,此其一。

此外,大學法及大專校院產學合作實施辦法敘明了產學合作的基本精神,係以「促進知識之累積與擴散」作為目標,發揮教育、訓練、研究、服務之功能,以益國家的**「教育」**與**「經濟發展」**[6]之基本立場,首先,筆者認為站在大學的角度,就算教育部或相關機關極度重視產學合作或文創產業,唯大學基本的「教育」立場,不可被「經濟發展」的立場所凌駕,兩者需設法取得平衡點,此先敘明;且既然論及技術提升、研發能量的累積以及培育文創人才,大學應避免因執行產學或文創而成為「職業訓練班」,因此,本文將探討應用文學系所擺盪於「文學」與「經濟發展」的挑戰,以加強產學合作。

---

[5]　文建會:《創意台灣──文化創意產業發展方案行動計畫 98-102 年(核定本)》,台北:文建會,2009 年 10 月,頁 2。

[6]　教育部大專校院產學合作實施辦法第 2 條:「大學及專科學校(以下簡稱學校)辦理產學合作,應以促進知識之累積與擴散作為目標,發揮教育、訓練、研究、服務之功能,並裨益國家教育與經濟發展。」。

　　具體而言，文創產業係為廣義的產學合作[7]的一環，此無庸置疑，現階段不管產學合作或技轉金額都已納入績效評鑑的指標項目，故而幾乎所有的大學系所都開始重視產學合作，只是相對於傳統理工醫農的產學合作，即以發明專利產出或技術移轉（以下簡稱技轉）金額等為衡量研究成果的模式，應用文學領域卻改以著作授權、新型、新式樣專利或商標等為標的，此迥異於理工學院專利或技轉產出，因此，兩者補助的策略及成果展現須有不同的配套設計，本論文另**擬應用文學系所從事文創的困難及瓶頸**，探討應用文學系所既實踐大學的任務，又兼顧培育創意人才的前提下，如何跟文創產業的商品化或行銷領域結合，**開創出一條不同於工業技術掛帥的路線**，開展文學運用的新局，此其二。

　　最後，本文將從政策規劃的視角，針對應用文學系所的領域特色，提出幾項可能的措施，以嘗試縮短文學界及產業界的巨大鴻溝。

貳、政府主要部門投入文化創意產業的資源現況

　　文創產業既已列入六大新興產業，就部會經費及環境整備的角度來看，政府投入經費無非是要提高國家的實力，然文創產業是相

---

[7]　民國 95 年 12 月 28 日教育部技職司所發布的大專校院產學合作實施辦法第三條：

「本辦法所稱產學合作，指學校為促進各類產業發展，與政府機關、事業機關、民間團體、學術研究機構等（以下簡稱合作機構）合作辦理下列事項之一者：

一、各類研究發展及其應用事項：包括專題研究、物質交換、檢測檢驗、技術服務、諮詢顧問、專利申請、技術移轉、創新育成等。

二、各類教育、培訓、研習、研討、實習或訓練等相關合作事項。

三、其他有關學校智慧財產權益之運用事項。」

當特殊的,「文化與政策在兩方面產生關聯!美學和人類學。……從美學層次來看,藝術的生產來自有創意的人,由美學的標準來評價,而評價的尺度則由文化評論和歷史來形塑。……而人類學則側重人群和人群間的不同……文化政策指的是以體制的支援來引導美學創造力和集體生活方式,是一種連接這兩方面的橋樑。文化政策具體實現載有系統有規範的行動導引,並由相關組織採行,以完成目標」[8],文化政策之實行,尤其是文化創意產業某部份是由文學╱經濟層面的涉入與連結。誠如楊渡的看法:「英國……文創產業總值(2007)……佔 GDP 的 7.3%.……台灣文創產業僅佔 GDP 的 3.16%(2006)……在未來五內……目標是文創總產值,達到佔 GDP 的 6%,總產值可達一兆元」[9],大學當然是國家創新系統的一個核心機構,因此,本文擬先由經費分配觀察文創產業在大學的分配情形。

一、就經費投入面向觀察,文創產業經費側重文建會,教育部略低,唯 98 年起教育部經費投入已有改善,經濟部編列經費遞降,但資源整合不夠充分,部會鏈結程度應再觀察:

各部會投入經費[10]從 91 年僅經濟部編列 0.46 億元起,到 92 年經濟部、新聞局、教育部、及文建會開始編列預算計 13.68 億元,

---

8　Toby Miller/ Geoge Yudice 著,蔣淑貞、馮建三譯,《文化政策》,台北:巨流圖書公司出版,2006 年,頁 1。

9　總統府編印:《文化創意產業圓桌論壇結案報告》,台北:2009 年 6 月),頁 290、297。

10　行政院 98 年 3 月 25 日成立的「行政院文化創意產業推動小組」規劃的分工裡,文建會負責「環境整備」與「工藝產業旗艦計畫」;新聞局負責「電視內容產業」、「電影產業」與「流行音樂產業」三項旗艦計畫;經濟部負責「設計產業」與「數位內容產業」兩項旗艦計畫,值得懷疑的是,當初

以後至 96 年整體呈現經費投入持平狀態，到 97 年則增加到 16 至 17 億元之間，投入並未大幅增加；以年度看，97 年達經費投入最高峰，98 年總投入經費略降 2%。

表 8-1　近 5 年各部會投入文創業務經費彙整表[11]

單位：億元

機關	94 年	95 年	96 年	97 年	98 年
經濟部	5.62	4.31	4.47	4.05	2.85
新聞局	3.00	2.85	0.71	4.60	4.80
教育部	0.77	0.85	1.05	0.35	4.84
文建會	3.22	5.41	5.70	7.85	8.30
合計	12.61	13.42	11.93	16.85	16.50

資料來源：文建會：《創意台灣——文化創意產業發展方案行動計畫 98～102 年（核定本）》，台北：2009 年 10 月。

從部會投入分布來看，經濟部都在 4 至 5 億元間，98 年該部投入經費大幅降低，經濟部投入減少的隱憂在於該部為國內最瞭解產業脈動及商品化及行銷的部會，倘經濟部減少參與，那麼文建會是否有足夠的管道，承擔起文創產業的後端行銷，值得深思。

教育部並未列名在該小組的執行機構內，以致於分工上，文創產業「教育」環境的整備落在文建會身上的特別架構。

[11] 本表為政府文創產業的整體經費投入，而產出量化數據情形，據文建會的資料顯示，2002 年台灣文創產業營業額達 4,353 億元，2007 年為 6,329 億元，2007 年年平均成長率為 7.78%，2007 年預估附加價值為 3,354 億元，2007 年年平均成長率為 7.73%，2007 年勞委會台灣地區職類別薪資調查 2007 年 21.16 萬人，2007 年平均成長率為 5.43%。詳見文建會：《創意台灣——文化創意產業發展方案行動計畫 98-102 年（核定本）》，台北：文建會，2009 年 10 月，頁 6。

　　另新聞局 97-98 年的 4 至 5 億元經費，投入經費與經濟部相當。最值得注意的是，教育部投入經費歷年均為最低，在 97 年前教育部投入甚至平均不到一億元，97 年只有 3 千 5 百萬元，可稱低度投入，此偏低現象不利支持文創產業在大學的創意研發活動，因為教育部權責上理應擔負文創產業培育人才、環境整備等任務，且又是大學的主管機關，經費投入偏低似乎反映且吻合當時文創政策較未受到重視的程度，後來教育部在 98 年投入經費已提高到 4.84 億元，就政府將文創產業列入六大新興產業，且重點推動來說，教育部雖慢一步，但至少是可喜也符合政策方向的轉變，只是教育部經費投入應該維持其穩定性，以免經費投入不延續衝擊到文創政策。

　　文建會身為文創產業的龍頭部會，該會投入的經費逐年遞升，為部會之首，至 98 年已達 8.30 億元，文建會之優勢在於瞭解文化建設，尤其是前端文藝創作環境的養成，唯其主要問題在於，歷來文建會在中小企業或市場創新的著墨較少，以致於在文建會的補助政策無法如經濟部般深入文創產業，倘若文建會未能跟經濟部有效產業資訊整合，此因素將可能影響文創產業的推動效益，再者，文建會在大學區塊，不若國科會或教育部累積了長期以來的補助研發機制，因此，文建會補助大學的文創專案計畫時，目前可能是單點式的計畫來源，站在資源分配的角度，宜再檢視資源配置或與國科會的人文學門再結合，此或許可以有加乘的效果。

　　總的來說，各部會文創預算偏列在 16 至 17 億元之間，前述經費投入並非特別針對大學校園，而是分布在產官學研的各項補助計畫裡，只是投入大學的資源，應要避免台大校長李嗣涔所說：「以獲利為資源分配的準則，而造成對文化的傷害，最後不但產業發展

未見成效，藝文扎根的功夫反倒荒廢」[12]，甚至損傷的文化產業的根基，也就是說政府經費編列預算及分配須審慎，既然文創產業的建基在文學或文化的蘊底，未來對應用文學系所可鼓勵文學創意的轉化及加值人才的培育，也可增加文創計畫之補助，讓藝文紮根。

大學是研發與創意的重要引擎，這股文創產業的新趨勢，將可提供改變文學藝術與產業的合作的方式，倘若應用文學系所有機會跟文創產業互動，及早培養大學的文創研發團隊，對於帶動產學知識交流應有重要意義。

二、以政府部門的補助法規策略分析

1.文建會的文創產業應可改以更具挑戰性的關鍵指標，代替量化數據，加強前端創意研發的經費投入，有助於擴大應用文學創意運用的參與基礎：

甫由文建會 98 年 12 月 31 日公布的「文化創意產業補助作業要點」第三點[13]，凡從事文化創意產業之私法人、合夥、獨資等大學或教師個人，均可以成為文創事業補助要點的補助對象，查文建會 98 年施政績效，由於該要點剛實施，目前還無具體案例可供分析，其成效無法評估。而可再加強的是文建會「扶植藝文產業，形塑文創品牌」的策略績效跟衡量指標[14]，由於 98 年「創新育成中

---

[12] 總統府編印：《文化創意產業圓桌論壇結案報告》，台北：2009 年 6 月，頁 15。

[13] 文建會「文化創意產業補助作業要點」第三點規定之申請資格：「凡於國內登記立案之司法人，或依商業登記法設立之獨資、合夥事業體，得申請從事文化創意產業之研發、生產、行銷、推廣、授權等事項」。

[14] 文建會績效目標所列衡量指標之 4 大項次為：「五大園區參訪人次、輔導成立藝文產業創新育成中心、國際藝術博覽會、建築設計大展及大獎等

心」之重要指標僅列 4 家文創育成中心，補助總金額新台幣 780
萬元，輔導 42 家業者，進行 4 項專利研發、開闢 4 個行銷通路、
整合 4 項跨業結盟、申請 4 項政府相關補助、育成 4 項產學合作、
投增融資整體增加量 4%及開設 64 堂專業諮詢課程等，強化產業環
境發展計畫亦僅 56 家業者。

　　整體而言，文建會上述文創指標偏向量化指標或參觀人次等
等，且投入／產出數據偏低，較不具挑戰性，更重要的是缺少前端
（指上游大學或研究機構）文化創意研發專案補助的績效指標，因
此，文建會未來應規劃更大膽的文創關鍵績效指標，加強前端創意
計畫的投入，加速前端創意環境整備，帶動文學領域的學者加入文
創產業的行列。

　　**2.經濟部是經濟發展的主管機關，文建會列為文創產業的主管
機關，長期以來兩部會擅長的業務及權責不同，但文創終究要落在
產業的範圍內，據此，兩部會應再深度合作，避免文創導向重文化
缺經濟的現象：**

　　過去以來經濟部是以學界或業界科專等產學合作計畫為主，即
便數位內容等產業由經濟部負責，總的來說，經濟部學界科專或業
界科專計畫重科技少補助人文計畫，且以理工技術導向為主，較缺
乏鼓勵人文創意等軟實力的競爭機制，然文創產業仍無法避免其為
經濟產業範疇的事實，漢寶德：「說到產業，不賺錢怎麼叫做文化
創意產業……先弄清楚文化與文創產業的不同，再去推政策……文
化也好文化創意也好，都有供需的問題，通常是市場問題……文化
這個事情真的要產業化，是要專職機構來做……文化轉變成一個產

業，對文化界來講很難做，對經濟界來講也很難做……大家很關心人才，但這不完全是人的問題……」[15]目前文創分工由文建會扛起主政的重任雖具優勢，可是文建會經濟產業較陌生，所以，現階段應思考借重經濟部長年投注產業經濟的優點，以避免重文化輕產業。

另，教育部推動技專院校與產業園區產學合作實施要點是以產業園區產學為主，人文領域計畫申請及補助應屬偏低；最後，補助大學執行產學合作計畫的最大宗應屬國科會，97 年國科會申請產學計畫[16]計通過計有 588 件，98 年核定補助 1,103 件，產學計畫以生物醫農理工領域佔大宗，其中低於百分之十屬人文領域產學計畫，具體而言，經濟部、國科會、教育部等諸部會補助產學仍以技術導向。

綜上，「文化事權不統一，對產業實質意義不大：……，先天上就遇到部門溝通與事權不統一的瓶頸，……管轄之單位屬性截然不同，導致文創發展的多頭馬車」[17]，故而政府各單位分配資源還是要再平衡，導入人文設計商管學科的競爭機制，或許可以打開另一扇機會之窗。

---

[15] 總統府編印，《文化創意產業圓桌論壇結案報告》（台北：2009 年 6 月），頁 21-22。

[16] 國科會補助產學合作研究計畫作業要點[16]第一條明定，「企業積極參與學術界應用研究，培植企業研發潛力與人才，增進產品附加價值及管理服務績效」，其中「增進產品附加價值及管理服務績效」也別於工程領域的產學類型，應有利於推動人文社會領域的產學合作計畫。

[17] 陳建安，〈藝術能量與文化產業-從產業觀點論台灣文化創意產業的瓶頸〉，《兩岸文化行政與文化產業發展座談會論文集》，（台北：2006 年台灣師範大學、沈春池文教基金會出版，頁 33。

三、就政府文創產業的創新育成中心分析[18]，文建會育成集
中在藝術領域，且數量少，尚在累積文創經驗的初期階
段；經濟部育成中心[19]量多，經驗豐富，但兩者育成法
規來源不同，文建會與中小企業的育成中心資源應再整
合；另一項問題則在於現行文創產業在大學的後端管理
重育成中心，輕技術移轉的機制，容易影響成果授權

　　推動文創產業的主要補助辦法，除了國發基金、各部會文創產
業的經費投入外，另一個文創產業的關鍵是後端管理的育成中心，
目前創新育成中心的部會是經濟部中小企業處與文建會，而大學育
成中心的情形分析及可改進的空間如次：

　　**1.創新育成中心以電子機械生技為主，目前有數位產業、藝
術、設計等文化產業的創新育成中心數量偏低，未來應配合文創策
略提高其文化創意質量：**

　　文建會依「行政院文化建設委員會補助設立藝文產業創新育成
中心作業要點」，以補助方式，鼓勵學術單位或專業機構設立創新
育成中心，98 年有台藝大、北藝大、崑山科大、屏科大等四所文
創產業創新育成中心，其他大學校院，尤其是應用文學系所，還沒
有成立創新育成中心的案例。

---

[18] 文創產業的具體補助策略，詳參見文建會，《創意台灣──文化創意產業
　　發展方案行動計畫 98-102 年（核定本）》（台北：文建會，2009 年 10 月），
　　頁 12-17。

[19] 經濟部中小企業處依「補（捐）助公民營機構設置中小企業創新育成中心
　　要點」第二點規定：「……所稱育成中心，指為孕育新事業、新產品、新技
　　術及協助中小企業轉型，提供中小企業空間、設備、技術、資金、管理諮
　　詢服務之單位或事業。」

　　以育成領域分布觀察，經濟部中小企業處依「補（捐）助公民營機構設置中小企業創新育成中心要點」在大學設立創新育成中心，理工醫農人文領域均包含在內，98 年全國有 116 所，其中在大學校院已經有 93 所創新育成中心（大學育成中心所佔比率高達80.17%），北中南東各區的育成中心屬於藝文培育領域者佔 5%左右（或低於 5%）。上述育成領域主要在電子機械生技類，此分布吻合國內產業的發展，藝文領域育成中心比重過低，未來需要提高藝文領域育成中心的能量與質量，此其一。

　　2.大學文創領域的育成中心分布區域來看，堪稱平均，唯大學育成中心因學校各自發展，藝文育成領域有單一而分散的傾向，藝文策略聯盟或群聚效益不夠明顯，未來可以鼓勵跨校藝文領域及團隊的整合：

　　經濟部中小企業處在大學成立的育成中心屬於文化創意產業領域者，據本研究統計北區有 13 家，中區有 10 家[20]，南區有 12家，東區有一家，其分布尚稱平均，然而在整體資源運用及育成文創能量的制高點來看，目前大學的文創育成中心都是單一學校各自發展，資源分散，領域發散，應該趁跨校合作的文創育成支援團隊的養成期間，比較缺乏群聚集整合的效果。

　　3.文建會與經濟部的文創育成中心，兩者法源、依據、流程、人力、資源不同，卻同樣肩負創新育成中心的責任，若可以就上開面向相互交流並累積實務經驗，應可打開兩者的資源隔閡：

　　如前所述，文建會與經濟部中小企業處的育成中心，兩者法源不同，其補助經費限於預算來源也無法流通，兩者政策目標有少許

---

[20] 中區屬文創產業領域的育成中心有育達科大、聯合大學、朝陽科大、東海、靜宜、明道、暨南、環球、雲科大、嘉義大學等 10 所大學校院。

不同，但查其管考精神及績效指標應該接近，如無其他重大區隔及差異點，未來可檢討整合兩者，提高文創產業在大學校院的補助力度與廣度[21]，以廣納文創資源。

4.大學已設置前述創新育成中心，倘檢視文創產業的後端行銷管理流程，顯然有技術移轉管理人才的缺口問題，此問題在於育成中心的人才，不一定熟悉文創產業的特性，且文創產業成果的授權，大多以著作授權、新型或新式樣專利等方式進行技轉，與育成企業的性質有差異，倘以育成中心的人才兼做技轉或人才培養，恐影響成效。

參、文以載道？學以致用？
──有「氣質」的文創人才之培育與瓶頸

大學除了一般性基礎研究成果外，還有具應用性、實用性的研究成果可運用在產業界，創造實質效益。大學有「創新」及可貴的「創業家精神文化」（University entrepreneur culture），此為難得的豐富資產，故儘管產業及學界兩者之經驗、文化語言及目標有所不同，產學交流近幾年已有增溫的趨勢。

學術殿堂的成果以技術移轉的方式授權產業界實施現況看，國科會 94-98 年數據顯示產學合作朝向量少質精的方向，技轉件數似乎減少，可是技轉金額卻逐年提高，98 年達 7 億 2 千萬元由於上述技轉以理工醫農為主，只有極為少數是人文類科的著作授權金或技轉金（詳見下表）。

---

[21] 參考經濟部中小企業處產學合作育成加值網站：http://incubator.moeasmea.gov.tw/。

表 8-2　94 至 98 年國科會專題計畫衍生成果技術移轉件數及權利金統計

單位：件；百萬元

年度 項目	94 年	95 年	96 年	97 年	98 年
技術移轉件數	1,336	1,072	1,244	714	953
合約權利金	148.7	133.0	145.0	243.9	721.2

資料來源：國科會 98 年年報

以美國 ATUM（美國大學技術經理人協會，The Association of University Technology Managers）的數據來看，大學的成果技轉活動亦呈現成長趨勢（show a steady increase），2008 年單單由美國大學研究成果 595 家新創事業，揭露 20,115 件研究成果，其他大學移轉研究成果活動十分熱絡[22]。

英國大學成果移轉態樣多元發展，其除有蘇格蘭 13 所大學組成聯盟[23]，其他各校各自發展，以牛津大學為例，英國大學的技轉型態就呈現不一樣的故事了，牛津大學不但百分之百擁有 ISIS 公司[24]，ISIS 以公司型態負責技轉牛津大學師生的智慧財產權成果商

---

[22] 648 new commercial products introduced; 5,039 total license and options executed; 595 new companies formed; about 72 percent of new companies formed with the primary place of business in the institution's home state; 3,381 startup companies still operating as of the end of FY2008: $51.47 billion total sponsored research expenditures: 20,115 disclosures。
詳見 http://www.autm.net/Home.htm。

[23] 詳參 http://www.university-technology.com/。

[24] Isis 公司屬牛津大學，創立於 1987 年，且有三種主要的商業活動，一、協助牛津大學的研究人員或教授的智慧財產權成果商品化（含專利、授權、新創事業）；二、Isis 負責 Oxford University Consulting 之營運，協助牛津大學的研究人員或教授去處理企業諮詢，協助牛津大學世界級的研發人員與

品化事宜，2009 年牛津單一學校的產出績效就達到了新台幣 2 億 7 千萬。

表 8-3　2009 年牛津大學研究成果運用績效統計

Staff	Open Projects	Patents filed	Licence Deals	Consultancy	Spin-outs	Annual Total
54	1,112	64	69	151	4	5 百 60 萬英鎊（約台幣 2 億 7 千萬）

資料來源：http://www.isis-innovation.com。

　　如牛津大學與 ISIS 公司所認知的：大學有創業家精神，可是大學不同於企業（University and Businesses are very different; a university is not meant to be like a company, nor a company designed to be like a university; Remembering this helps when trying to bring them together.）[25]，在 ISIS 為何可在大學運作提出 4 個關鍵概念：一、成果技轉是好事（Technology Transfer is a good thing.）；二、成果技轉不會自行發生（It does not happen on its own.）；三、必須要有管理政策架構（You need a policy framework.）；四、它需時甚久，所以，要開始做且不要停止（It takes a long time⋯So start and do not stop.）[26]，ISIS 以專業的團隊協助牛津大學進行產學合作及技

企業／客戶互動；三、Isis 提供英國及世界各國之公／私部門技轉顧問及創新管理的專業諮商服務，另該校計 4,200 位研究人員，6,700 個博士生，總共技轉投入經費 2 百 50 萬英磅（約台幣 1 億 2 千萬），該校堪稱英國最具實力，且具創新的研究型大學，此外，ISIS 公司也被公認為英國最佳技轉機構之一。詳見 www.isis-innovation.com

[25] 詳見 www.isis-innovation.com 及 ISIS2009 年簡報會議資料。

[26] 參考 ISIS2009 年在台會議簡報。

術移轉事宜，把「校園活動」鏈結「商業行為」並導引成為一件有「氣質」的事情，此可供借鏡。

　　從另一個角度看，國內各相關單位在法規制度及周邊環境建置做了一些策略上的改變，不論是從學校評鑑或教授升等，都已將產學或技轉等項目列入績效評鑑，企圖加強大學推動產業應用技術研發的計畫，努力縮短學用的落差。就上述幾個現況可以歸納出幾個共通性的發展趨勢：

一、大學具「創意」與「創業家」的探索精神，但大學不同於企業，大學不是營利機構。

二、大學與外界的藩籬逐漸打破，大學研發成果走向商品化運用是趨勢，其技術運用亦呈成長狀態，談技轉是好事，可以更多元指標呈現成果，但不應過度強調技轉金額或專利件數等單一量化數據，以避免學校偏離研究或教學的核心價值。

三、大學是教學活動、培育人才、創新研發的基地，藉由產學合作可促使大學成果及人才學以致用，但長期而言更需建立產學中介機制及規範，以導向良性的發展。

四、大學產學合作是一件有「氣質」的長期工程，除一般基礎研發計畫外，可重視技術發展的應用計畫，但不宜亦不應將計畫悉數引向產學。

　　筆者認為：「並非所有的計畫都適合成為產學計畫，也並非所有的產學計畫都會走到技轉或商品化的階段」，值此之故，要如何結合應用文學系所師資發展文創特色，切入文創領域，實須從長計議。由於大學究應有多少經費比例或活動從事產學合作或文創產業，不在本文討論範圍，故本研究不另贅述。

同前所述，以 98 學年度為例，國內 13 校計 14 個應用文學系所，每年約計有 3,050 名博碩士及大學部（含四技、二技）學生就讀，97 年度總計有 489 名畢業生，其概況如下表。

表 8-4　98 學年度大專校院應用文學系所分布概況

單位：人

分項	教師數	學生數	上年度畢業數	班級數
博士班	0	5	0	2
碩士班	0	196	40	7
大學部 （四技）	166 （95）	2,849 （1,336）	449 （232）	61 （33）
總計	166	3,050	489	70

資料來源：本研究依據「教育部 98 學年度大專校院各科系別概況」整理
（http://www.edu.tw/statistics/content.aspx?site_content_sn=8956）。
製表日期：99.5.10。

在分項統計及各文學系所公布之資料可發現以下現象：

一、以學校別看，則幾乎集中在 7 所公私立大學[27]，其人數達 2,208
　　名，亦即是上述 7 所學校之應用文學系所學生所佔比率已達 72%。

二、以教學目標看，多數應用文學系所將華語文、華語教學列為主
　　軸，搭配少數傳播、數位、媒體、文創、編採出版等應用。

三、以師資結構看，多數學校以中文或華語（文）師資為主，以及
　　少部分傳播數位、媒體、文創、編採出版師資。

---

[27] 依教育部 98 學年度大專校院各科系別概況統計分析，七所大學依學生數多
　　寡計算排列，銘傳應用中文系(621)、聯合大學應用華語系（含台灣語文傳
　　播系）(397)、中原應用華語系(269)、僑光科大應用華語系(264)、台東應用
　　華語系(255)、台中技術學院應用中文系(206)、聖約翰科大應用文藝系(196)，
　　總計 2,208 名學生，本研究整理。

四、以地域分布來看，北部 6 所，中部 4 所，南部 3 所，東部 1
　　所學校設有應用文學系所，地域偏中北。

五、以學生類別看，近 3,050 名應用文學系所為大學生，佔 94%的
　　比率，其次碩士生佔 6%；同理，97 學年度畢業生以大學部為
　　主，碩士生次之。

　　綜上，茲探討應用文學系所從事文創產業活動，突破相關瓶頸
的一些途徑：

一、就價值鏈來看，文創產學不管是上游創意研發、中游生
　　產（製造）或下游行銷管理所需專長不同，各校應用文
　　學系雖有差異性，唯尚未具體展現系所特性與強項，因
　　而有改進應用文創課程之利基點：

　　「製造」與「創造」是非常不同的途徑，從文學到產業應用文
學的艱辛途徑，除須面對的文學價值的衝突與再創造，還需考慮文
化創意產業需要的創意、人才等軟實力問題，其所需投入的經費項
目不一樣，大學，尤其是文學系所或類科，其實深刻牽涉到最深層
的文學理念、價值衝突與師資結構問題。由於應用文學系所因產學
創意研究題目，或許離業界需求端或商品化稍遠，普遍有不知如何
進行產學合作，題目難尋，且因不知該投入文創產業上游創意、中
游產製運用、下游商品化行銷的何種階段，感到「無處著力」的困
擾，儼然有「看得見，吃不到」文創經費的難題。而且，目前應用
文學面臨教學跟產業實務無法深度結合問題，如能增加文學創意領
域核心課程，改良文創課程設計，訂定各核心課程教學順序、發展
課程綱要等等[28]，如牛津大學 ISIS 的實務經驗，透過內外部機制，

---

[28]　此部分係參考文創產業核心課程之設計「一、大學校院培育文化創意產業

引進產業需求概念，持之以恆地累積產學實作經驗，除可發揮系所強項，也能學以致用。

二、應用文學系所面臨文創產業師資專長、課程結構及系所轉型等複雜而困難的實務問題，此非短期現象，相關單位應加速克服，並以跨校院系的合作代替競爭：

我國文創法均未獨立另列中文或現代文學產業，中文系所轉型為應用文學（語文）系所，或新成立的應用文學系，雖已結合出版、華語文、數位內容等為系所為發展特色，其面臨的挑戰如次：

（一）師資的分布與專長轉換問題

　　1. 新成立的應用文學系所，因其設定的系所目標即以應用文學或文創產業為目的，聘請教授時自可先考慮系所規劃的應用課程聘任之，因此，其面臨的考驗在於系所目標夠不夠明確，或者應用文學系所的走向夠不夠聚焦於領域特色？其優點則是針對應用文學的產學合作或文創產業的可能發展，可保持聘任教師的彈性，可設定專長領域，免除顧此失彼，難以整合之困擾。

人才核心課程，應涵蓋文化、創意與管理三個領域向度。二、文化領域核心課程，養成學生基礎人文素養、理論探索的專業知能。三、創意領域核心課程，培育學生思考、分析、判斷、創造的設計與實作能力……學界方面建議(一)學界課程配合產業需求(二)課程實施評鑑與改良；研究人員界方面建議(一)訂定各核心課程教學順序。(二)編製各課程學分與授課時數(三)發展課程綱要(四)使用調查研究進行文化創意產業人才培育普查」等研究結果，詳見王珮娸，國立台中教育大學，《大學校院培育文化創意產業人才核心課程之研究》，台中：國立台中教育大學碩士論文，2009 年，頁 133-137。

2. 原有文學系所轉型為應用文學系所，最大挑戰在於教師係由原來的文學院系轉型而來，系所轉型後立即面臨師資文學專長與應用文學不盡切合的實務需求落差，此即為文學系所轉型到應用過程無可避免的陣痛，其優點則是可借助豐厚的文學（化）師資為基底，作為產學合作及文創產業的創意根源。

（二）課程結構的轉型問題

1. 整體看，新設立的應用文學系所課程優勢為：可引進新師資，開設的應用或技術課程，例如數位內容，數位典藏，加深文學與應用的形式與實質連結程度，其挑戰為：如何融合不同背景的師生，跨域於文學創意及專業技術課程，並將之轉化成文創實務。

2. 簡言之，原有系所轉型到應用文學系所優勢為：文史基礎課程為強項；其挑戰為：原課程側重文學賞析或文本閱讀等面向，要不要轉換課程設計落實到應用嚴峻的課題。李嗣涔曾言：「首先必須釐清產業的內容，並針對文化創意產業的不同性質及不同階段（從基礎的美學能力訓練，到藝文的活動與行為，到藝文的活化與產業化，到產業機制的建立）……中間有不同的任務與策略，而各個不同的政府部門及機構也扮演不同的角色，負擔不同的責任。教育機構因為性質特殊，幾乎可謂承擔大部分的工作，從人才培育到政策規劃到產業育成，皆有其可以或必須參與之處，而大學校院又因各有不同性質，自然任務也不盡相同」[29]，

---

[29] 總統府編印：《文化創意產業圓桌論壇結案報告》，台北：2009 年 6 月，頁 15。

由於「應用」範圍寬廣，例如將數位典藏資料，透過科技及創意轉換成商品，加值應用，製成各種資料庫或衍生性商品（如影像、電子書、藝術品、虛擬實境遊戲、互動式交學光碟、3D 影片、絲巾、拼圖、筆記本）[30]，一般來說，「文學藝術類，根據行業分類界定為：凡從事小說、戲劇、詩歌、文學評論、散文等寫作及各種繪畫、雕刻、塑造等行業均屬之」[31]，文學應用課程需要磨合新舊觀念，初期很難隨之迅速走向特定文學創意領域，此挑戰考驗系所的回應能力。

3. 整合各校現有資源例如文學或設計系所產學合作，避免單打獨鬥的應用文學或文學孤鳥單飛狀態，或進行跨校院系所合作。

文創「不僅為需要創造，甚至是為了感覺而創造。文化是動態的，是一種生活型態，它的發展是跨領域的」[32]，教室課堂的主要活動是知識的傳遞與擴散，文學是基礎，從文學轉換成文創運用是一連串的過程，如果要以單一文學系所之師資進行文化創意產業，有一定的難度，創意產業需要專業化的分工、多種技術的投入，並適用一般產業共經營管理等面的規則等幾個特點[33]，因此，應

---

[30] 黃亞琪：〈文化加值潛力在哪裡？──國家級數位數位典藏計畫初探〉，《台灣文創》出版(台北：多經藝術科技股份有限公司，2005 年，頁 240。
[31] 文建會編印，《文化創意產業產值調查與推估研究報告》（台北：文建會，2003 年 4 月），頁 77。
[32] 郭峰任：〈文化創意產業的創意生產：原型物與風險規避〉，《媒體科技、創意產業與文化經濟國際匯聚論壇》，台中：靜宜大學大傳系出版，2008 年，頁 362
[33] 文創產業之特性簡言之：(一)主要為客戶提供精神方面的滿足，存在著明顯差異、(二)個人智力在創意產業中具有不可替代的重要性，具有更多的藝術

用文學系所可思考建構跨校或跨院系的信任合作網絡，以合作代替競爭。

三、文創產業智慧財產權及成果產出的特性以著作授權、新型或新式樣專利，而非以發明專利為主，可規劃文學創意人才到業界實習的體驗計畫，將應用文學創意與區域需求連結：

97 年台灣企業總家數 1,263,846，其中大企業 29,097 家，中小企業 1,234,749 家，亦即有 97.70%為中小企業，各類型企業又高達八成是服務業，用分布區域來觀察，則企業多集中在西半部（北部）都會區及其衛星城市，北部區域占 46.4%，中部占 24.28%，幾乎高達了 70.68%在這兩大區域內，可惜的是經濟部中小企業白皮書只以農業、工業及服務業來分類[34]，前述區域的藝術、娛樂及休閒服務類企業活動僅佔了 3.63%，就業人數更是偏低（僅為 0.99%），這是推動文創產業十分明顯的不利因素。不過，國內產業供應鏈的改變、業界開始朝向品牌、行銷、設計、企業投入研發比率增加，帶來新的契機，此為文創產業的有利因素。

2007 年文創業者總家數計 50,667 家，文創產值 6 億 3 千萬，以「廣播電視產業」最高，佔 20.66%，區域分布北部佔 54%，營

性、(三)生產方式具有非重複性，以大吃小的法則不完全通用(四)需要專業化的分工適用一般產業共經營管理等面的規則；再者，高風險、高製作成本與低複製成本、為藝術而藝術，非生產線的概念、多種技術投入等面向，亦表達類似的概念，詳參北京中經天縱經濟資訊中心，《2008-2010 中國文化創意產業發展研究分析報告》（京：北京中經天縱經濟資訊中心，2008 年），頁 6-7、頁 20。

[34] 詳經濟部中小企業處，《2009 經濟部中小企業白皮書》（台北：經濟部中小企業處，2009 年 10 月），頁 38-39。

收佔 80% 為最多[35]，上述研究顯示，國內文創產業廠商與上述中小型企業結構類似，其規模偏向中小企業、微型企業、工作室或個人創意的特殊屬性，幾乎少有聘請文創研發團隊的能力，重要的是無形資產評價制度尚未完備，對全球化的著作授權尚處在起步階段，例如目前不僅是學界，甚至業界對文創成果的著作如何授權，新型、新式樣或發明專利如何保護等議題，都還算陌生，產學界對所有權的認知差距亦頗大。再者，應用文學系所歷來與產業的接觸，不若理工類科有長期產學合作的經驗，學校與業界的溝通管道仍舊不夠，初期應儘量多召開文學創意應用研討會、文學人才到業界的文創體驗培育計畫，一方面協助企業結合文學創意，一方面加深學界對業界的了解。台灣大學李嗣涔校長所言可謂借鏡：

> 1.提升藝術專業教育……2.加強及增闢文化產業的課程（如藝術欣賞、思潮引介與思考創新、結合文學院、藝術學院與理學院、生命學院、管理學院等的創意啟發課程、劇本寫作、電影創作、各類電影人才訓練、藝術設計、藝術管理、智慧財產、文化資產與創意生成、文化產業政策、文化產業推廣與行銷等。3.鼓勵跨領域研究與異業結合的可能性（尤其人文藝術領域內部之跨界結合、藝術與應用科技之見的結合）。4.鼓勵各種藝術與文學創作班或創作營的設立或舉辦。5.鼓勵文學創作科系、組成學程的設置（其他藝術科系已設置有年，但大學部的創作科系，多年來僅文化大學中文系有之，宜廣設；但研究所則無須廣設）。6.協助大學成立

---

[35] 參文建會編印，《文建會 2007 年文化統計》（台北：文建會出版，2009 年），頁 150、頁 151、頁 152。

文產政策及育成中心（整合文產資源、規劃文產相關課程及
訓練、舉辦文產研討會、政策研究、產學連結、國際交流、
產業諮詢）。7.文產種子（重點）學校或科系的選定或輔導
（以各校特色作為不同產業的種子發展基地……一般院校
可以文學院、藝術學院、應用科技學院、管理學院為主，發
展如包括各種領域之寫作、數位藝術、數位內容的數位應
用、文化創意的跨領域研究等）。8.教育部應提供文產教師
名額，如文學創作師資、數位設計師資……國科會也應關相
關領域補助，鼓勵文產政策的研究。」[36]。

　　我們了解文創產業競爭非常嚴酷[37]，由於大學是人才基地[38]，
國內文創人才又呈現量能不足的現象，未來應用文學系所應大膽
跳脫出過去侷限在技術弱勢群體認知，跨界跨域跨校做文學的異
業結合，透過文學創意人才體驗培育計畫，或文創研討會等措施，
主動出擊找到相關合乎應用文學領域特色的合作企業，從文學或文
化的角度切入，培育重點文創人才[39]，蕭萬長副總統曾說：「我要

---

[36] 總統府編印：《文化創意產業圓桌論壇結案報告》，台北：2009 年 6 月，頁
16-17。

[37] 文創產業的四大發展趨勢為：「產業創新的關鍵角色、大者恆大的狀態、集
中化的問題及越來越嚴酷的市場競爭」，詳參文建會：《創意台灣——文化
創意產業發展方案行動計畫 98-102 年（核定本）》，台北：文建會，2009
年 10 月，頁 8-9。

[38] 大學法第 1 條「大學以研究學術，培育人才，提升文化，服務社會，促進
國家發展為宗旨」。

[39] 「台灣的『文化產業』概念早先由文化建設委員會於民國 84 年『文化產業
研討會』中，提出了『文化產業化、產業文化化』概念，並隨之成為社區
總體營造的核心」，文創產業技術及無實體的概念「現今行政院提出的『文
化創意產業』政策，與過去的『文化產業』相比較，除了擴大產業範圍，
更重要的是政府以策略引導帶動產業轉型加值，並且不只從文化的角度切

講的第一件事情是，教育還是最重要的根基，去找合創意產業有關的學校做重點培植，確保人才源源不斷；台灣的問題就是闖出一個東西之後，無法源源不斷下去。另外是加強一般學校的藝文教育……」[40]，應用文學系可做的就是紮根的工作，文學背景是創意基礎，也是研發產品的利器，筆者認為學界跟業界應該要坐來談，利用文創專業學程、研討會、演講參訪、進修訓練、合作計畫、現場實習、國際觀摩[41]等等平台，儘快找到公約數，找到培育業界需要的技能人才的策略，建立大學文創產學合作的橋樑功能，而非直接跳進執行產學計畫件數，陷在技轉金額或拉高專利件數的迷思裡。

四、有別於傳統（詩歌、散文、小說）之文學獎，現階段缺乏激發上游（大學或研究機構）文學創意的激勵措施，相關機構可規劃華人或全國應用文學創意大賽，挖掘文學應用創意新秀：

既要談應用文學推廣運用，文建會不妨以專案經費，補助應用文學系所舉辦華人或全國盃的應用文學創意大賽，借用校園的「觸

入產業，而是將文化直接轉換成產業部門……『文化創意產業』完全改變過去生產製造的概念，整個產業鏈可以沒有任何實體，既可以是資本、原料，更可以是產品」。詳見文建會編印：《文化創意產業產值調查與推估研究報告》，台北：文建會，2003 年 4 月，頁 2。

[40] 參看總統府編印：《文化創意產業圓桌論壇結案報告》，台北：2009 年 6 月，頁 11。

[41] 電視製作人才常見的培訓方式「開班講習、進修訓練、現場實習、培訓班、研討演講、國際觀摩」林富美、鄭伊琇、陳春貴，〈文化創意產業人力資源培育機制之探討──以電視製作團隊師徒制為例〉，《文化創意台灣魅力-台灣文化創意產業的議題與對策》，苗栗：苗栗文化局出版，2007 年，頁 153-154。

媒」角色，挖掘「文學」和「創意」轉化為「商品」的機會[42]，以激發文學創意的運用為開端，協助文學創意與產業概念接軌，累積文學應用的經驗，此舉不只有別於傳統文學獎係以詩歌、散文、小說為獎項分類，也可以激發新研究議題，帶來新的應用文學風潮，營造校園內文創產業的創意發想的友好環境，導引業界至學界尋求新創意，促成文創產學合作。

肆、結語（從文學孤寂之路，走向繁花盛開的文創產業應用）

　　大學是「教學、研究、服務」等教育活動發生的重要場所，文化創意產業發展法實施後，大學或技職校院的應用文學系所有了一個新的舞台，就政策推動的角度，各部會文創產業經費的鏈結應再加速整合，加強前端創意研發的經費投入，及早培養大學的文創研發團隊，激勵應用文學系所學生加入文創行列。

　　從另一個角度看，國內各相關單位在產學法規制度及周邊環境建置做了一些策略上的改變，不論是從學校評鑑或教授升等，都已將產學或技轉等項目列入績效評鑑，故而幾乎所有的大學系所都開始重視產學合作，只是相對於傳統理工醫農的產學合作，即以發明專利產出或技術移轉衡量成果的模式，筆者認為文創應用，無法完全複製理工醫農的產學模式，目前不可諱言地，應用文學系所面臨環境轉換的巨大壓力，但應用文學系所如果採取以專利、技術移轉為重要產出績效的思唯，恐不利於推動文創，教育部、國科會或文建會等相關機構，對於文創產業，應嚴肅思考符合文創產業特性的

---

[42] 詳參文建會：《創意台灣──文化創意產業發展方案行動計畫98-102年（核定本）》，台北：文建會，2009年10月，頁22。

補助架構，調整應用文學系所創意研發與產業界的距離，以擴大應用文創運用的參與基礎。

　　就大學應用文學系所的角度出發，這股文創產業的新趨勢，將可提供文學藝術與產業合作的契機，唯應注意大學基本的「教育」立場，審慎避免文學被「產業商品化」所凌駕，應用文學系所待突破相關瓶頸及可行途徑有幾項：首先，文創產學所需專長不同，目前各校應用文學系雖有差異性，唯尚未具體展現特性與系所強項，此可再深思；此外，應用文學系所面臨文創產業師資專長、課程結構及系所轉型等複雜而困難的實務問題，此非短期現象，相關單位應加速協助克服，並以跨校院系的合作代替競爭；而且，應用文學系所還可設計文創課程，整合各校現有資源，跨校藝文領域及團隊的整合，避免單打獨鬥的應用文學或文學孤鳥單飛狀態，可以增加文創的機會；最後，有別於傳統（詩歌、散文、小說）之文學獎，現階段可規劃華人或全國應用文學創意大賽，挖掘文學創意新秀。

　　人是創意之本，政府補助培育文創人才的政策及資源，可再往前端文學創意投入推進，豐富創意的內涵與基礎，把上游文學創意引進來，讓學生走出去，讓文學被重新賦予新意之時代來臨，走向繁花盛開的文創產業應用園地。

參考文獻

Toby Mille、Geoge Yudice 著，蔣淑貞、馮建三譯：《文化政策》，台北：
　　巨流圖書公司出版，2006 年。

文建會編印：《文化創意產業產值調查與推估研究報告》，台北：2003 年。

文建會編印：《文建會 2007 年文化統計》，台北：文建會，2009 年，頁 146。

王珮女其，國立台中教育大學：《大學校院培育文化創意產業人才核心課
　　程之研究》，台中：國立台中教育大學碩士論文，2009 年，頁 133-137。

北京中經天縱經濟資訊中心：《2008-2010 中國文化創意產業發展研究分析
　　報告》，北京：北京中經天縱經濟資訊中心，2008 年，頁 6-7。

林富美、鄭伊琇、陳春貴：〈文化創意產業人力資源培育機制之探討-以電
　　視製作團隊師徒制為例〉，《文化創意台灣魅力──台灣文化創意產業
　　的議題與對策》，苗栗：苗栗文化局出版，2007 年，頁 153-154。

郭峰任：〈文化創意產業的創意生產：原型物與風險規避〉，《媒體科技、
　　創意產業與文化經濟國際匯聚論壇》，台中：靜宜大學大傳系出版，
　　2008 年，頁 362。

陳建安：〈藝術能量與文化產業-從產業觀點論台灣文化創意產業的瓶
　　頸〉，《兩岸文化行政與文化產業發展座談會論文集》，台北：2006 年
　　台灣師範大學、沈春池文教基金會出版，頁 33

黃亞琪：〈文化加值潛力在哪裡？──國家級數位數位典藏計畫初探〉，《台
　　灣文創》出版，台北：多經藝術科技股份有限公司，2005 年，頁 240。

經濟部中小企業處編印：《2009 經濟部中小企業白皮書》，台北：2009 年。

經濟部中小企業處編印：《創新育成中心簡介》，台北：98 年。

總統府編印：《文化創意產業圓桌論壇結案報告》，台北：2009 年。

參考網站

牛津大學 ISISj 網站：http://www.isis-innovation.com。

美國技術經理人協會網站：http://www.autm.net/Home.htm。

教育部網站：http://www.edu.tw/statistics/content.aspx?site_content_sn=8956。

蘇格蘭 13 所大學技轉聯盟網站：http://www.university-technology.com/。

以《情歸大地》、《1895 In FORMOSA》
分析歷史與電影的碰撞

衛琪

國立臺中技術學院應用中文系講師

摘要

甲午戰敗清廷簽訂馬關條約，割讓台灣，1895 年歲次乙未，自五月二日（5 月 25 日），至九月四日（10 月 21 日）台南城陷，台灣山河易幟止，台灣同胞明知不可為而為之與日軍頑強抵抗，用一萬四千名台灣人的生命鮮血，寫下台灣史稱最大的一場戰役乙未之役。這段不可也不能遺忘的史事，由李喬編寫《情歸大地》客語劇本，由洪智育執導，拍攝台灣第一部以客語對白發音的電影－《1895 In FORMOSA》。影片以日本著名文學家森鷗外之作《徂征日記》為串場，描述自己以軍醫身分從征台灣，日本從清朝接收台灣的所見所得，及客家三傑吳湯興、姜紹祖、徐驤等帶領客家義軍和各族群抵抗外侮的故事。

本文以李喬的《情歸大地》客語原著及改編的《1895 In FORMOSA》電影，從乙未之役的歷史脈絡，分析兩者視野角度、核心價值、人物塑造、女性形象、客家文化等課題，作進一步爬梳探討。

關鍵詞：乙未之役、《情歸大地》、《1895 In FORMOSA》、吳湯興、
　　　　森鷗外

壹、前言

　　2008 年 11 月 7 日在台上映的國片《1895 In FORMOSA》，[1]片
長 105 分鐘，斥資六千萬拍攝的首部以客語發音的電影，由洪智育
執導，改編自國家文藝獎得主李喬的《情歸大地》客語劇本。[2]李
喬於序文說明，原劇本提供行政院客家委員會拍攝客語電影所用。
劇本以客語行文，鄧維楨翻譯華語版本，為配合拍片實際需要及演
員不諳客語，後之劇本以客語與華語並列，另提供為客家母語教學
之補充教材。

　　劇情內容以 1895 乙未年吳湯興、姜紹祖、徐驤三人，史稱客
家三秀才，領導義民進行台灣保衛戰，三位英雄壯烈成仁，創造「能
夠不死而死」的英雄典型，長流台灣青史。所以《1895》讓讀者了
解發生在本島，規模最大，死亡人數最多的戰役史實，自五月二日
（5 月 25 日），至九月四日（10 月 21 日）台南城陷，台灣山河易
幟止，日人統治的前五個月，成千上萬的台灣客家人，以自己的雙
手鮮血，將士用命抗日保台。這部電影可視為認識客家精神、客家
文化的最佳入門之作。

---

[1]　《1895 In FORMOSA》電影，本文以下簡稱《1895》。

[2]　李喬：《情歸大地》客語劇本，於 2006 年底完成，2008 年改編《1895》電
　　影。本文以後附的華語本為參考劇本，台北：行政院客家委員會發行，2008
　　年 10 月，頁 86-158。

　　本文以李喬的《情歸大地》客語原著及改編的《1895》電影，自乙未之役的歷史脈絡，分析兩者視野角度、核心價值、人物塑造、女性形象等課題，作進一步爬梳探討。由於乙未之役是台灣與日本的戰爭，戰爭地點遍佈台灣各地，為讓乙未之役的歷史脈絡更為清晰，本文除參考乙未年台灣相關史料，如連橫《台灣通史》、吳德功《讓台記》，思痛子《台海思慟錄》、洪棄生《瀛海偕亡記》等文字史料。另參考日本正史《日清戰史》[3]及最早的民間畫報《風俗畫報・台灣征討圖繪》，[4]及晚清第一份畫報，隨戰事發展出刊的《點石齋畫報》，[5]期文字結合圖像相互映證使歷史再現，藉以深入了解乙未之役，呈現不同面向的研究意涵及觀察視野。

　　台灣地狹人稠，開發資源有限，文化創意產業是目前台灣產業經濟轉型的關鍵，如何建構本土優質文化，在傳統文化的基礎上，透過文化、創意結合，開創台灣新文化資產，成為當務之急，時代的趨勢，國家的重點發展政策。文化創意產業範圍廣泛，含音樂與表演藝術、文化展演、視覺藝術、廣播電視、電影、工藝、廣告、出版等十三項文創產業。文化創意產業強調的是本國的精神、歷史記憶與價值取向的概念，最能在電影產業展現，因為電影除保存本國文化的優點，最具綜合性成效性，所創造的附加價值也最高，因

---

[3]　許佩賢譯：《攻台戰記——日清戰史・台灣篇》，台北：遠流出版公司，1995年12月。

[4]　許佩賢譯：《攻台見聞——風俗畫報・台灣征討繪圖》，台北：遠流出版公司，1995年12月。

[5]　本文參考《點石齋畫報》圖像，以廣東人民出版社出版《點石齋畫報》的線裝本為依據。廣州：廣東人民出版社，1983年6月。

此成為各國振興文創產業的主要指標。[6]《1895》在文化創意產業的定義下，在歷史與戲劇之間，能否碰撞出不同的火花，本文嘗試以歷史角度及消費者、觀者角度，分析論述影像中有別於傳統歷史文化的詮釋。

貳、由乙未歷史到《情歸大地》、《1895》

「驚天地、泣鬼神」六字足以形容的乙未之役，一個世紀以來，未受到政府學界及社會的重視。近六十年來，中小學義務教育歷史教科書，對此重大戰役歷史事件，以極度簡略，抽象的文字書寫。大略記述，清廷割台，台灣人民不服，推唐景崧為總統，組織台灣民主國，後由劉永福率黑旗軍抗日，寡不敵眾終致失敗。[7]教材內容提出的人物，始終不出唐景崧、劉永福、丘逢甲三人。直至 1985年 8 月出版之高級中學歷史教科書第三冊，始有較詳盡的說明，台灣人從北至南抗日的經過，首次出現吳湯興、姜紹祖、徐驤之大名，強調其可歌可泣的事蹟，及堅毅不屈的民族精神。[8]因此台灣年輕子民對於乙未年，英勇抗日事蹟的實質了解，數十年來並未改變。

6　陳怡之，〈文化創意產業之價值傳送體系──以韓國電影產業為例〉元智大學知識服務與創新研究中心網站，頁 1-5，2010 年 5 月 2 日讀取 http://www.iksi.org.tw/big5/3v3d04.php。

7　參見 1954 年 8 月初版，初中歷史第三冊，頁 119；1967 年 12 月 5 版，高級中學標準教科書歷史第二冊，頁 95-96。歷史教材均由國立編譯館主編，內容大多以百餘字說明台灣抗日保台。資料來源〈我國中小學教科書對乙未戰爭記載一覽表〉轉引自范振乾，〈乙未戰爭與台灣認同──從中小學歷史教科書對乙未戰爭的記載說起〉，頁 10-25。收於《乙未戰爭與客家論文集》，頁 10-1-10-29。

8　1985 年 8 月初版之高級中學歷史教科書，第三冊，頁 42-43。同范振乾製表。

一、乙未之役客家三傑──吳湯興、姜紹祖、徐驤

2005 年 12 月 24 日行政院客家委員會主辦，台灣客家研究學會承辦，台灣歷史學會、清華大學台灣研究室協辦，舉辦《乙未戰爭與客家》學術研討會，收集專家學者論述九篇。探討 1895 年清廷割台與台灣命運轉折，了解在紳官唐景崧、林朝棟、丘逢甲等相繼內渡後，[9]客家族人苗栗秀才吳湯興、頭份徐驤及北埔墾首姜紹祖在乙未戰役扮演重要角色。暌違三年，《1895》電影的上映，讓我們重新認識客家三英雄。

戰略指揮運用及戰略佈置，關係著戰爭勝利與否；如何審時度勢及靈活運用，又取決戰爭中政治軍事領袖。所以偉大戰役及戰爭影片，著重於英雄人物的人物刻畫及英雄形象的塑造。戰爭中的英雄不外是「英明神武」、「大智大勇」、「頂天立地」的英雄豪傑形象，在「談笑間」決定戰爭勝負，將原本的普通人，塑造為捨身取義，寧死不屈的民族英雄。英雄以自己的生命敲響人性尊嚴的樂章，以鮮血表達對家國的大愛。近代以歷史、文學創作改編的戰爭電影，對國家、戰爭的觀點及英雄形象的塑造，不同於過往，不再著重英雄典型的傳統形象，乃強化英雄人物奮鬥的動機、過程及其對家族、妻兒、同袍的付出與責任，讓英雄形象更多元化、人性化、通俗化，展現的不只是戰場上的英雄，且是平凡的勇者。

9　吳文星，《日據時期台灣社會領導階層之研究》（台北：正中書局，1992 年 3 月），頁 24-31。說明自 1895 年 5 月定籍期限屆滿前後，二次台灣士紳富豪等社會領導階層等內渡者，合計有 6400 餘人，人數之多，衝突之大，難以想像。

(一) 吳湯興 （見附圖 9-1） [10]

圖9-1　吳湯興像，是義軍首領少數留下的畫像，可供後人憑弔。

　　《情歸大地》及《1895》選擇了客家三傑的吳湯興作為敘事主軸，是影片的主人公。吳湯興（1860-1895），苗栗銅鑼人，清朝生員。台灣民主國成立後，吳湯興在丘逢甲的引薦下，任副統領之職。基隆、台北相繼陷落，丘逢甲、林朝棟內渡後，吳湯興集結兩人部隊，並結合北埔土豪姜紹祖及苗栗頭份徐驤的義軍，一時成為桃竹苗地區抗日的主力軍。五月二日（5 月 25 日）成立台灣民主國，由唐景崧帶領紳民抗日，日軍在五月初六（5 月 29 日）登陸澳底、基隆，台北接連失守，唐景崧在後繼無援的情況下，竟撒手內渡，維持十三天的民主國，正式崩解。而首倡「抗日保台」及「全台義軍統領」的丘逢甲，與唐景崧師徒二人，棄台民義軍不顧，先後不

---

[10]　畫像轉引自鄭天凱，《攻台圖錄──台灣史上最大一場戰爭》，頁 77。

戰而內渡的作法，史家不以為然。如連橫《台灣通史‧丘逢甲列傳》云：

> 逢甲既去，居於嘉應，自號倉海君，慨然有報秦之志，觀其為詩，辭多激越，似不忍以書生老也。成敗論人，吾所不喜，獨惜其為吳湯興、徐驤所笑爾。[11]

紳官唐景崧、林朝棟、丘逢甲等紛紛內渡，群龍無首的情況下，湯興領有「統領台灣義民各軍關防」是實際的義軍領袖。[12]吳德功《讓台記》記：

> 吳湯興，苗栗諸生，先是帶練勇營，易儒服為武裝，有糾糾桓桓之象。至是眾人推為首，冀復台北。收集提督茂林二營、棟軍謝天德等營，生員邱國霖、徐驤、吳鎮觥、義首姜紹祖諸鄉勇。是日祭旗誓師，……旗幟整齊，立約法數章……並約眾接濟糧食費用。如敢抗命，聲罪罰之。紳民奉行唯謹。[13]

吳湯興名列客家三傑之首，成為《情歸大地》及電影主要人物素材，加上其妻黃賢妹聞訊，投井獲救後絕食而殉，英雄美人一段淒美的愛情悲劇，成就了電影浪漫的愛情故事的敘事客體。

（二）姜紹祖

姜紹祖（1876-1895）新竹北埔墾首姜秀鑾的曾孫，家財萬貫，為地方豪傑。在乙未之役時，散家財以招募北埔、竹東、峨嵋、苗

---

[11] 連橫：《台灣通史》下冊〈丘逢甲列傳〉卷 36，頁 972。
[12] 陳漢光：《台灣抗日史》，台北：海峽學術出版社，2000 年，頁 62。
[13] 吳德功：《讓台記》《台灣文獻史料叢刊》第七輯，台北：大通書局，1987 年，頁 43。

栗、頭份等地義軍七百名，號稱敢字營。敢字營乃姜紹祖參與抗日後，受封於新竹知縣王國瑞，為敢字營正營領袖，其他有鍾石妹、徐泰新等號召地方民兵加入，分屬副營。姜紹祖所屬敢字營，光是姜紹祖一人前後即招募三百餘人，足見紹祖號召的實力。[14]出師前（出師贈同學）所稱：「書帷別出換戎衣，誓逐胡塵建義旂；士子何辜奔國難，匹夫有責安鄉畿。」[15]此見紹祖保家衛鄉的決心，絕不容異族統治，成為新竹地區重要的義軍首領。

姜紹祖成仁於乙未年，閏五月十七日（7月8日）的十八尖山之役。洪棄生《瀛海偕亡記》對姜紹祖殉難，有詳細的說明：

> 紹祖望見十八尖山之戰，則從屋上發槍擊山半敵軍，敵始棄所追，集兵來圍之。紹祖欲出戰，而義民中有怯者阻之。相拒至夕，槍彈盡，敵軍齊入。紹祖與七十餘人皆被擒，敵軍不知誰為首，殺二十人，餘囚之。而紹祖自絕死，或謂贖出者，訛也。[16]

未及弱冠的姜紹祖捨身取義，不但折損抗日義軍最重要的一員大將，對北埔姜家而言，無疑是頓失家族支柱，時紹祖之妻陳氏懷孕，子嗣尚未出世。最早成仁的紹祖，得年僅十九歲。影片中的紹祖，顯然是主配角中最年輕的一位，不時顯露血氣方剛、年輕浮躁

---

[14] 黃榮洛：〈姜紹祖的敢字營有幾營？〉，《台灣風物》第 43 卷第 4 期，1993年 12 月，頁 154-156。

[15] 鍾肇政：〈丹心耿耿屬斯人──姜紹祖傳〉，台北：近代中國雜誌社，1984年 4 月，頁 1。

[16] 洪棄生：《瀛海偕亡記》《台灣文獻史料叢刊》第七輯，台北：大通書局，1987 年，頁 10。

的一面，戲份僅次於湯興，尤其被俘寧死不屈，書寫自絕詩後自盡
一幕，年輕生命就此殞落，令人不勝欷噓。

（三）徐驤

　　客家三傑中的徐驤，在電影中劇分最少，影片開始吳湯興稱頭
份的徐秀才，變賣家財與湯興、紹祖攜手抗日，之後的情節，只出
現徐驤影像，幾乎沒有對白。實徐驤是客家三傑參加戰役最多，乙
未自北至南的各戰役，身先士卒，無役不與，包括龍潭波（今桃園
縣龍潭鄉）、大湖口（今新竹縣湖口鄉）、尖筆山（苗栗縣竹南鎮）、
苗栗、彰化八卦山、他里霧（今雲林縣斗南鎮）、斗六、嘉義、台
南曾文溪等十餘次大小戰役。在禦侮過程表現最為神勇突出，也是
三人最後壯烈成仁的一位勇者。

　　徐驤（1858-1895），譜名來昭，字雲賢，祖籍廣東省鎮平縣，
先祖渡台開發，落居苗栗縣頭份鎮。徐驤十八歲舉秀才，開塾授徒，
作育英才，長達十餘年，娶林石妹為妻。[17]據洪棄生《瀛海偕亡記》
載：「徐姜成隊即行，結髮束褲，肩長槍，腰短槍，佩百子彈丸彈，
遊弈往來，以殺敵至困為事。」[18]徐驤率義軍直搗日軍，互有勝負，
在武器裝備簡陋，彈藥糧餉不足情況下，我軍節節敗退，閏五月十
七日（7月8日）十八尖山之役，姜紹祖被俘自盡，首先殉難。七
月九日（8月29日）徐驤與吳湯興等合守八卦山，日軍重兵猛攻，
湯興抗敵，徐驤奮戰，力竭彈盡，湯興戰歿。

---

[17] 徐添蘭：〈鎮平徐氏渡台祖俊彩公裔──東興上四大房族譜〉，頭份：和興
印刷廠，1983 年 8 月，頁 61-62。
[18] 洪棄生：《瀛海偕亡記》，頁 6。

　　其後徐驤抗日並未停歇，在彰化陷後，率二十人人走台南，劉永福慰之，命入卑南（今台東縣卑南鄉）募得兵員七百人，皆矯健有力。[19]徐驤義軍南下挺進，衝鋒陷陣，或勸之稍歇，徐驤云：「此地不守，台灣亡矣！吾不願生還中原也。」[20]至於徐驤成仁的時間、地點，說法不一，至今未有定論。《台灣通史》記八月十三日後，徐驤退至他里霧，未說明確實的時間、地點。《台灣省通誌》之（大事記）記八月二十一日（10 月 9 日）戰死於嘉義。思痛子《台海思慟錄》記八月二十二日戰死彰化。[21]洪棄生《瀛海偕亡記》記八月二十五日，羅惇曧《割台記》未註明日期，皆記成仁於台南。[22]不論那一個說法，都足以說明徐驤在乙未之役抗日時間之長，自五月與湯興等組織義軍，至八月中下旬，歷時四月餘。轉戰地域之廣，自桃園、新竹、苗栗、台中、彰化、雲林、嘉義、台南，均留下其抗日足跡，鞠躬盡瘁死而後已的抗日精神，無人能及。這樣一位英烈志士，乙未之役三秀才之一，電影如此的輕描淡寫，僅於電影結束，打上「苗栗頭份已創建徐驤紀念碑」字幕，一句了結徐驤抗日的一生，對他有欠公允。

　　乙未之役的三位英雄，紛紛戰歿於各大戰役，依成仁時間先後，列表如下：

---

[19] 連橫：《台灣通史》下冊，〈徐驤列傳〉，頁 974-975。
[20] 洪棄生：《瀛海偕亡記》，頁 18。
[21] 陳運棟：〈徐驤與乙未抗日戰爭〉，收於《乙未戰爭與客家論文集》，頁 3-6～3-14。
[22] 洪棄生：《瀛海偕亡記》，頁 19；羅惇曧：《割台記》，頁 40。

表 9-1　客家三秀才之殉難

人物	殉難時間	殉難地點	死亡方式	得年	備註
姜紹祖	閏五月十七日（7月8日）	十八尖山之役（新竹市）	被擒吞鴉片自盡	19	死亡方式無定論。
吳湯興	七月九日（8月29日）	八卦山之役（彰化市）	槍林彈雨中身亡	35	
徐驤	八月二十五日（10月13日）	台南	槍林彈雨中身亡	37	成仁時間地點說法不一，此為殉難的最晚紀錄。

二、台灣主體意識的展現

　　《情歸大地》開章即說明台灣的宿命，在台灣的官員和仕紳合演一齣只有十三天的「台灣民主國」鬧劇，大小官員就全溜回唐山。以吳湯興遠眺群山雲海，吟唱著客家山歌（渡台悲歌）「勸君切勿棄台灣，是生是死都艱難，落地生根誓不還，食酒唱歌好歡喜」，由此拉開全劇序幕。《情歸大地》多次情節描述，例如第五幕以吳湯興之父湯四，拋妻（吳秋妹，時已大腹便便）別子（有新興、新蘭、新河三子）[23]秋妹反詰丈夫「銅鑼不是你的家嗎？」湯四毅然返回原籍。第 14 幕，以吳湯興與另外三少年，在海邊「四人奔向父背影，背影遠哩，越來越遠。消失。四人惶恐聚集相擁……母子相擁海灘上。……興成年。興取下壁上父畫像。」[24]表達父子關係從此切割。

---

[23]　湯興時年六歲，原名新興，其父湯四入贅吳家，所以吳湯興之名有父母雙姓。

[24]　李喬客語劇本《情歸大地》，第 14 幕，頁 103。

　　從吳家父權的缺席，象徵清朝將台灣割讓日本，讓渡了台灣主權。紳官唐景崧的「台灣民主國」的崩解；林朝棟、丘逢甲等士紳紛紛內渡中國，意謂著父親的出走；猶如失怙的孤兒寡母以自身力量，必須面對外來的侵略，象徵著台灣民族主義的展開。電影穿插著湯興對父親的回憶，憶起父親六歲回唐山，再也沒回來，湯興以此為家，強調彼此對「家」認同的不同調，也塑造湯興對台灣土地強烈的認同，不能理解父親棄妻兒不顧的作為。

　　《情歸大地》不斷陳述湯興之父棄之離去的情節，隱喻著清朝官紳棄台不顧，強烈表達中國人遁逃的不滿，讓台灣邁向戰爭，讓台灣人承載悲情，這樣的論述在劇本遠比電影更加彰顯。《情歸大地》及電影強調乙未之役，是脫離中國民族主義，台灣民族主義正式展現，表現李喬及電影編導的台灣史觀。[25]電影橋段裡通過閩籍土匪之口，「唐山來的官，全跑了！」表達相同的主題意識。

　　不過對於官紳遁走內渡，不論事不可為或其他原因，內渡畢竟是實相，史籍均記載詳細，故整理乙未年官紳先後內渡時間表，以明白史籍對其不戰而走的不滿。乙未年五月初二（5 月 25 日）台灣民主國成立，至九月四日（10 月 21 日）台南城陷這段期間，台灣抗日重要紳官內渡時間，資以對照。

---

[25] 乙未之役是否為台灣民族主義敲響的第一炮，或是已建立台灣主體性，「脫中國史觀」的論述，學者對此論述不一。

表 9-2　乙未之役官員內渡時間表

職稱	姓名	內渡時間	內渡方式（地點）	出處
台灣民主國總統	唐景崧（薇卿）	五月十四日（6月6日）	乘德輪內渡廈門	吳德功《讓台記》記西曆6月5日，實為6日。
候補道	林朝棟（蔭堂）	五月十九日(6月10日)至五月二十二日（6月12日）	泉州	日期未確定
同工部主事義軍統領	丘逢甲（倉海）	六月四日（7月26日）	潮州	洪棄生《瀛海偕亡記》
台中府知縣	黎景嵩（伯蕚）	七月九日（8月29日）	八卦山之役敗後奔逃	連橫《台灣通史》
台南南澳鎮幫辦	劉永福（淵亭）	八月二十六日（10月15日）	乘德艦內渡廈門	吳德功《讓台記》
		八月三十日（10月19日）	乘英艦蓼利士號內渡廈門	洪棄生《瀛海偕亡記》

三、強調客家族群意識

　　《1895》的電影上演，行政院客家委員會強力推銷，強調這是一部「客家人武裝抗日的影片」，是「台灣第一部客家史詩片」；是「台灣第一部以客語對白為主的電影」，凸顯了客家族群意識的高度，強調「客家人在乙未年扮演的角色」。的確這部片子有別於過去「中國人」抗日及「台灣人」抗日模式，一改為「台灣客家人」抗日的故事。《情歸大地》及《1985》強調是脫離中國民族主義，高於中國情懷，在地客家人的乙未之役。

　　台灣是多族羣融合的社會，族羣意識逐漸提升，從閩、粵、贛各省輾轉遷徙至台的客家人，因其獨特人格特質，在政治、經濟、

教育、文化等不同領域，均有卓越表現。近年在李亦園、莊英章等學者帶動下，海內外形成客家學的研究熱潮，大專院校系所發表論文無以計數，深入研究客族源流、宗教、民俗、文化、婦女等不同題材，從史學、民俗學、人類學、婦女學等不同角度，挖掘整理客家族羣的文化，且有豐碩的研究成果。

　　乙未之役相關歷史人物，台灣民主國總統唐景松、丘逢甲、南澳鎮總兵劉永福、竹苗三秀才吳湯興、徐驤、姜紹祖清一色都是客家人。客家人有不妥協、不屈服、不甘於奴役、勇敢禦侮、保鄉衛土的族羣特質。客家人在乙未之扮演演角色及貢獻，的確有別於他族，且勝出於其他族羣。

　　客家人飄洋過海、翻山越嶺、開疆闢土，在台落地生根，活躍於山邊丘陵，大地是其賴以為生的生命泉源，長年來與大自然、山間盜賊土寇搏鬥，因此鍊就剛毅、堅忍、團結的獨特硬頸及義民精神。所以客家人具備勤勞、儉樸、堅毅、剛強、獨立的個性，客族具備不妥協、不屈服、不服輸，不甘於奴役，不受欺侮的志氣。在家國有難，客家人必然展現強烈的愛國心及民族意識，非流於口號，而是號召有志一同，並領導族羣抵禦外侮，表現愛國愛鄉愛家的熱情。所以研究客家源流，認為客家族羣是「富忠義思想，民族意識的民族。」[26]認為「客家是中國最優秀的民族，他們有一種自信自傲的氣質，使其能自北方胡騎之下到南，方因此他們的愛國心比任何一族都強，是永遠不會被征服的。」[27]將客家人民性和特性，有清楚的觀察。對客族特性的了解，足資說明客家三傑，在乙未戰役忠義奮勇的表現。

---

[26] 陳運棟：《台灣的客家人》，台北：台元出版社，1990 年 1 月，頁 230。
[27] 雨青：《客家人尋根》，台北：武陵出版有限公司，1992 年 10 月，頁 138。

　　所以新竹北埔姜家世代投身禦侮行列的行動，並不意外。姜紹祖的曾祖父姜秀鑾於道光 15 年（1835）組織「金廣福」墾號，是開發新竹地域龐大墾拓組織。道光 21 年（1842）中英鴉片戰爭，英國侵襲北台灣，姜秀鑾偕同子姜殿邦率領隘丁、佃農、壯勇，赴雞籠（基隆）支援，捍衛家園，殿邦因此蒙札諭奏賞軍功六品職銜。光緒十年（1884）中法之戰，劉銘傳督辦台灣防務，法軍砲轟基隆，震驚全台，時苗栗墾戶黃南球與姜紹基（紹祖兄）墾首，再度率領隘丁、團練前往協防台北基隆，人力物力支援達四個月之久。[28]姜紹基因此獲頒新竹知縣徐錫祉賞賜「義聯枌社」匾額。[29]成為「金廣福」重要的象徵。自此不難理解北埔客籍姜家，積極與協防戰事展現團結、保鄉衛土的硬頸精神，與客家人獨特的族羣特質，有密不可分的關連。

　　目前台灣客家族羣，僅次於閩族為台灣第二大族羣，人數多達 450 萬，認識客家歷史與文化是刻不容緩的大事。為傳承與發揚客家語言文化，與繁榮客庄文化產業，並推動客家事務，保障客家族群集體權益，建立共存共榮之族群關係，已於今年 1 月 27 日公布「客家基本法」，落實憲法保障多元文化的精神。欣賞《1895》可謂認識客家歷史文化，跨出的第一步，從電影不僅讓在地客家人，了解客家先民奮鬥史蹟，其他族羣藉此，亦可認識客家人在台灣這塊土地的貢獻。

---

[28] 吳學明，陳凱雯：〈北埔姜家與台灣的禦侮戰爭〉，收於《乙未戰爭與客家學術研討會論文集》，2005 年 12 月，頁 5-2、5-8。

[29] 吳學明：〈清代姜朝鳳家族拓墾史〉，收入《金廣福墾隘研究》下，新竹：新竹縣政府，2000 年，頁 24。

參、《1895》對《情歸大地》鋪陳敘事的轉換

　　《1895》是抗日史實的戰爭片，介紹台灣本土最大的一場戰役——乙未之役，它是歷史片、抗日片、戰爭片。這部電抗日電影，是否淪於過去傳統電影仇日、反日立場的「政宣片」窠臼？還是有別過去「抗日戰爭」的拍攝模式，解開剪不斷理還亂的日本情結？是否開拓狹窄的抗日電影創造空間，重寫抗日戰史？觀眾期待《1895》是什麼樣的抗日電影？一連串的問題，在沒有答案之前，先概括了解台灣抗日電影史。

　　翻開台灣電影史，台灣本土抗日史實的戰爭電影，並非沒有。早在五〇年代台語片盛行時期，有 1956 年泰雅族原住民抗日的霧社事件《青山碧血》及 1958 年《血戰吧礁年》二部。[30]後部電影不僅獲得軍方支援順利開拍，影片描寫愛國的英雄烈女情節，高潮迭起，屢獲嘉評，是第一部榮獲教育部頒獎表揚的台語片。[31]

　　七〇年代以抗日電影為題材的政宣電影，[32]政宣片的產生與台灣政治情勢發展密不可分。[33]例如 1974《英烈千秋》以抗日愛國英雄張自忠上將，忍辱負重及孤軍奮鬥的事蹟為內容，開啟了拍攝抗

---

[30] 「吧嚦哖」三字，今台灣史記為「噍吧哖」，原住民語 Da Ba Nii 翻譯而來，指今台南縣玉井鄉。

[31] 黃仁、王唯編著：《台灣電影百年史話》上冊，頁 188-189。

[32] 所謂「政宣電影」，乃主政者以電影作政令宣傳及啟迪民智的工具，尤其國難當頭之際，電影人也懷抱著天下興亡匹夫有責的使命感，拍攝鼓舞愛國意識及民心士氣的戰爭影片。

[33] 1971 年中華民國發表嚴正聲明退出聯合國。1972 年美國、日本先後與中共建交，台灣遭逢前所未有的外交困境，因此國民黨執政所屬的中影公司，配合國家政策以愛國的抗日電影為製片方針。

日電影的熱潮。1975 年《八百壯士》、《梅花》、《筧橋英烈傳》、1979
年《大湖英烈》四部不同類型的抗日電影籌拍,《八百壯士》及《筧
橋英烈傳》為史上著名的抗戰事蹟,場景在大陸,而《梅花》的地
方背景在台灣,此後抗日電影再次走向台灣本土化,《大湖英烈》
亦然,描述 1913 年至 1914 年抗日革命先烈羅福星的苗栗事件。[34]

　　現實的是政宣片隨著政治局勢轉變,改變影片方向,當事過境
遷,政宣電影也失其存在價值,盛況不再。政府於 1987 年解嚴,
取消戡亂時期臨時條款,開放觀光,台海兩岸開放探親等政策,致
使兩岸人民自由通商往來,所謂反共政宣電影已失其意義,無開拍
的價值。日治時代台灣人,在異民族統治下的五十一年的壓迫,隨
時光逐漸褪去歷史記憶。對於從未經歷戰爭的年輕觀眾群,所謂反
共及抗日的政宣片,是完全不具好奇及吸引力。

　　八○年代戰後知名小說家,改編小說作品為鄉土電影,如黃春
明《兒子大玩偶》(1983)、《看海的日子》(1983)、《莎喲娜拉‧再
見》(1985)、王禎和《嫁妝一牛車》、廖輝英《油麻菜籽》(1984)
等。雖然焦雄屏認為,一窩蜂的將小說改編搬上電影銀幕,只造成
了浮濫的改編文本,讓文學作品庸俗化。[35]可是改編本土作品後的
電影議題,自過去以中國為中心思想敘事主題,逐漸走向鄉土情
懷,關懷台灣本土,題材多元,豐富生動的語言及濃厚的地方色彩,
為台灣電影挹注一股清流,開創新的里程。如 1989 年的《悲情城
市》,取材於二二八事件,突破四十年來的禁忌,榮獲威尼斯影展

---

[34] 以上各部電影資料參見黃仁、王唯編著:《台灣電影百年史話》上冊,頁
182-440。
[35] 焦雄屏:《台灣新電影》,台北:時報出版社,1988 年,頁 342。

金獅獎，影片叫好又賣座，因為大家都想了解二二八發生了什麼事，突顯對台灣這塊土地的歷史，作正確客觀解讀的期待。

解嚴後台灣社會已走出長期禁錮、僵化的諸多限制，台灣觀眾的教育水準提高及民智漸開，如今《1895》電影取材於台灣史實真人真事，如何拍出符合觀眾期待的抗日戰爭片，叫好叫座，它的「賣點」是什麼，這對編導的確是一大考驗及挑戰。由於《1895》是行政院客委會全力支持的影片，雖是某種程度的政宣片，但也無需一味迎合觀眾口味，追求電影票房市場利潤，編導可大刀闊斧，開拍有別於過去的抗日戰爭模式。大膽嘗試以兩條敘事主線，一是聚焦吳湯興為主的客家三傑抗日事蹟，另外將鏡頭帶向敵方，以日軍軍醫、親王討伐台灣義勇軍過程，交叉鋪陳情節，侵略者與被侵略者站在一起，同時成為觀眾凝視的焦點。

一、《情歸大地》所無的森鷗外敘事主線

《1895》電影情節，大幅改編《情歸大地》原著的形貌，一改傳統線性敘事，編導選擇曾在 1895 年隨日軍征台，為近衛師團陸軍局醫務部長的森鷗外，以其為第一人稱，娓娓道來台灣史稱最悲壯的一場戰爭，並成為電影的敘事主軸。由於《情歸大地》原著，自始至終並未提及此人，何以「他」成為電影的串場、關鍵性角色？森鷗外非虛構人物，不禁好奇，編導安排這位文學家出場的用意。

森鷗外（1862-1922）原名森林太郎，1884 年 8 月至 1888 年 7 月，曾留學德國，專攻衛生學，留德期間有《航西日記》、《獨逸日記》、《隊務日記》及《還東日乘》等作品發表。1890 年發表小說《舞姬》，墊定其在日本文壇地位。1895 年 5 月 29 日至 9 月 22 日，

隨日軍駐台一百一十七天，其所見所聞記錄於《徂征日記》。[36]森鷗外堪稱日本近代文學浪漫主義的先驅，與夏目漱石齊名，其大作《山椒大夫》改編為同名電影，於 1954 年獲得威尼斯影展的銀獅獎。[37]可是不看《1895》尚不知日本大文豪森鷗外與台灣有段淵源，在台近四個月時間，見證了近衛師團長北白川宮能久親王「接收」台灣的經過。

電影中的森鷗外戲份頗重，勝過近衛師團長官宮能久親王，不像親王隨從御醫，倒像一位吟誦詩文的文人，當他踏上台灣土地，驚見福爾摩沙之美，隨口吟唱「高砂這個美麗島，我萬里迢迢來到這裡，展支鷗翼翔翔在波面。」，曲調優美，親王以德文向他問早，他以德文回答，說明他與親王留德的背景經歷。

親王遲遲未能「接收」台灣，對敵我難分的游擊方式，無招架之力，進而改變作戰方式，對於「有敵意或妨礙者」即實施「無差別掃蕩」政策。[38]進行大規模的濫殺無辜，不分義軍、番民、百姓、男女、老幼，一律施行殺光、搶光、燒光的三光政策。[39]台灣史稱「掃攘計劃」及「三光政策」，一時台灣猶如殺戮戰場，血流成河。日方正史《日清戰史》記錄攻台戰況，多以「殲滅」、「砲轟各聚落」、

---

[36] 《徂征日記》收錄於《鷗外全集》，為森鷗外於明治 27 年（光緒 20 年）9月至 28 年 10 月的軍旅生活日記。森鷗外《鷗外全集》第 35 卷（日本：岩波書店，昭和 50 年 1 月），頁 233-257。

[37] 《殖民世代》部落格 http://tw.myblog.yahoo.com/jw!VC00iUmLHwKalCCy98M4/article?mid=26 之〈森鷗外駐台灣時期的酬答詩〉，2010 年 4 月 19 日搜尋。

[38] 台灣史稱「掃攘計劃」或「無差別殲滅」。參見黃秀政，《台灣割讓與乙未抗日運動》，頁 211-220。

[39] 尹章義、陳宗仁著：《台灣發展史》，台北：交通部觀光局，2000 年 2 月初版，頁 156。

「沿途放火焚燒」的字眼描述，此可見台灣人在抗日行動中遭日軍殺戮的慘烈。[40]

　　可是森鷗外面對親王「不論良民賊兵」，進行燒殺擄掠時，面對賢妹等溪邊洗衣染布，眼前美麗河床即將風雲變色，只能喃喃說道：「遠離戰爭的寧靜，希望地獄之火不要漫延。」編導蓄意安排森鷗外的角色，只能以軍醫身份袖手旁觀奉命行事，卻毫無作為，僅以文人角度發抒文學感性的一面，一味感嘆卻無行動。以森鷗外的文人面貌展現的情節，顛覆了過去台灣同胞抗日電影之詆毀日軍殘暴的形象，一改為日本侵略他國的無奈。當親王在獄中要求紹祖歸順，說道：「我不是你的敵人，佩服你的勇氣，希望停止戰爭，大家和平共存。」親王嘴裡嚷著和平，兩手卻拿著武器揮向台灣。當日軍由北而南大開殺戒時，森鷗外為見證者、侵略者的多重角色，以他為日本的代言，是否符合觀眾對抗日電影的期待。誠如影評所言：

> 我佩服《一八九五》找到森鷗外来為日本代言的發想，但是森鷗外在電影中只成了文化包裝的符號，你看不到他的內心與掙扎，體會不及他的矛盾與惶恐，更無法掌握他對台灣人精神的感動。華麗的詞藻不能包裝空洞的靈魂與角色的蒼白。[41]

　　對於森鷗外所言：「本島已是我國領土，人民也是我國國民。」的說法，觀眾是否信服這樣的說法。至於乙未年義軍（含黑旗軍、番軍、民兵、百姓）抗日，究竟死了多少人？據日本官方檔案估計

---

[40]　許佩賢譯，《攻台戰紀・日清戰史・台灣篇》，頁 40。

[41]　引自 http://4bluestones.biz/mtblog/《藍色電影夢》網站，未具名之電影評論，2010 年 4 月 15 日搜尋。

1895 年台灣人數約一百六十萬人，至年底台灣死難人數多達一萬七千餘人。另據陳漢光的實地調查，日軍所到之處，屋舍 85% 遭焚燬，10% 半毀，未毀者僅 5%，屠村報復屢見不鮮。[42]另據 1898 年日本民政長官後藤新平自承，在 1916 年噍吧哖事件前，日人屠殺台灣百姓達十六萬八千五百八十三人。[43]史證確鑿，日本始終未視台灣人為其國民。

二、客家女性形象塑造各有偏重

傳統中國社會是以父權為中心，婦女在家族家庭生活中扮演分工的角色，多半父當家，母持家，但是客家族群在「逢山必有客，無客不住山」的惡劣環境下，改變傳統的「男主外，女主內」的生活模式，客家婦女擔起家族農業生活的主要勞動重擔，舉凡耕作、灌溉、採茶、染織、廚事、女紅等勞作，無不親力親為。客家婦女穿著藍色長衫，袖管和襟頭安著華麗的彩色滾邊，藍色身影出沒於農村的每個角落，所以《情歸大地》及電影描述的賢妹，完全符合客家女性傳統美德下的溫順、樸實、克勤克儉、勞動、能幹、獨立的標準形象，也是中國優美的婦女典型。

（一）強調客家女子貞節

中國封建禮教桎梏下，最悲慘的莫過於要求婦女守節，當然閩粵客家地區的婦女也不例外，必須遵守禮教，有強烈的節孝貞烈的

---

[42] 陳三井：〈日據時期台灣武裝抗日事件〉《歷史月刊》226 期，2006 年 11 月，頁 65。

[43] 尹章義：〈日本人屠殺了多少無辜的台灣人〉《歷史月刊》226 期，2006 年 11 月，頁 48-60。

觀念，明清以來，尤為強烈。[44]對於婦女夫死不改嫁的節婦，或者是已嫁人婦或有婚約未嫁者，丈夫過世隨之殉夫，或是婦女遭受強暴污辱後自戕者，均視為烈女。這樣強調婦女貞節的畫面，在《1895》首幕，黃賢妹被閩籍土匪攔截，欲擄之為妾，不從，放行後描述：

> 被土匪綁架到山寨的婦女，放回也沒用，因族人認定她們失去貞節，放回後也必將其逐出家門。

　　一語道盡客族對客家女性強烈的貞節要求，但有情有義的吳湯興堅信賢妹的清白，依婚約娶她為妻。可是受過屈辱賢妹之丫鬟英妹，則向傳統禮教低頭，選擇留在山寨，不再回頭。此見受封建禮教禁錮已久的客家婦女，自慚形穢，自我要求嚴格，無法突破牢籠，也為此飽嚐辛酸。

　　電影根據李喬原著，表達客家婦女的貞節觀，然而連橫為吳湯興立傳，記述乙未之役各鄉起兵自衛，湯興集健兒，籌守御，與邱國霖、吳鎮洸等募勇數營抗日。[45]並未記載吳湯興與妻黃賢妹之情事，史籍亦未載賢妹被土匪擄走受辱的文獻。此見編導虛構了這段情節，卻不脫傳統禮教下的男性思維，要求婦女符合「貞節」的形象。甚至當吳湯興發現與其合作抗敵的閩族頭目，竟是當年羞辱賢妹的惡徒，卻只能一拳揮去，發洩憤怒而已。因為國難當頭，眼前私怨放兩旁，賢妹的受辱瞬間化為烏有。以婦女角度而言，電影如此安排客家女性在民族敘事的大框架中，委曲求全，被迫完全沉默，實為不解。二十一世紀要求男女平權的今日，台灣電影可「製

---

[44]　謝重光：《客家文化與婦女生活——12-20 世紀客家婦女研究》，上海：上海古籍出版社，2005 年 10 月，頁 155-157。
[45]　連雅堂：《台灣通史》下冊〈吳湯興列傳〉，頁 972。

造」對外輸出台灣婦女形象之際，可「改寫翻新」女性形象及賦予平權靈魂之時，令人遺憾的是《1895》，仍僅能端出「傳統」客家女性的這道菜，毫無新意。不過以湯興個人角度，不在意閒言閒語，完成婚約，突破中國傳統婚姻的框架，表現忠於承諾、愛情的堅定情感，也展現英雄的俠骨柔情。

《情歸大地》的賢妹，聽聞丈夫殉難於八卦山後，至彰化尋夫未果，「絕食八天後往生」以死殉夫。影片中的賢妹「投井獲救後，絕食自盡。」然而吳德功《讓台記》僅記「吳湯興之妻投水而死」。[46]不過據苗栗縣志載，賢妹投水未死，救起後，仍「不食以殉，年僅二十七歲。」[47]電影中吳湯興及賢妹淒美的愛情故事，兩人互信互愛，生離死別，直至賢妹絕食自盡的悲劇結局，呼應賢妹貞節烈女的形象。

（二）吳母及姜母——大地之母的形象塑造

在影片中的女性角色，除吳湯興妻子黃賢妹外，兩位母親角色的安排，一是湯興之母吳秋妹，另一為姜紹祖母親宋氏。兩位母親代表著大地之母的原型，因為影片中的父親缺席，母親結合鄉土情感，大地生命循環的力量，予以支柱力量，成為客家母親堅忍、韌性、不向命運低頭的客家女性典範。廖志峰認為《1895》電影：

> 完整呈現客家硬頸精神，還原一百多年前史事的電影，尤其是客家女性在片中展現的堅忍和韌性，都和台灣這塊母親大地的氣息呼應，令人動容。[48]

---

[46] 吳德功：《讓台記》，頁 61。

[47] 《苗栗縣志》卷七《人物志》，苗栗縣：民政局編印，1974 年，頁 52。

[48] 廖志峰：〈青春的歌，從 1895 以來〉，《聯合報》E2 版，2008 年 12 月 18 日。

　　李喬《情歸大地》以吳母秋妹揭開序幕，敘述湯興之父湯四，入贅吳家後，撇下湯興母子五人，頭也不回，返回原籍。父親走了，外祖父早逝，湯興時年六歲，秋妹扛起家族經濟，努力經商，供長子湯興讀書，至讀書有成。母打理製樟腦油事業，任勞任怨，成為家庭重心，經濟支柱，表現傳統婚姻下妻子的認命。丈夫出走形同活寡，隱忍過著寡婦般的生活，其中艱辛，不足以為外人道也，眼淚往肚裡吞，展現客家母親強韌的生命力。湯興投入抗日行列，吳母屢勸不聽，心如刀割，但表現大是大非，不敢強留兒子，因為兒子是做大事，祈求上蒼保佑，義民爺的護持，期望吳家子孫頂住這個家，保住這塊土地。所以《情歸大地》形塑吳母堅忍的母親形象，在電影中充分發揮。

　　反倒是《情歸大地》完全未及姜紹祖的母親宋氏，在影片中為母則強的強烈性格展現，令人印象深刻。在北埔姜家的天水堂前，[49]紹祖率領「敢人所不敢，為人所不為」的「敢字營」出征場面，宋氏態度堅定，正氣凜然地期勉義軍勇敢出門，平安回來。實宋氏在丈夫姜榮華及兒子紹基於光緒十四年（1888）過世後，[50]家業由年僅十四紹祖繼承，但北埔姜家實際領導及家擔，落在宋氏身上。家族唯一的繼承人紹祖，極力栽培，延請當地秀才彭裕謙為蒙師，紹祖不負母親期望，參加福州鄉試。[51]金廣福聯合黃南球等，成立廣泰成拓墾大湖（今苗栗縣大湖鄉）、罩蘭（今苗栗縣卓蘭鄉）地區，[52]紹祖成為竹苗地區墾戶首領，擁有竹苗地區廣大的土地。

---

[49] 紹祖曾祖父姜秀鑾所建金廣福，今為新竹縣北埔鄉一級古蹟，天水堂為姜家故居。

[50] 吳學明、陳凱雯，〈北埔姜家與台灣的禦侮戰爭〉，頁 5-7。

[51] 吳學明、陳凱雯，〈北埔姜家與台灣的禦侮爭〉，頁 5-9。

[52] 吳學明，〈清代姜朝風家豐拓墾史〉，頁 22-24。

　　中國最早的畫報，晚清創刊的《點石齋畫報》，[53]記錄著 1895
年乙未之役的戰事，多幅圖像記載著客籍義勇軍的歷史圖文，述說
著大時代悲劇，尤其是《賢母守城》一幅（見圖 9-2），[54]白髮送黑
髮人生之至慟，母親完成其子未竟的抗日大業，令人動容。圖文中
之義軍頭目，十九歲的吳某，並未指名，又詳明為六月十六日所發
生新竹之役，翻開乙未之役的歷史記載，吳某究竟何人？文中書寫
戰役、義民頭目的年紀、家世背景，殉難的時間，對照台灣史料有
所出入。筆者參照乙未之役史實，對照（賢母守城）之圖文，詳細
解析，認為（賢母守城）的主角並非吳彭年、吳湯興，而是姜紹祖，
文中之賢母，正是宋氏。[55]因其符合（賢母守城）圖文描述，在其
子卒後，「吳母仍將所部義兵堅守其城，口糧則由家財給發。」此
說法也符合姜家家族，為保家衛國而抵禦外侮的傳統，因紹祖的曾
祖父姜秀鑾即帶領其子姜殿邦參與鴉片戰爭；兄姜紹基帶領團練投
入中法戰爭，直至姜紹祖繼承家業，積極參與抗日行動，散家財組
織義軍，在新竹地區痛擊日軍。

---

[53]　《點石齋畫報》創刊於光緒十年（1884），至光緒二十一年（1895）乙未戰
　　役止，歷經中法之戰、朝鮮內亂、甲午之戰，多達九十八幅戰爭圖像，猶
　　如中國戰爭實錄，其中二十五幅圖像說明乙未之役台灣的戰事人物。
[54]　參見《點石齋畫報》〈賢母守城〉數二。
[55]　衛琪，〈《點石齋畫報》中乙未（1895）抗日的客籍義勇軍──〈賢母守城〉
　　係指何人？〉，《歷史月刊》第 254 期（2009 年 3 月號），頁 86-92。

圖 9-2　新竹之役義軍首領成仁後，其母守城圖

　　姜母宋氏面對姜家世代參與台灣禦侮的保衛戰，面對家族持家的男性，先後英年早逝，亦未阻止紹祖參與抗日保衛戰，及紹祖捨身取義，成就大業，宋氏在無名屍堆，找尋紹祖身上佩戴的玉佩，慘見以竹竿高掛反抗義民紹祖的頭顱，[56]喪子悲慟不言可喻。紹祖子嗣尚未出世，卻苦於姜家一門孤寡，無男丁承繼家業，一肩挑起龐大家產的運作。[57]直至日治大正四年（1915）宋氏始進行姜家家族的分家，此時已過三代。[58]

---

[56]　「新竹市行人優先協會」於 2008 年 12 月 16 日舉辦「十八尖山尋根之旅」，姜紹祖第三代的後人溫建中醫師擔任義工解說，走訪乙未之役歷史遺蹟，認識紹祖於十八尖山之役的抗戰歷史。此為溫建中醫師所提供的口述歷史資料。

[57]　房學嘉以清粵東梅縣客家婦女為分析對象，認為客家婦女除勤勞儉樸的美德，在家庭或家族的財產分割或產權移轉中，母親有權威的地位，擁有支配的實權，且在地方文化有不可低估的影響力及社會地位。房學嘉，〈從李

　　影片中的吳母、姜母二位母親，不再侷限於賢妻良母的角色，突破「男主外，女主內」的觀念，當男性及丈夫在家庭場景中缺席，裡裡外外，一手撐起家業，必須面對政治環境的劇變，經營家族累積的土地財富，讓家族企業發展苗壯。客家母親猶如大地之母的女性形象，打不倒的堅韌個性，在電影中真實呈現，母親形象塑造極為成功。

（三）賢妹文武雙全，婦女參戰

　　劇本中記述黃賢妹為苗栗頭份富豪黃阿龍之女，黃阿龍並非財大氣粗的富商，設有稻香私塾，吳湯興在此講學，與黃賢妹結下姻緣。賢妹不但讀過詩書，拳腳功夫了得，騎馬、射箭都難不倒她，不輸男人，所以賢妹堪稱允文允武的客家女性。尖筆山戰役後，義軍向劉永福請求支援，黑旗軍統領吳彭年移軍駐紮苗栗，與吳湯興等義軍部署協同抗日。當日軍進攻苗栗，義軍節節敗退，日軍所到之處燒殺擄掠，哀鴻遍野，《情歸大地》中，被義軍所俘日兵返回日營說到：「賊軍有婦女，不是看護婦，而是戰士，且都是婦女，約三、四十人。」說明了客家婦女參戰的情況。兵燹後的銅鑼庄，黃賢妹等三位女性，勁裝打扮，背戴武器及弓箭，趁夜與湯興會面。（SD-2）湯興南下與日軍背水一戰，賢妹目送大隊義軍在風沙中急奔南方。（SD-6）隨後默坐鏡台前，自五斗櫃取出尺二帶鞘短刀，默默凝然。（SD-7）與二十餘人著勁裝的客家婦女，持擔竿或木棍相會，賢妹等三人馳馬南行。賢妹變裝男性，在八卦山之役前與湯

氏家藏文書看婦女在傳統社會中的地位─以粵東梅縣客家婦女為重點分析〉，《中南民族大學學報》第 25 卷第 6 期，（2005 年 11 月），頁 135-136。
58　吳學明，〈北埔姜家與台灣的禦侮戰爭〉，頁 5-16。

興會面。（SE-22）以上等劇本情節的安排，在在呼應日本士兵所言「婦女參與抗日」的事實，並非虛言。

　　所以劇本中的黃賢妹，不僅只是客家女性的傳統典型，在國難當頭她挺身而出，展現愛鄉愛土的生命情感，與男性並肩作戰抗日，擔負執干戈以衛社稷的職責，沿襲客家婦女文武兼備，女中豪傑的傳統。[59]其實鍾肇政的《台灣三部曲》、《濁流三部曲》；吳濁流《亞細亞的孤兒》；謝霜天《梅村心曲》；黃娟《楊梅三部曲》及李喬《寒夜三部曲》等台灣客家小說，內容都涉及客家女性，在日本殖民統治下的歷史悲情及國家情懷，慨然出征參加武裝抗日的行列。在客家男兒揭竿而起時，即使是未受教的客家女性，亦承繼客家族群的女性傳統，與家族並肩走在抗戰的前列。[60]

　　乙未之役的戰爭場景，客家女性是不會缺席，但電影只通過森鷗外之口，說明「台灣百姓偽裝，有婦女老者參與作戰，無法辨識良民與賊兵。」一語帶過。對女主角賢妹婦女形象的塑造，完全侷限於傳統客家婦女的典型框架，是男性身後的輔助角色，丈夫保衛社稷離鄉後，一肩挑家中重擔，做農事、溪邊染織；獲知湯興義軍缺糧，後繼無援時，將私藏於大樹底的珠寶首飾，變賣籌措糧餉，並親自徒步護送前線。賢妹賢淑識大體溫柔婉約的婦女形象，與李喬塑造賢妹允文允武的形象有顯著差別。

---

[59] 謝重光：《客家文化與婦女生活──12-20世紀客家婦女研究》，頁215-217。說明太平天國之際，客家婦女踴躍從軍，直接參與戰鬥，如蘇三娘率兵先登，時人有詩詠讚「綠旗黃幌女元戎，珠帽盤龍結束工；八百女兵都赤腳，蠻衿扎褲走如風。」充分表現客家婦女在太平天國的巨大貢獻。

[60] 樊洛平：〈客家視野中的女性形象塑造及其族群文化認同──以台灣客家小說為研究場域〉《台灣研究集刊》2008年第1期，頁60。

　　事實上，乙未之役婦女是否參戰，《台灣征討圖繪》第一編〈殘將余清勝來降〉一文，出現台灣婦女同胞直接參與戰役的歷史記紀錄，記述日軍攻擊大姑陷（即大嵙崁，今桃園縣大溪鎮）的戰況：

> 我軍攻擊大姑陷，衝鋒進入市區時，不要說是男子，就連十五、六歲的少年及婦女也都拿著武器抵抗我軍。可順帶一提的是，賊兵使用間諜似乎也不太用男子，而以女子居多。[61]

　　由此文透露二個訊息，時之台灣不分男女老少，全民參與抗日，證明台灣婦女的確參戰；且不論少年、婦女皆能獨當一面奮勇殺敵，為刺探軍情，不用男子，多派出女間，以求致勝。

肆、《1895》遊走於歷史與戲劇之間

　　《1895》以影像重新書寫台灣史，有別於過去傳統史觀的論述，以吳湯興等客家人抗日事蹟，認識乙未之役的抗日戰史。所以它不同於一般娛樂電影，可視為「寓樂於教」、「寓樂於史」的一部台灣客家人抗日史影片，自客家文學劇本、台灣乙未年史、乙未各戰役、客家三傑等不同角度詮釋文學、歷史、戰爭、人物等議題，讓觀眾經由影片了然反思《情歸大地》及電影傳達的理念。

　　將過去發生的人物事蹟，以史詩、劇本、小說等不同文體，以文本方式書寫，被視為文學創作，書寫的是「過去發生的事」那是歷史範疇，又牽涉時代背景；時代變遷過程；時代氛圍產生及社會、經濟、文化、思想等不同面向，所以單純的文學和歷史碰撞，那「歷史」不再是過去事實的本身，也涵蓋「人們對於過去事實的認知和

---

[61] 許佩賢譯：《攻台見聞・風俗畫報・台灣征討圖繪》，頁 135。

傳達的成果」[62]所謂「傳達的成果」是可以經由書寫（文字）、語言（口述）、繪本（平面靜態）、圖像（立體動態）、媒體（電視、電影影像）等不同方式詮釋，結合文學、歷史及多元思維呈現。

一、從人物、情節、場景談《1895》的影視史學

1990 年中興大學歷史系教授周樑楷，在台灣首次提出「影視史學」的概念，並開設「影視史學課程」及建置專屬的論述空間「影視史學專用教室」，並以專文、專輯、譯文、座談等方式，引介推廣影視史學學門。其實影視史學名詞，首創於美國史學家懷特（Hayden White）於《美國歷史評論》（American Historical Review）中提出「Hist-toriophopy」，為此定義為「以視覺的影像和影片的論述，傳達歷史及我們對歷史的見解。」[63]

周樑楷將「影視」擴大範疇為「影像視覺」，可以靜態、動態的圖像符號，傳達人們對過去的認知，可探討分析影視歷史文本的思維方式或知識理論。[64]換言之，藉由靜動態的繪畫、攝影、電視、電影或數位化多媒體的形式，都可呈現歷史。尤其是影像，有畫面、動作，強烈的敘事功能，情節曲折變化，高潮迭起，人物語言表達、表情肢體動作，帶領觀眾走入心靈深處，喚起熄滅的歷史記憶，誇張的情緒感染力，勝過文字敘述。所以藉由影像傳達歷史，成為詮

---

[62] 周樑楷：〈世界文化史教學的新趨向〉《歷史學科教育之趨勢》，台北：教育部人文及社會學科教育指導委員會，1988，頁 115-120。

[63] Hayden White, "Historiography and Historiophoty"（The American Historical eview, vol.93, no.5）（December 1988, 1193）轉引自周樑楷：〈影視史學：理論基礎及課程主旨的反思〉，頁 446。

[64] 周樑楷：〈影視史學：理論基礎及課程主旨的反思〉，《台大歷史學報》第 23 期，1996 年 6 月，頁 447。

釋歷史的另一種方式，影像被運用為書寫歷史的工具，因為有廣大的觀眾群，影響無遠弗屆。

　　於是電影成為歷史的研究資料；電影是歷史的使者；電影成為另一種官方的歷史等內涵，不斷地被傳播運用。[65]例如馬克・費候（Marc Ferro）的傳記作品《貝當將軍》（Pétain）改編為電影。描述二次大戰法國人心目中英雄貝當將軍，成立維琪傀儡政權後的惡行惡狀，及審判貝當將軍的歷史過程。影片著重角度不在於貝當將軍歷史的重現，而是刻劃政權轉移下法國人民的心路歷程。[66]所以費候認為電影是歷史文獻的使者，社會文化是影像的製造者與消費者，在一部電影醞釀的過程中，必然一定程度呈現時代背景、社會文化、大眾思維、意識形態，電影的編劇及導演，決不吝於表達個人的歷史觀。[67]不過影片終將接受時代的檢驗，必須接受被分析與公評的命運。

　　台灣本土的歷史戰爭片，在七〇年代興起抗日戰爭主題電影的熱潮，隨著政策改變，政權的轉移，時代變遷過程中，民眾思維的渡化，仇日抗日的情緒，取而代之是海納百川地球村的概念。今天抗日戰爭電影捲土重來，觀眾必然以放大鏡檢視《1895》。劇本原創李喬根據乙未戰史介紹客家三英雄，編寫符合乙未歷史的劇作版

---

[65] 馬克・費候（Marc Ferro）著，張淑娃譯：《電影與歷史》（Cinenia et Histoire），台北：麥田出版股份有限公司，1998 年 8 月。費候（1924-）法國年鑑史家，最早將電影視為歷史媒介及資料的學者，參與製作電視歷史節目，將研究心得及拍攝影片經驗，分五個專輯，23 篇單篇專文介紹電影與歷史主題，收錄於 1977 年出版《電影與歷史》。其著作豐富，有十餘部專書，而其傳記作品《貝當將軍》（Pétain）改編為電影。

[66] 馬克・費候：《電影與歷史》，頁 269-272。

[67] 任育德：〈評張廣智《影視史學》〉，《政大史粹》創刊號，1999 年 6 月，頁 150。

本，電影劇本由高妙慧、葉丹青在《情歸大地》既有的基礎上重新編劇，李喬並未參與電影編劇，僅任文史顧問。所以《1895》是經由二次改編的歷史劇情片，依李喬原劇作者的立場，純粹紀實或者依個人主觀論述歷史，可是站在電影編導的立場，編出合於戲劇的歷史，符合電影拍攝手法的歷史，在有意識的作為下，它可以在既有史實的縫隙中，虛構情節。

如果《1895》所論述的劇情內容，與已知的歷史論述比對，影片中的年代、人物、事件，如果謬誤多、偏差大就無法歸結為歷史，因它是失真，沒有真相的歷史片。如果觀眾不在意歷史真實與否，由歷史文本改編後的史詩、歷史劇或歷史電影等，影片情節虛實交映，真假相合，即便是虛構，虛情實景，仍能呈現令人嘉許的歷史劇情片。畢竟李喬及電影編劇並非專業的歷史家，他們有虛構情節的自由，正如美國史家羅森史東（Robert A Roseston）強調：「我們不可能單獨只憑「書寫歷史」的標準來評論「影視歷史」，因為每一種媒體都必然各有各的虛構成份。」而且「在銀幕之中，歷史為了真實必須虛構。」[68]

雖然抱著「影視歷史」的概念走進電影院，欣賞乙未之役的歷史戰爭片，但不免吹毛求疵，檢視劇中人物塑造、情節敘述、場景等枝微末節，有以下觀察。

吳湯興是電影第一男主角，是客家三秀才指標人物，抗日的民族英雄，從丘逢甲號召義軍，湯興登高一呼，帶領義軍抗日，一生事蹟台灣史有詳細記載。閏五月十八（7月9日）新竹之役後，湯興因糧餉與苗栗知縣李烇發生齟齬，李烇憤請撤除湯興義軍統領之

---

[68] 周樑楷：〈影視史學：現編基礎及謀程主旨的反思〉，頁 459。

職，劉永福聞報，馳書請苗栗仕紳謝維岳，居中斡旋無效，兩造互不相讓，致義軍統戰策略擱置，日軍始向苗栗攻擊。[69]

《情歸大地》第 Sc-1 幕，尖山、頭份之役，記日軍作戰總部，親王與各兵團戰務報告，述及義軍首領姜紹祖戰死，湯興與徐驤兵力損失三成，又「據未經證實的消息，吳湯興因為糧草爭取，與苗栗縣令起嚴重衝突。」原本史實具在，劇本言「未經證實的消息」，電影更是不加著墨。

吳湯興具名留下的文獻有二篇，一篇為唐景崧授予湯興義軍統領大印後，出示的「招募義軍告示」；另一則是向台灣知府黎景嵩請求糧餉的稟文。[70]說明各地招募之義民先鋒辦勇二千名，分別由徐驤、姜紹祖、邱國霖、張兆麟等分別扼守隘口，「義民尚有數萬，然草野農夫，散即為民，聚即為兵，只可應敵未能調防。」期望在軍情吃緊之下，速撥糧餉，以厚其兵力，由此可見招募義軍都是農夫良民，個個驍勇善戰，不輸官兵，可是大隊兵馬卯吃寅糧，巧婦難為無米之炊，湯興身為義軍統領，籌發糧餉及武器裝備補給，乃迫切解決的問題。和苗栗知縣李烇為糧餉事有不合，其來有自，亦情有可原。雖然學者認為日軍急速攻下苗栗，苗栗棄守之快，湯興與李烇相互攻訐，未能同心協力有密切關連。[71]

戰爭的軍事領袖，是戰爭勝利與否的關鍵，即使英雄也非完人，難免有個性缺失，人際關係失調的情況。若電影詳細記實，另以湯興為指揮抗日大局，為義軍爭取糧餉，不惜與地方對抗，以此

---

[69] 吳李二人不合情事，史有記錄。《台灣通史》下冊，頁 974；《瀛海偕亡記》，頁 9。
[70] 陳漢光：《台灣抗日史》，台北：海峽學術出版社，2000 年，頁 94-95。
[71] 黃秀政：《台灣割讓與乙未抗日運動》，頁 221。

角度切入，塑造湯興受義軍愛戴同甘共苦，鮮活的抗日領袖，遠勝過隱惡揚善，更顯戲劇張力。

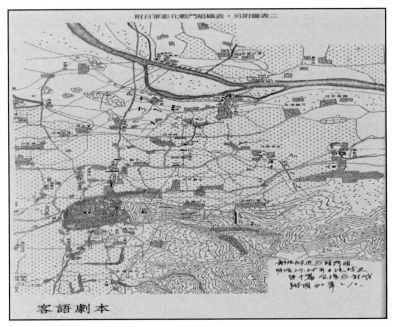

圖 9-3　《日清戰史‧臺灣討伐》，日軍於八卦山戰鬥分佈圖

　　吳湯興抗日民族形象，在於個人將生死置之度外，展現民族國家利益高於個人利益的高道德情操。戰爭片以流血方式詮釋戰爭的殘酷，以死亡與殺戮塑造英雄英勇的形象及最後尊嚴，所以為鄉土捐軀的英雄，在電影中多以此展現悲壯成仁的影像。湯興成仁於七月九日（8 月 29 日）彰化八卦山之役，李喬劇本特別括弧說明「SE 以八卦山決戰為主戲」（SE-1 至 SE-9），附有「彰化戰役日軍戰鬥組織分佈圖」（見圖 9-3）。描述日軍攻擊掃蕩，義軍與之周旋悲壯

奮戰的經過，足見該役為關鍵性一戰。史書對湯興殉難亦清楚的交代，當日軍重兵攻打八卦山砲台，湯興手執槍，束褲草鞋，指揮義軍抵抗，帶領三十個部下，在槍林彈雨及人羣中不得進城，於是繞過東門城，不料在槍林彈雨中，中彈身亡。

　　八卦山之役是乙未之役最壯烈的一場戰役，黑旗軍領袖吳彭年及湯興都殉難於此，是戰爭英雄殞命的場景，是英雄一生的了結。電影卻只有湯興臉部奮戰特寫而落幕，毫無湯興義軍與日軍戰鬥場面，如此草草收場，不免虎頭蛇尾，對照湯興揭竿而起，「明知不可為而為之」的鏖戰精神，至民族英雄壯烈成仁的悲壯，頭尾不能銜接，觀眾的期待完全落空。

　　或許是拍攝經費不足，無法重現八卦山戰役慘烈的場面。如今這驚天動地的八卦山之役，湯興與日軍激戰的地點，就在彰化八卦風景區內，矗立「抗日烈士紀念碑公園」的牌樓，公園內供奉抗日烈士的祠堂，石牆外刻有說明乙未戰役、八卦山戰役始末的碑文，目睹歷史遺跡，遙想當年戰爭的壯烈，八卦山戰役的歷史記憶已深植心中。

　　全片描述的戰爭場面都不大，也不多，幾場戰役場景都在竹林、溪床進行抗日行動，如此小規模游擊戰其實完全符合史實。雖然義軍人數稀少，也非正規軍隊，但了解在地地形地物，選擇擅長的游擊戰、巷戰、偷襲戰略方式與日軍對峙，在桃竹苗地區，不論山間、平原、丘陵、鄉村、民宅，隨處可見義勇農民埋伏，形成草木皆兵的情況（見圖 9-4），可明白義軍以小規模竹林巷戰作戰方式痛擊日軍。[72]

---

[72] 原圖資料來源《台灣征討圖繪第二編》「山根支隊前衛衝入竹林圖」，轉引自許佩賢譯，《攻台見聞——風俗畫報‧台灣征討繪圖》，頁 10-11。

圖 9-4　日軍前衛隊在竹林與義軍對峙。

抗日民軍突然從四面八方湧現，日軍瞬間便被射倒數人，座
騎也奔竄稻田之中，在此情況之下，根本無法作有效的抵
抗，指揮官乃下令退卻，各自分頭儘力求生，部隊隨即散開，
四面逃奔。[73]

因此日軍對敵我難分的游擊方式，頭痛萬分，不知農田裡暗藏
玄機，農民隱身於田野中，當敵軍靠近曳鋤托起鎗枝，霎時耕者變
成抗敵健卒與日軍對抗，日軍猝不及防，披靡而遁逃，屢挫日軍。
正如當年 The North China Hearld 的記者 J.W.Davidson 描述：

日軍在台灣遭遇最大障礙是笑面孔的村民，若是日軍兵力少
時，槍彈就飛過來。一小時前的採茶人現在已是敵人。[74]

---

[73] J. W. Davidson《The North China Hearld》記者，描寫乙未之役當時的戰況。
參閱許佩賢譯，《攻台戰紀‧日清戰史‧台灣篇》，頁 39。

[74] 許佩賢譯：《攻台戰紀‧日清戰史‧台灣篇》，頁 38。

　　姜紹祖成仁於十八尖山之役，《1895》是乙未戰役中激烈戰役之一。義首姜紹祖不幸殞落，他的成仁，不但使北埔姜家頓失依柱，抗日義軍失去一員大將。《1895》對客家三英雄的殉難情節，只有姜紹祖與日軍對峙、激戰、被困於甘蔗田內，日軍放火逼出姜紹祖而被捕，紹祖臨終（自輓）詩云：「邊戍孤軍自一枝，九迴腸斷事可知，男兒應為家國計，豈敢偷生降敵夷。」[75]

　　實則史實載，紹祖率義軍百餘人退自枕頭山（今新竹市動物園一帶）附近，頂竹圍黃厝（今新竹市學府路至體育館處）的空屋內遭日軍圍困，日軍放火，姜紹祖被迫投降被捕者有一百一十五人。[76]但《瀛海偕亡記》未說明何處被捕，記「紹祖與七十餘人皆被擒，敵軍不知誰為首，殺二十人，餘囚之，而紹祖自絕死，或謂贖出者，訛也。」[77]

　　不過姜家家族後代溫建中醫師說明，紹祖被困於黃家大宅，時四周皆為甘蔗林，雙方激戰，燒林困屋，捉人於此。證明紹祖被日軍放火團團圍住黃家而被捕，並非圍困甘蔗田內。原《情歸大地》SB-9 幕，交待在黃昏時刻，於黃谷如空屋、地下室，見日軍排山倒海而至，躍入蔗園義軍紛紛遭射殺，未及戰鬥而被捕，約六十多人。《1895》電影並未採納原劇佈局，直接越過黃家祖厝，以甘蔗田為紹祖被捕之地。

　　紹祖留下遺墨不多，《情歸大地》及電影中的自絕詩，是否為姜紹祖在獄中壁上所留下，史所未載，無從查考。[78]另姜紹祖於出

[75] 鍾肇政：〈丹心耿耿屬斯人──姜紹祖傳〉，頁 1。
[76] 吳學明：〈北埔姜家與台灣的禦侮戰爭〉，頁 5-13。
[77] 洪棄生：《瀛海偕亡記》，頁 10。
[78] 據鍾肇政〈丹心耿耿屬斯人──姜紹祖傳〉記紹祖自盡前，自身上撕下一塊布，寫下〈自輓〉後交與長工阿輝（湯錦輝）帶出。頁 147。

師前檄文，表達保衛家鄉，不甘淪為異族統治的決心，展現紹祖年十九歲，不凡的忠貞氣魄，若能在影片中，「天水堂」正義出師的場景，同時朗讀，可充分表現紹祖文武兼備，英雄出征的壯闊胸襟。

《1895》導演洪智育表示：

> 一八九五的台灣，不分族羣、階級，為了保護台灣這塊土地，明知會死也要犧牲，對比當今台灣充滿不確定感，愛台灣容易說，但很難做到，從這部電影裡應該能有些啟發。[79]

自電影展現乙未年不分族羣的全民戰爭，客籍、閩籍攜手參與，當然也應該包括原住民勇敢參戰的情節。《情歸大地》SA-7 幕，湯興歡迎賽夏勇士加入一起抵抗東洋番，相約「結同年，同心保台灣。」並誓言「不分種族，保衛鄉土，守護家園，決死面對。」《點石齋畫報》之《台軍大捷》（見圖 9-5），描述日軍既得台北後，進犯新竹縣境，林朝棟率番軍出奇制勝，殲滅日軍的圖像，都說明乙未之役原住民並未缺席：

> 經林蔭堂觀察督民兵，並招集熟番數千人出奇制勝，敗之於桃仔園，旋又調兵三百餘名，往攻中力被觀察四面兜剿，悉數殲滅無一生還。[80]

事實上當台灣官紳紛紛出走，此時全台同仇敵愾抵抗外侮，進行全民保家衛鄉的聖戰，不分階級，台灣生員、富豪、地主、鄉紳、農民、村民、婦女無不投入，不分族羣閩族、客族、原住民，組織義勇軍、娘子軍，番兵、民兵等武裝抗日。在此思維下，提供電影不少揮灑空間，遺憾的是影片並未聚焦於此。

---

[79] 〈國片再發燒 1895 下周上映〉，《聯合報》A5 版，2008 年 10 月 30 日。
[80] 參見《點石齋畫報》〈台軍大捷〉書五十二。

圖 9-5　熟番於山林溪床奮勇抗日圖

　　《1895》是台灣第一部以客與對白為主的電影，語言代表族羣存在的重要依據，沒有語言就沒有族羣，因此全片原音重現，有客語、閩南語、日語，強化電影對白的親和力，但唯獨少了原住民語，影片中出現原住民的身影，卻未出聲，只有超渡死亡弟兄的祭文，此情此景，如何說服觀眾認定「這是一場不分族羣的全民戰爭」。誠如宣傳劇照所言，「一個男人，對他家園的愛，一個女人，對他男人的愛，而所有的感動，剛好發生在 1895 的台灣。」漏掉了誰，乙未戰史都無法完整。

二、客家文化的彰顯與包裝

　　《1895》全片籠罩著濃濃的客家風情，姜家天水堂傳統客家民居的建築，湯興仉儷帶領工人提煉樟腦油的樟腦寮，[81]成功地塑造客家文化氛圍及客家民族特色。尤其在客家婦女的身上彰顯了客家文化的典型，影片客家婦女獨特穿著，梳著光亮、整齊的髮髻，在在凸顯客家婦女特有的服飾文化。賢妹帶領族人染織的鏡頭，女性角色穿著大襟衫，山形斜襟，小立領，有寬窄各一的飾邊的領口，半長袖，下著大襠褲，呈現典型的客家婦女傳統穿著。由於客家婦女傳統衫褲，以藍、黑色為主，有吸汗、實用、耐髒的特點，藍衫已成為客家婦女服飾的表徵。[82]從其傳統客家婦女衫褲的著裝，表現其樸素、實用、節儉、理性的性格，崇尚自然和諧的本質。影片不論高貴的姜母及一般丫頭、管家，不分貧富貴賤都穿著相同的藍衫，勞動的女神不論身處在農田、樟寮、溪床，無一不是堅強、勤勉、獨立、能幹的模樣，在純樸服飾的襯托下，美麗而溫柔的女性形象，道地台灣客家婦女原鄉女性的美德，同時展現。[83]

　　此外客家婦女農作中以種茶、採茶，為主要勞動工作，影片並未出現任何鏡頭。台灣自嘉慶、道光始，於北部丘陵普遍植茶，與

---

[81] 台灣樟林分佈中北部山地，1860 年至 1895 年止，樟腦成為出口大宗，供應全世界的樟腦市場。苗栗地區的開發與樟腦業勃興，有密切關係，今苗栗客家城鎮如大湖、三義、南莊等，都是因製樟業，蓬勃發展而起的市鎮。曾絢煜：〈台灣樟腦業今昔——走訪腦寮〉，《漢聲雜誌》第 23 期，1989 年 12 月，頁 68-69。

[82] 邱舜平：〈「慢」延花漾現古今——威廉莫里斯印花設計與新客庄布花工藝鏡像〉，《歷史月刊》第 237 期，2007 年 10 月號，頁 21。

[83] 鍾鐵民：〈鍾理和筆下的客家女性〉，《漢聲雜誌》第 23 期，1989 年 12 月，頁 48-49。

糖、樟腦成為外銷的首位，可見茶是客家村莊賴以維生的坡地作物，是客家人民的生機。客家婦女採茶時，頭戴斗笠，遮蔽豔陽，會以殘剩的花布，綁在斗笠上成為色彩艷麗的笠巾，穿梭於油綠茶樹之間，形成萬綠點紅美麗的景象。今日文建會為建構族羣特有的文化，重新包裝設計，發揮創意，以原本居暗色系，改以「台灣紅」為基色客庄花布，以鮮豔明亮的色彩，代表客家文化的傳統與創新。[84]客家婦女生活呈現多面向、多層次，多色彩，正如客家女性頭巾，笠巾的各種花色，展現客家婦女獨特的服飾穿著，表達大地之愛，男女之愛的熱情及勤奮的精神。

少了茶園的場景，山邊丘陵茶樹之間，客家婦女採茶農忙時，自然無法傳唱藉以發抒的客家山歌。其實《情歸大地》劇本，是以男主人公吳湯興，遠眺群山雲海，吟唱著客家山歌（渡台悲歌）「勸君切勿棄台灣，是生是死都艱難，落地生根誓不還，食酒唱歌好歡喜」，由此拉開全劇序幕，在悠揚客家山歌中，襯托福爾摩沙的美麗。代表客家傳統音樂的採茶山歌，以高音五聲商調式為基調，歌曲內容多表達男女悲歡離合，至死堅定不移的愛情，藉山歌對唱發抒茶園勞作的辛勤。所謂「客家山歌有名聲，條條山歌有妹名，條條山歌有妹份，一首唔搭妹子唱唔成。」[85]客家婦女生活與客家山歌的密切，可見一般。所以採茶姑娘，手裡採著茶，嘴裡哼唱著山歌的情境，點染出一幅客家女性採茶的歡樂圖像，已成為客家婦女生活的典型及生活模式。電影雖有客家山歌的播唱，但僅是片尾曲

---

[84] 邱舜平：〈「慢」延花漾現古今——威廉莫里斯印花設計與新客庄布花工藝鏡像〉，頁 21-22。

[85] 謝重光：《客家文化與婦女生活——12-20 世紀客家婦女研究》，頁 91。

的配樂，隨著樂聲全片劃下句點，相較之下，《情歸大地》對客家
文化的刻畫，遠比《1895》有更多的著墨及呈現。

伍、結語

　　戰爭是世界的災難，人類的浩劫，對台灣子民而言，是人民的
夢魘，未曾戰敗，日本無端索台，被迫割讓，台灣唯有自立救濟，
始有台灣人武裝抗日乙未之役。如今《1895》取材於台灣史實真人
真事，或受限電影時間長度，或受制於經費預算，或商業市場的考
量，或受困於場景拍攝，難以如實呈現戰爭場面，以致削弱了歷史
感。但是通過電影，原著編導用心表達的核心價值，傳統抗日戰爭
模式的成功轉型，讓觀眾認識乙未之役抗日史實及客家三傑，展現
台灣主體意識及客家族群意識。

　　以文化創意產業的角度而論，一部電影透過文化與創意的包
裹，智慧財產的形成與運用，除創造提高產業的附加價值外，在於
獲得觀眾廣大迴響，即使是眾聲喧嘩。以消費者的立場而言，今天
走進戲院，300 元的電影票價，付出的金錢，必然期待收穫大於票
值。但在國片一片低迷情況下，當務之急是如何吸引觀眾走進戲
院，如何有效地運用行銷策略，讓影片成為「不得不看」電影。[86]
經過劇組團隊及相關單位大力行銷，《1895》上演首週即開出紅盤，
票房突破五百萬，連鎖業者斥資百萬，飲料杯上變裝為 1895 字樣，
表達對國片的支持。[87]

---

[86] 黃金鳳主編，《表演藝術──啟動創意新商業》（台北：典藏藝術家庭股份
　　有限公司，2004 年 4 月），頁 64-72。

[87] 據新聞局電影事業處的統計，《1895》（98/11/7 至 99/1/4）上映票房紀錄約
　　一千三百萬元。

　　當文學劇作、歷史與戲劇碰撞後不同的火花，寓教於無形的拍攝手法，賦予抗日戰爭片嶄新模式。對台灣人言，1895 不再是個陌生的年代；乙未之役是深入腦海的歷史記憶；年輕學子叫得出吳湯興、姜紹祖、徐驤的大名，《1895》電影已然成功。

　　本文透過台灣史料及海內外專家學者論著，以李喬劇本及電影背後隱含的意義與內涵，作初步探討。期待日後有更多不同的藝術形式改編著作，化為影像，藉由影視作為學子在文學、歷史上輔助教學，以補助紙本教學之不足，進而提昇學生文史教育的素質。

參考文獻

一、專著

《台灣前期武裝抗日運動有關檔案》，台中：台灣省文獻委員會發行，1977
　　年5月。
《重修台灣省通志》，台中：台灣省文獻會，1998年6月。
《點石齋畫報》，廣州：廣東人民出版社線裝本，1983年6月。
Louis D.Giannetti 著，焦雄屏譯：《認識電影》，台北：遠流出版事業股份
　　有限公司，2009年10。
Marc Ferro（馬克・費侯）著，張淑娃譯，《電影與歷史》（台北：麥田出
　　版股份有限公司，1998年8月）。
尹章義、陳宗仁：《台灣發展史》，台北：交通部觀光局，2000年2月。
王曉波：《台胞抗日文獻選編》，台北：帕米爾書店，1985年7月。
丘秀芷：《剖雲行日──丘逢甲傳》，《近代中國叢書・先烈先賢傳記叢刊》，
　　台北：近代中國出版社，1985年8月。
丘晨波：《丘逢甲文集》，廣州：花城出版社，1994年6月。
吳文星：《日據時期台灣社會領導階層之研究》，台北：正中書局，1992
　　年3月。
吳德功：《讓台記》，《台灣文獻叢刊》第七輯，台北：大通書局，1987。
李　喬：《情歸大地》（台北：行政院客家委員會發行，2008年10月）。
李　喬：《寒夜三部曲──寒夜》（台北：遠景出版事業有限公司，2001
　　年7月）。
雨　青：《客家人尋根》（台北：武陵出版有限公司，1992年10月）。
思痛子：《台海思慟錄》，《台灣文獻叢刊》第七輯，台北：大通書局，1987。
洪棄生：《瀛海偕亡記》，《台灣文獻叢刊》第七輯，台北：大通書局，1987。
苗栗縣民政局：《苗栗縣志》，苗栗縣：民政局編印，1974年。
許佩賢譯：《攻台見聞──風俗畫報・台灣征討繪圖》，台北：遠流出版公
　　司，1995年12月25日。
許佩賢譯：《攻台戰紀──日清戰史・台灣篇》，台北：遠流出版公司，1995
　　年12月15日。

連雅堂著：《台灣通史》，台北：黎明文化事業股份有限公司，1985 年 4月 1 日。

陳運棟：《台灣的客家人》，台北：台元出版社，1990 年 1 月。

焦雄屏：《台灣新電影》，台北：時報出版社，1988 年。

馮久玲：《文化是好生意》，台北：城邦文化事業股份有限公司，2003 年 4月。

黃仁、王唯：《台灣電影百年史話》，台北：視覺印象廣告事業有限公司發行，2004 年 12 月。

黃秀政：《台灣史研究》，台北：台灣學生書局出版，1992 年 2 月。

黃秀政：《台灣割讓與乙未抗日運動》，台北：台灣商務印書館發行，1992年 12 月。

黃金鳳：《表演藝術──啟動創意新商業》，台北：典藏藝術家庭股份有限公司，2004 年 4 月。

楊護源：《丘逢甲傳》，《台灣先賢先烈專輯》，南投：台灣省文獻委員會發行，1997 年 6 月。

鄭天凱：《政台圖錄──台灣史上最大一場戰爭》，台北：遠流出版公司，1995 年 12 月。

謝重光：《客家文化與婦女生活──12-20 世紀客家婦女研究》，上海：上海古籍出版社，2005 年 10 月。

羅惇曧：《割台記》，《台灣文獻叢刊》第七輯，台北：大通書局，1987。

鍾肇政：《丹心耿耿屬斯人──姜紹祖傳》，《近代中國叢書・先烈先賢傳記叢刊》，台北：近代中國雜誌社，1984 年 4 月。

二、學術論文、期刊

尹章義：〈日本人屠殺了多少無辜的台灣人〉《歷史月刊》226 期，2006 年11 月，頁 48-60。

台灣客家研究學會：《乙未戰爭與客家》，台北：學術研討會論文集，2005年 12 月 24 日。

任育德：〈評張廣智《影視史學》〉《政大史粹》創刊號（1999 年 6 月），頁 147-156。

吳密察：〈乙未之役（1895）的記憶與描寫〉，收於台灣大大學歷史系《集體暴力及其記憶：1000-2000 年間東亞的戰爭記憶、頌讚和創傷》國際學術研討會，2005 年 7 月 28 日。

吳學明：〈清代姜朝風家豐拓墾史〉，《金廣福墾隘研究》下，新竹：新竹縣政府，2000 年，頁 22-24。

周樑楷：〈世界文化史教學的新趨向〉，《歷史學科教育之趨勢》，台北：教育部人文及社會學科教育指導委員會，1988，頁 115-120。

周樑楷：〈影視史學：理論基礎及課程主旨的反思〉，《台大歷史學報》第 23 期，1996 年 6 月，頁 445-470。

房學嘉：〈從李氏家藏文書看婦女在傳統社會中的地位——以粵東梅縣客家婦女為重點分析〉，《中南民族大學學報》第 25 卷第 6 期，2005 年 11 月，頁 132-136。

邱舜平：〈「幔」延花漾現古今-威廉莫里斯印花設計與新客庄布花工藝鏡像〉，《歷史月刊》第 237 期，2007 年 10 月號，頁 18-24。

陳三井：〈日據時期台灣武裝抗日事件〉，《歷史月刊》226 期，2006 年 11 月，頁 65-79。

曾絢煜：〈台灣樟腦業今昔-走訪腦寮〉，《漢聲雜誌》第 23 期，1989 年 12 月，頁 68-69。

黃秀政：〈論清廷朝野的反割台言論〉，《歷史月刊》第 88 期，1995 年 5 月。頁 34-41。

黃榮洛：〈姜紹祖的敢字營有幾營？〉，《台灣風物》第 43 卷第 4 期，1993 年 12 月。

廖志峰：〈青春的歌，從 1895 以來〉，載於《聯合報》E2 版。，2008 年 12 月 18 日。

樊洛平：〈客家視野中的女性形象塑造及其族群文化認同以台灣客家小說為研究場域〉，《台灣研究集刊》2008 年第 1 期，頁 56-65。

衛琪：〈《點石齋畫報》中乙未（1895）抗日的客籍義勇軍——《賢母守城》係指何人？〉，《歷史月刊》第 254 期，2009 年 3 月號，頁 86-92。

鍾鐵民：〈鍾理和筆下的客家女性〉，《漢聲雜誌》第 23 期，1989 年 12 月，頁 48-49。

藍玉英：〈歷史和人文關懷下的客家婦女研究——讀謝重光博士新著《客家文化與婦女生活》〉，《福建師範大學學報》2006 年第 4 期，頁168-170。

陳怡之：〈文化創意產業之價值傳送體系——以韓國電影產業為例〉，元智大學知識服務與創新研究中心網站 http://www.iksi.org.tw/big5/3v3d04.php。

殖民世代：〈森鷗外駐台灣時期的酬答詩〉http://tw.myblog.yahoo.com/jw!VC00iUmLHwKalCCy98M4/article?mid=26。

藍色電影夢：http://4bluestones.biz/mtblog/。

附錄一

生活工藝品的美學體驗模式之先期研究

蔡依翔

國立台灣藝術大學工藝設計系研究生

林伯賢

國立台灣藝術大學工藝設計系副教授

林榮泰

國立台灣藝術大學工藝設計系教授

壹、緒論

一、研究背景與動機

　　隨著台灣經濟及消費型態的改變,從過去的農業經濟、工業經濟、服務經濟轉變至現今的體驗經濟,而經濟價值演進的四個階段為貨物、商品、服務與體驗(周能傳,2005)。

　　過去人們仰賴種植收穫換取經濟利益,但這類產品是容易被取代、替換的,且當時僅仰賴人力耕作,生產效率低。自蒸氣機發明後,引發工業革命,各式各樣的新發明與新產品如雨後春筍般的問世,也此帶動經濟急速成長。當生產技術日益成熟、精進,大量生產的結果帶來供需失衡,商品無可避免的陷入價格競爭的拉鋸戰。有的業者為了吸引更多消費者青睞,除了商品之外,提供了更多完

善且周到的服務。服務是針對客戶需求所客製的無形活動，為了避開折扣策略所以引發的價格戰，所產生的一種策略。然而服務性工作，今日已漸漸出現被商品化的趨勢，他們受到「自動化」的衝擊，無論是銀行行員、接線生……等，部分的服務已被「軟體」取代。現今，出現了一種以服務為舞台、商品為道具，有別於以往將商品作為主要訴求的方式，而是提供身歷其境的體驗，使消費者融入其中。Pine II 與 Gilmore 認為經濟四個演進的差異在於，農產品是可加工的；商品是有實體的，服務是無形的；而體驗是難忘的（夏業良、魯煒譯，2003）。

創意生活產業定義是指「以創意整合生活產業核心知識，提供具有深度體驗及高質美感的產業」主要內涵包括「核心知識」、「深度體驗」、「高質美感」三大要素，強調產業透過創意而非創新經營模式，深入於消費者的生活體驗，藉由深度體驗誘發消費者的感性需求（經濟部工業局，2003）。

未來學家托夫勒在 1970 年代，即提出了農業經濟、工業經濟、體驗經濟三個經濟階段，並指出「來自消費者的壓力和希望經濟繼續成長者的壓力，將推動技術社會朝向未來體驗生產的方向發展」（林靜媚，2006）。透過創意生活產業發展，產生創新與創業機會，針對傳統產業、科技產業與設計服務業的特定關鍵問題，擬定具體有效的策略與措施並落實執行，以文化與科技為手段，透過生活型態與生活創意，提升各設計產業的創新競爭力（林榮泰，2008）。

二、研究目的

在現今供需失衡的經濟型態下，企業構思許多行銷手法來吸引消費者增加買氣，「體驗」即是其中的一種行銷策略。就以工藝體

驗而言，讓消費者動手做工藝這樣的體驗方式，對消費者而言就是最好的體驗了嗎？除了滿足消費者動手嘗試的慾望，心靈與美感的感性體驗，才是體驗的精神所在。因此本研究站在服務的角度，探討哪些工藝美學體驗的形式，最能貼近消費者的需求。

（一）消費者想要什麼樣的體驗模式？

（二）哪些體驗模式對消費者而言才是最好的？

（三）體驗究竟要體驗什麼？

就上述三點疑慮歸納出本研究目的：

（一）透過本研究的研究結果，找尋出消費者所想要的體驗模式，期望藉由這樣的感性體驗，能更發揚生活工藝之美。

（二）就經營者而言，一套有助於行銷其藝術工作坊的體驗行程，是最能刺激消費的經營策略。本研究目的在於架構生活工藝品的美學體驗要素，並探討哪些體驗面向，對消費者而言是重要的。期望藉由本研究，有助於藝術工作訪之體驗活動規劃。

政府推行文化創意產業已行之有年，如何讓此一產業產出經濟效益，一直是產學界努力的目標。期望藉由本研究，有助於政府推廣地方文化特色，無論是在體驗行程設計、特色文化商品設計及包裝方面，都能有所突破，並造就更多地方就業機會，創造地方商機。

三、研究的重要性

今日的消費現象，已從理性消費轉化成感性消費（林靜媚，2006），人們著重的不再訴求於功能性與價格的產品，對於美感、品味且獨特的追求有著更強烈的慾望。在傳統經濟觀念下，消費者並未參與生產的過程，而是被動的接受產品，而對於創意生活產業

而言，真正的生產者是消費者，因為產品的真正價值即是由他們創造（劉維公，2005）。透過體驗，使消費者更能感受生活工藝品的美學層面，引發消費，帶動產業發展，以經濟為基礎，強化生活型態，達到全民關心總體營造的目的。透過生活產業的文化與美學元素，建置成功的商業營運模式，掌握經濟的成長力及競爭力，以生活美學成為產業創新的競爭優勢。除此之外，就文化延續、設計層面與教育層面的重要性簡述如下：

（一）就文化層面而言

本研究透過生活工藝品與美學的探討，以服務的理念應用於體驗模式，期望藉由日常生活與美學體驗的結合，能豐富文化內涵、達到創意生活產業之目標。

（二）就設計層面而言

本研究除了探討生活工藝品與生活美學外，在體驗模式的達到的設計規劃與消費者所得到的心理感受進行驗證評估，對未來台灣創意生活產業的體驗行銷發展具有參考價值。

（三）就教育層面而言

本研究就教育層面而言有助於達到以下目標：

1. 推廣生活美學體驗：本研究以創新服務為理念，深耕以消費者感受為中心的美學體驗模式。
2. 培養顧客美學觀念：經由美學體驗，教育消費者對於美感及設計的認知。

3. 瞭解顧客心理感受：經由體驗模式發展，幫助設計者及企業瞭解消費者於體驗過後所產生的心理知覺歷程，以達到創意生活產業的服務理念。

（四）研究架構與流程

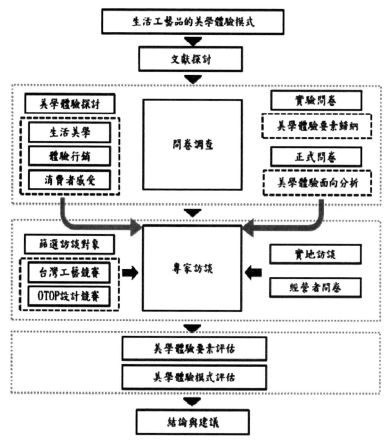

圖 10-1　研究架構與流程

（五）研究範圍與限制

1. 本研究對象以目前台灣現有的工藝工作坊。
2. 本研究針對已具備體驗行程之工藝工作坊為主要研究對象。
3. 本研究目的在於探討消費者所期望之體驗活動，其工作坊之營運獲利之規劃，不在本研究範圍之內。

貳、文獻探討

在國內外相關研究方面，關於「體驗」相關碩士論文，多半傾向於體驗行銷發展上，主要是研究體驗行銷與消費者的行為關係，且在於品牌行銷與觀光產業研究占大多數，以工藝體驗為論文的相關研究非常的少，本研究計畫希望探討工藝體驗，尋找哪些體驗模式最能滿足消費者的需求，依據文獻進行整理與比較。

一、生活工藝與生活美學

（一）生活工藝

何謂工藝？工藝的起源是自人類生活所需，也因此造就了生活上的方便性與舒適性。近代的工藝日益重視展現其獨特性，融入工藝之美的產品越來越受到消費者的青睞，深具美感與價值的工藝產品已活躍於我們每天生活所使用的產品之中（林靜媚，2006）。自古以來工藝一直兼具實用器物與藝術作品兩種屬性。希臘哲學家柏拉圖（Plato，427 BC-347 BC）曾說過，任何從無到有的創作都是詩；從事工藝創作者都是詩人。雖然由於社會進化，作為直觀欣賞的純粹藝術與作為實用導向的工藝創作逐漸分化為不同的領域，但是一個國家社群的工藝水準，卻一直代表著人民精神文明發展的指

標。正如德國學者卡西爾（Ernst Cassirer，1874-1945）所言，文化是人的外化、物件化，是符號活動的現實化和具體化，而核心關鍵，則是符號。卡西爾斷言：一切人類的文化形式都是一種符號形式。這裡所謂符號形式，就黑格爾（Georg Wilhelm Friedrich Hegel，1770-1831）來說，正是他所倡言一個社會民族絕對精神的展現。

（二）生活美學

　　美學是哲學的一支，原本是對人類直覺與審美情感的「形而上」探索。形而上學（Metaphysics）在哲學領域中是研究事物本質與基本原理的學問。十七世紀以後，部分學者主張使用本體論（Ontology）的名稱來取代形而上學的概念，但形而上學一詞仍有其不可撼動的地位。Meta-作為字首本有「在後」及「超越」的意義，二千多年前希臘哲學家亞里斯多德（Aristotle）將他探討萬事萬物存在之最基本原理的論文稱為第一哲學（First Philosophy），後人整理他的論著，認為第一哲學應放在物理學之後，並稱為「物理學後之學」（Meta-Physics），而 Meta-在此也逐漸被解讀為超越感官知覺的意義。中文根據《周易》「形而上者為之道，行而下者為之器」的說法，將 Meta-Physics 譯為形而上學可謂十分傳神。

　　何謂生活美學？劉維公提到，生活美學係指人們將生活上的體驗及遭遇的符號賦予意義，而所表現出來的特定生活形式（劉維公，2005）。受到後現代藝術的影響，生活化的藝術已漸漸走進現今台灣社會中，大眾的美學觀念也因此多元與開放。學者 Featherstone 認為，生活美學的出現是因為現今社會中，真實與影像間的區隔產生模糊化的現象，因此，人們將自己的日常生活美學化，形成「生活美學」（Featherstone，2000）。Schulze 認為，生活美學是由美學

圖示所構成，也因為這些美學圖示，使我們產生美的體驗及感受
（Schulze，1993）。

隨著生活型態的改變，人對於產品的需求不再只是強調其功能
性，而是更要有著一種愉悅舒適的使用情境與感受。人們的消費需
求已從品質價格轉變為風格，有越來越多的顧客願意為美感買單。
現今是一個注重美感的時代，能觸動消費者心中追求美感體驗需求
的商品，都引發消費者擁有它的慾望。美感會產生愉悅，不但能觸
動人們的內心，也是創意的精髓所在（林靜媚，2006）。

自由＝創造自我為一件藝術品。美學的生活，就是把自己的感
官、行為、情感，和自己的存在，都變成一件藝術品。這種把生活
變成藝術品的心靈工程，是一種對平凡事物的自我陶醉和詩意化的
能力，這種能力並非無中生有，而是人們魚生活中所累積的感覺記
憶和時尚品味（詹偉雄，2005）。

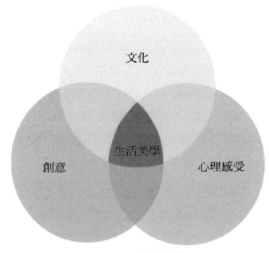

圖 10-2　生活美學

二、體驗經濟與美學經濟

（一）體驗經濟

何謂體驗？體驗（experoence）一詞導源於拉丁文「expirentia」，意指探查、試驗。亞里司多得解釋其為由感覺記憶，許多次同樣的記憶而形成的經驗，即為體驗（項退結譯 1989）。

林有得（1993）認為「體驗是個體受到外在刺激，經由感情、知覺歷程所產生的生理及心理反應，可分為內在及外在刺激。體驗是指主體發覺自己某種心理狀況時的任何意識過程」。

Schmitt 於《體驗行銷》一書中，提到體驗是來自消費者對於某些刺激，所引發對個別事件的回應。體驗通常由事件的觀察或參與所產生，無論此事件是否真是或是虛擬（王育英、梁曉英譯，2000）。

Pine II 與 Gilmore 於《體驗經濟時代》一書中，主張體驗是源自服務的一種新興經濟產物，並認為體驗是「當個人情緒、體力、精神、智力達某一水準時，意識中所產生的美好感覺」，不同的個體不會產生完全相同的體驗，因為體驗是個人心智狀態與事件互動所產生的結果。體驗是從服務中被分出來的第四種經濟產物。當客人要購買服務時，買的是一種自己所要求的非物質型態活動；當客人要購買的是體驗時，則是在享受企業所提供的值得記憶的事件。（夏業良、魯煒譯，2003）。

現代人希望得到不同感受和體驗，產品需要有故事，不再只是彰顯地位或理性消費，而是將日常生活的經驗，形成意義並融入自己的生活。體驗性產業的成長，代表工業產物已趨於飽和。

圖 10-3　感官模式（B. H. Schmitt，1999）

　　體驗最被為廣泛應用的是在遊憩體驗方面。陳水源（1997）認為遊憩體驗是指遊客於遊憩活動中，從環境中獲得訊息，訊息經過處理後，對個別事項或整體得到的判斷及呈現的生心理狀況。Driver and Toucher（1970）將戶外遊憩體驗分成五個構面——計畫、去程、現場活動、回程、回憶。

　　Schmitt 於《體驗行銷》一書中提出五項體驗型態：

　　感官體驗（Sense）——由視、聽、味、嗅、觸五覺所形成的刺激，形成美學的愉悅、興奮、美麗與滿足。

　　情感體驗（Feel）——由正、負面的心情和感情構成，其中接觸性與互動性情感最為強烈。

　　思考體驗（Think）——可從創造驚奇，誘發吸引消費者注意力及好奇心。

　　行動體驗（Act）——由創造、行為模式與生活型態產生互動關係而形成，消費者可透過行動展現自我觀感及價值。

　　關連體驗（Relate）——關連體驗關係著文化價值、社會角色及群體歸屬，創造消費者想要參與的文化或社群，為消費者建立一個獨特的社會識別（王育英、梁曉英譯，2000）。

　　李仁芳（2005）提出四種體驗：

1. 娛樂的體驗－最古老的體驗，也是發展最完善的，是至今最普通、最親切的體驗。新進入體驗經濟的創意生活企業家的另一機會即是－將娛樂體驗加入其他三種體驗中。

2. 教育的體驗－透過教育與學習的體驗，提高身心靈各方面的感受力，如對畫作的感受力、對於都市建築景觀的感受力、對於音樂、戲劇的感受力……等。

3. 逃避現實的體驗－暫時拋棄現實中的種種，沉浸當下的氛圍。主題遊樂園、聊天室、芳香體驗療程、網路空間、酒吧、咖啡店、附有咖啡店的誠品書局……等。

4. 審美的體驗－沉浸於某一事物或環境之中，而他們自己對事物或環境極少產生影響或根本沒有影響，因此環境基本上未被改變，重點在於「存在」那個環境之中。審美體驗可以是完全自然的，像是在國家公園裡漫步，也可以靠人工營造，例如在薰衣草森林咖啡享用咖啡，或介於自然與人工之間，例如於苗栗的華陶窯內遊賞。

體驗的甜美之處，是將娛樂、教育、逃避現實、審美這四大領域融入原本尋常的空間（夏業良、魯煒譯，2003）。

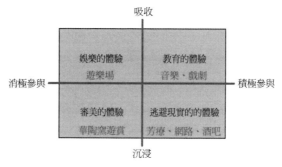

圖 10-4　體驗四面向（Pine&Gilmore，1999）

　　詹偉雄認為很多體驗是無邊際的，例如欣賞電影，消費者願意付費觀賞，但當消費者步出電影院時並未帶走什麼，而是一次感性的心靈體驗（詹偉雄，2005）。

　　Pine and Gilmore（2000）提出了體驗 3S 模式－滿意（Satisfaction）、犧牲（Sacrifice）、驚喜（Surprise）。顧客滿意＝顧客期望多於顧客認知；顧客犧牲＝顧客想要多於顧客支付；顧客驚喜＝顧客認知多於顧客期望。

圖 10-5　體驗 3S 模式

（二）美學經濟

　　由十六、十七的歐洲資本主義發芽，至今演變為全世界絕大多數人賴以維生的生活方式。以「私有財產制」為基礎，鼓勵各個社會成員進行自由競爭的個人主義特色。在打破中世紀對封建社會世襲的格局後，資本主義肯定個人有創造的充分自由，個人可以透過自己的生產，創立自己的社會身分地位和尊嚴，名下不斷累積的私有財產，正是資本主義中體現自我尊嚴的標誌（詹偉雄，2005）。

參、研究方法

一、研究架構

　　本研究首先從文獻研究所得的相關理論來建構整個研究架構，主要以三大方向來進行體驗模式資料收集，分別是生活美學、體驗行銷、消費者感受。透過美學體驗的文獻收集，建構研究工具與研究對象，並以「2007 年台灣工藝競賽」、「2008 年台灣工藝競賽」與「OTOP 設計競賽」得獎作品作為問卷樣本，藉以歸納美學體驗要素與向度的重要性；另外，藉由專家訪談，實地了解經營者規劃體驗活動的現況及經驗，進而從消費者與經營者不同角度中分析所得結果，作為生活工藝品的體驗要素與模式之擬定。圖 10-6 為美學體驗模式產生之架構。

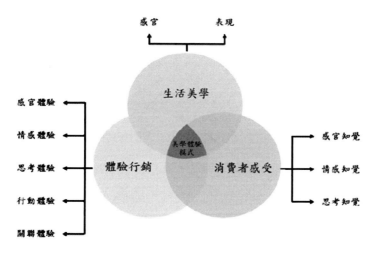

圖 10-6　美學體驗模式產生之架構

二、研究方法

　　本研究在執行程序上包含下列三項主要步驟,一是文獻資料的蒐集整理,二是問卷調查及專家訪談,三是研究結果的建構與撰寫。目前國內有關於體驗經濟、體驗行銷相關學術研究,多以單一研究方法為主,無論是質性研究或量化,都有其無法避免的誤差。以量化研究而言,研究者將消費者的心理感受予以數值、權重,實驗的結果決定於研究者的問卷設計。感受是細微的,量化研究是否可以處理消費者細微的情感知覺,似乎還有待探討。

　　因此,本研究方法中,包含了質性與量化研究。本研究就量化研究部分,進行問卷調查法,希望藉由問卷的調查,了解消費者心中重要的美學體驗要素為何?另外,本研究就質性研究部分,將實地探訪或訪談,了解經營者對於美學體驗的認知與消費者不同之處,及如何規劃美學體驗行程?其訪談結果將以文字敘述方式整理記錄,如此的研究結果,可能會受限於訪談者的表達能力、受訪意願、情緒干擾……等因素,影響研究結果。期望藉由質性與量化研究的同步進行,日後能作為進一步探討生活工藝品的體驗模式之依據與參考。

參、執行方法與步驟

一、問卷調查

　　本研究以問卷調查法中的 Likert 五點量表法,作為前測問卷與正式問卷。經由文獻中,整理體驗所需具備的美學要素,將這些美學要素經由篩選、分類,架構成不同向度實驗問卷,並給予 45 位

受測者測試。最後依據實驗問卷結果，進行問項調整，編列成正式問卷，並給予 100 位受測者測試。

　　另外，本研究欲得知若以相同的問卷問項，讓消費者與經營者受測，其差異為何？因此，將正式問卷以經營者的角度修改，並讓訪談的專家受測。

二、問卷設計

（一）問卷問項說明

　　本研究於問卷調查中，期望透過受測者的感受調查，歸納出美學體驗要素。問卷的問項內容，則是依據文獻研究，將專家學者對於美學體驗的範疇加以整理，並進一步編列成問卷問項。美學體驗要素整理如下表 10-1。

表 10-1　美學體驗要素

面向	項目
感官、心理上的美感	個人感官上的愉悅
	流行時尚
	奢華
	獨特之美
	享樂感
	設計元素的美感
經驗與情感	喚起個人經驗、想像、回憶
	引發情緒、思考
	情感投入
誘發思考	引起好奇心
	具有故事性
	認知、具關聯性

誘發行動	令人嚮往或希望擁有
符號建構生活	展現風格品味
	象徵身分地位
	個人價值觀

資料來源：本研究整理（Schmitt，1999；Santayana，1955；Fenner，2003；Wagner，1999；Polovina and Markovio，2006；劉佳怡，2007；湯紹廣，2007；趙偉妏，2009）

　　本研究所採用的美學體驗要素量表共計 17 題、五個向度，五大向度是根據 Schmitt 於《體驗行銷》一書中提出五項體驗型態包含：感官、情感、思考、行動、關聯等五個層面；十六項問項則是根據上表的美學體驗要素，經過編列與篩選後成為實驗問卷問項，如表 10-2。

表 10-2　美學體驗問卷與各面向問項

	問項	非常不同意	不同意	普通	同意	非常同意
感官	1、此產品能引發你感官上的愉悅	☐	☐	☐	☐	☐
	2、你認為此產品具造型美感	☐	☐	☐	☐	☐
	3、你認為此產品具時尚感	☐	☐	☐	☐	☐
情感	4、此產品能喚起你曾有過的經驗	☐	☐	☐	☐	☐
	5、此產品能讓你有愛不釋手的感覺	☐	☐	☐	☐	☐
	6、此產品的巧思令你感動	☐	☐	☐	☐	☐
思考	7、此產品能引起你的好奇心	☐	☐	☐	☐	☐
	8、此產品彷彿在訴說一個故事	☐	☐	☐	☐	☐
	9、此產品會讓你想要嘗試的探索與它相關的事物的關聯	☐	☐	☐	☐	☐

行動	10、此產品能調整你的使用習慣去適應這項產品	☐	☐	☐	☐	☐
	11、我會喜於向親友推薦此項產品	☐	☐	☐	☐	☐
	12、此項產品會讓你想要擁有它	☐	☐	☐	☐	☐
關聯	13、此產品能讓你展現自我風格品味	☐	☐	☐	☐	☐
	14、此產品能反映你的生活經驗	☐	☐	☐	☐	☐
	15、此產品能反映你的個人價值觀	☐	☐	☐	☐	☐
	16、擁有此產品能夠突顯你個人的身分地位	☐	☐	☐	☐	☐
	17、整體而言，我非常喜歡這件產品	☐	☐	☐	☐	☐

　　問卷中各向度包含了與它相關的問項，問項 17 則是作為問卷檢核之用。

（二）受測產品說明

　　問卷調查所使用的作品圖片為 2008 年、2009 年台灣工藝競賽與 OTOP 設計競賽得獎作品，篩選的要點如下：

1. 為台灣工藝競賽或 OTOP 設計競賽得獎作品。
2. 台灣工藝競賽或 OTOP 設計競賽得獎作品須為生活工藝品類別。
3. 作者或公司現有須具備美學體驗活動規劃或曾有規畫美學體驗活動經驗。
4. 篩選得獎作者或公司時，最少須具備兩種類別，例如：工藝家或設計公司。經由以上要素評估後，篩選出以下 8 件得獎作品，如表 10-3。

表 10-3 受測作品問卷產品概念說明

作品 1 自在茶具組	
	此件作品是以高遠紅外線作用的炭燒製的陶壺。設計概念是除了細緻手工、特殊的銀黑色外觀,更有將水分子細小化的功用,讓茶水變得更好喝。
作品 2 楚河‧漢界	
	此件作品是將象棋以金屬和琉璃的方式呈現,琉璃的表現彷彿是每個腳色的靈魂,金屬就如同身上的武器一般。兩邊的人馬蓄勢待發,一場激烈戰鬥即將展開。
作品 3 台灣禪納杯	
	此件作品以借太極設計方式,當適量的茶葉放入台灣圖騰內,茶葉伸展開來時會慢慢看見中央山脈的玉山隆起及茶水的流出;西邊為台灣海峽,東邊為太平洋。台灣禪納杯以台灣特有地形作為創作及泡茶的樂趣,讓台灣人瞭解台灣。

作品 4　再生術削筆器

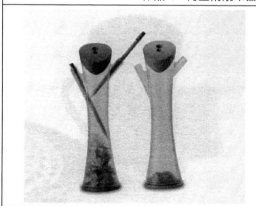

此件作品的設計概念是以再生道出樹木與鉛筆的關係，在樹木消逝的同時，透過削鉛筆累積削片，呈現再生樹木的意象。

作品 5　天使與魔鬼的對話

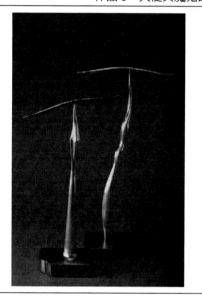

此件作品的設計概念將傳統的鵝毛筆轉化成天使的羽翼與魔鬼的翅膀，暗喻書寫的場域是心靈與文字兩種空間的拉距與對話。

作品 6　動物城市蜂巢傢俬椅凳	
	此件作品以「動物花紋」為創作主題，以 Green Design 的環保思維，應用蜂巢紙作家具，方便攜帶、無所不在，帶來豐富、多樣傢俬使用樂趣。
作品 7　禪風庭園	
	此作品設計靈感源自中國庭園造景概念，以寫意抽像的手法勾勒出心靈的桃花源，嘗試營造兼具功能與美感的心靈遊憩空間。將抽象化的山丘、木林、水池、石頭、建築等庭園元素，巧妙的與一般辦公文具功能結合，並以模組化方法讓使用者能依需求與喜好自由組合。

作品 8　飾紋 LED 陶桌燈	
	此作品的燈座與燈罩是陶土拉坯塑形後，壓印、飾上泥漿釉處理出多層次的灰黑色花紋質感，加上細緻的木質支柱和旋鈕，展現了工藝材料原有的質感與物理上的最佳功能性。

三、受測對象與實施方式

（一）受測對象

1. 前測問卷：受測對象為 45 位，其受測性別、年齡、背景均採隨機抽樣方式進行。

2. 正式問卷：受測對象為台灣藝術大學舞蹈學系學生 34 位；台灣藝術大學美學通識課程學生共 46 位；隨機抽樣校外人士 20 位，共 100 位受測者。其中男性佔 15 位；女性佔 85 位，另外，具設計相關背景者為 53 位，非設計相關背景者為 47 位。

3. 經營者問卷：以訪談者為受測對象。訪談者經篩選後受測對象為：林國信工藝家、玉兔鉛筆公司業務部經理、台灣工藝生活美學概念館體驗活動企劃組長。

（二）問卷評量工具

1. 前測問卷：將選出的 8 組得獎生活工藝品，配合問卷問項，編列成五大向，每向度 17 問項，共八組之問卷。填答方式採 Likert 五點量表法，「非常同意」5 分、「同意」4 分、「普通」3 分、「不同意」2 分、「非常不同意」1 分，作為評量標準。

2. 正式問卷：將選出的 8 組得獎生活工藝品，配合問卷問項，編列成五大向，每向度 16 問項，共八組之問卷。填答方式採 Likert 五點量表法，「非常同意」5 分、「同意」4 分、「普通」3 分、「不同意」2 分、「非常不同意」1 分，作為評量標準。

3. 經營者問卷：不以八項受測樣本填答，以正式問卷中的五大向度及 15 項問項填答。經營者問卷只針對訪談對象作測試，由於受測對象人數較少，因此問卷受測結果不作建構效度分析，採得分累計的方式作為填答結果合計。得分以 Likert 五點量表之計分方式，「非常同意」5 分、「同意」4 分、「普通」3 分、「不同意」2 分、「非常不同意」1 分，作為計算標準。

（三）實施方法

1. 前測問卷：以播放 PPT 投影片的方式呈現問卷樣本，以協助受測者更清楚觀看問卷圖片。在瀏覽所有問卷中的作品後，再次依序播放作品圖片，請受測者依問項填寫問卷。詳細步驟如下：

a. 發下問卷，請受測者拿到後可先閱讀問卷內容。

b. 說明問卷調查主題，並解釋問卷對本研究上的幫助。

c. 填寫方式說明，將填寫的方式以投影片上範例說明，並提醒受測者依據自己的直覺填寫，無須猶豫於作品的功能或使用性上。

d. 宣布問卷開始，請受測者先於問卷第一頁填寫就讀學院及基本資料，並告知填寫過程中若有任何問題，隨時舉手發問。

e. 填寫完畢，回收問卷。

2. 正式問卷：同上述前測問卷實施方法。

3. 經營者問卷：於訪談開始前，先請受測者開始填答。

（四）研究工具

本研究共進行了兩次問卷調查，一次為前測問卷，另一次為正式問卷。前測問卷初稿完成後，於一選取 45 人進行預試。

前測問卷初稿內容分為五大向度，分別為感官、情感、思考、行動、關聯，及各大向度下的子分題，共 16 項要素，如表 10-4 所示。

表 10-4　美學體驗前測問卷各向度題號分配表

向度	題號	題數
感官	1、2、3	3 個
情感	4、5、6	3 個
思考	8、9、10	3 個
行動	10、11、12	3 個
關聯	13、14、15、16	4 個

回收問卷經整理建檔後，進行信度與效度分析，並說明如下：

肆、研究結果與討論

一、效度分析之因素分析

本研究以探索式因素分析，驗證因素之建構效度，並依研究設計共抽取五個因素進行驗證。其因素分析之結果如表 10-5。

1. 第一向度：因素包含 6、7、8、9 四題，其特徵值為 2.939，可解釋思考向度 18.36%變異量，各題因素負荷量從.821～.648，共同性從.815、.754、.776、.715，並依題目內容定名為「思考」向度。

2. 第二向度：因素包含 5、10、11、12 四題，其特徵值為 2.895，可解釋行動向度 18.09%變異量，各題因素負荷量從.733～.605，共同性從.819、.803、.725、.787，並依題目內容定名為「行動」向度。

3. 第三向度：因素包含 1、2、3 三題，其特徵值為 2.827，可解釋感官向度 17.66%變異量，各題因素負荷量從.832～.700，共同性從.843、.789、.715，並依題目內容定名為「感官」向度。

4. 第四向度：因素包含 13、14、15、16 四題，其特徵值為 2.813，可解釋關聯向度 17.57%變異量，各題因素負荷量從.773～.644，共同性從.797、776、.837、.788，並依題目內容定名為「關聯」向度。

5. 第五向度：因素只有問項 4 一題，因其他問項無法與此向
度形成群組，因此予以刪除。

表 10-5　學體驗各向度之因素分析摘要表

	題目內容	因素負荷量					
		1	2	3	4	5	共同性
思考	8.訴說故事	.821					.815
	9.探索關聯性	.737					.754
	7.引起好奇心	.722					.776
	6.受到感動	.648					.715
行動	12.想要擁有它		.733				.819
	11.向親友推薦		.726				.803
	10.調整使用習慣		.706				.725
	5.愛不釋手		.605				.787
感官	2.造型美感			.832			.843
	3.時尚感			.776			.789
	1.感官的愉悅			.700			.715
關連	15.反映個人價值觀				.773		.797
	16.突顯身分地位				.766		.776
	14.反映生活經驗				.734		.837
	13.展現自我風格品味				.643		.788
情感	4.曾有過的經驗					.778	.897
	特徵值	2.939	2.895	2.827	2.813	1.164	
	解釋變異量	18.36%	18.09%	17.66%	17.57%	7.26%	
	累積解釋變異量	18.36%	36.46%	54.13%	71.71%	78.97	

二、各向度與總量表之內在相關

　　本研究以相關係數考驗美學體驗個向度與總量表內在相關，，
其相關程度分別為.88、.89、.83、.88、.86 皆達顯著水準（p＜.01）。
由此可見本量表之內在結構良好，詳見於表 10-6 所示。

表 10-6　美學體驗各向度與總量表之內在相關情形

向度	F1 感官	F3 思考	F4 行動	F5 關聯
總量表	.99**	1.00**	1.00**	.99**

**p＜.01

三、項目分析與信度分析

　　經問卷分析重新建立之 4 個向度另進行信度考驗，本研究以
Cronbach α 係數，考驗量表各向度的內部一致性及單題刪減後各向
度 Cronbach α 係數減損大小，作為選題之參考及了解本量表信度
是否良好。經統計分析，美學體驗效度分析 Cronbach α 係數分別
為.99、.99、.99、.99、.99，詳見表 10-7。

表 10-7　美學體驗效度分析 Cronbach α 係數表

向度	感官	思考	行動	關聯	總量表
Cronbach α	.99	.99	.99	.99	.99

　　此外，為了解每題之「校正後項目整體相關」及「單題刪除後
α 係數減低情形」，以作為編製正式問卷選題之依據。其詳細結果
如表 10-8：

表 10-8　美學體驗各向度項目分析摘要表

向度	題目內容	校正後總相關	刪題後α係數	各向度α係數
感官	1、此產品能引發你感官上的愉悅 2、你認為此產品具造型美感 3、你認為此產品具時尚感	.999 .999 .999	.998 .998 .997	.999
思考	4、此產品的巧思令你感動 5、此產品能引起你的好奇心 6、此產品彷彿在訴說一個故事 7、此產品會讓你想要嘗試去探索與它相關事物的關聯性	.999 .999 .999 .999	.998 .998 .998 .998	.999
行動	8、此產品能讓你有愛不釋手的感覺 9、此產品能調整你的使用習慣去適應項產品 10、我會喜於向親友推薦此項產品 11、此項產品會讓你想要擁有它	.999 .999 .999 .999	.997 .998 .999 .997	.998
關聯	12、此產品能讓你展現自我風格品味 13、此產品能反映你的生活經驗 14、此產品能反映你的個人價值觀 15、擁有此產品能夠凸顯你個人的身分地位	.999 .999 .999 .998	.998 .998 .998 .999	.999

1. 感官：信度分析後 Cronbach α 係數達.999，單題之「校正後項目整體相關」情形，從.999～.999。

2. 情感：信度分析後 Cronbach α 係數達.999，單題之「校正後項目整體相關」情形，從.999～.999。

3. 思考：信度分析後 Cronbach α 係數達.998，單題之「校正後項目整體相關」情形，從.999～.999。

4. 行動：信度分析後 Cronbach α 係數達.998，單題之「校正後項目整體相關」情形，從.999～.999。

5. 關聯：信度分析後 Cronbach α 係數達.998，單題之「校正後項目整體相關」情形，從.999～.998。

伍、小結

　　本研究根據美學體驗向度假設架構於 Schmitt 於《體驗行銷》一書中提出五項體驗型態，分別是：感官、情感、思考、行動、關聯，再根據文獻研究歸納出 16 項美學要素問項。經前測問卷因素分析結果，情感向度之問項較符合思考與行動向度，因此問項被歸類至思考與行動向度中，因此將情感向度刪除。問卷重新編列成正式問卷後，再重新進行施測。

附錄二

竹材運用於時尚工藝之設計模式探討

劉妍君

國立台灣藝術大學工藝設計系

壹、前言

　　近年政府為扶植文化創意產業推出許多相關政策與方案，各家企業也無不努力從 OEM（代客加工）、ODM（代客設計）轉型到 OBM（自有品牌），為了平衡工業與工藝，適度的取材工藝，保留手感與材質特性，增加工業技術與手法，便可創造出跳脫傳統工藝技法的窠臼，並讓工藝材質有更多發展的可能，以往傳統工藝偏重技藝表現，導致量產不易，成為成本昂貴的藝術品，藉由時尚工藝設計模式，為工藝與工業搭起溝通橋梁，在 Design for feeling 的後工藝時代，配合新興環保竹材，本研究期望創造出符合消費者需求，對待環境友好的創新設計，人們購買的行為已經內化成自我實現與展現的途徑，而富含文化意涵又帶有環保意識的工藝材質變成為首選。

　　經濟影響時尚的發展，人的心理需求也操控著時尚的興衰，「時尚」一詞隨著大環境的改變，衍伸出多元豐富的意涵，包含整個社會、消費者心態的演變與文化的推進，因此當時尚碰到工藝時，彼此的關係與字義代表的意涵便是本研究所需釐清的。

　　台灣工藝研究所與台灣創意設計中心在 2007 年推出的「工藝時尚」計畫，成功形塑出新時代的工藝風格，也為各種工藝材質開闢一條康莊大道，發展三年，國內外展演一年，來自世界各地的訂單已經逾億元，其中又以訂單最大宗的兩筆皆為竹工藝品，在成功將創意轉為生意的 2010 年，台灣積極儲備力量，成立「工藝時尚-yii」品牌，蓄勢待發要創造出台灣工藝的新風格與新經濟，「工藝時尚」起初從風格到品牌，現在即將成為一種設計趨勢，因此第一小節將蒐集「工藝時尚-yii」專案歷程、目的、法案和成果；第二小節為時尚與工藝的定義與關聯，分別探討時尚與工藝的定義，在從歷史發展與設計的角度整合討論彼此的關連；第三小節時尚工藝將根據學者專家對於時尚工藝的定義，進行整理與分析，分成時尚工藝的形成、品牌、定義，最後歸結出時尚工藝之價值建構屬性與模式，以屬性為依據設計問卷題目，進行問卷法的考驗，確立時尚工藝之向度與建構屬性。

貳、「工藝時尚──yii（易）」

一、專案介紹與執行歷程

　　「工藝時尚-yii」專案最早的出發點，是讓工藝回歸生活，且讓設計回歸工藝製作的本質，藉由工藝和設計產業的連結，及此二領域之專業人士的共同創作，達成跨領域合作之綜效。這個始於 2007 年，由國立台灣工藝研究所和台灣創意設計中心共同推動的開發專案，在第 2 年的運作亦已產生更多豐碩成果，並於 9 月初在法國巴黎舉辦的 Maison & Objet 家飾用品展中大放光芒，獲得多方

熱烈洽詢；因此，合作雙方決定將工藝時尚賦予「yii」的品牌名稱，於 2009 年開始積極推動產品及品牌的後續商業發展，「工藝時尚」儼然創造出與亞洲其他國家不同風格的台灣美學潮流。

　　Yii 的中文與「易」、「意」及「藝」字同音，代表著改變、異動，亦具有創意、工藝、及藝術之意涵。這個命名不僅代表 yii 以當代設計轉化傳統工藝的中心思想，並傳達以精湛技法對產品製作品質的追求。「工藝時尚-yii」計畫在國立台灣工藝研究所和台灣創意設計中心的共同執行之下，第一年作品橫跨了國內木雕、細銀、陶瓷、染織、竹編及竹器等六大工藝領域，第二年則增加漆器、玻璃、十字繡等領域，參與人員包含 14 位曾獲工藝大獎肯定、技法精湛的工藝專家；在設計方面，則號召 15 位屢獲國際設計大獎、富含原創設計能量的中生代設計菁英，經過數次媒合後建立 1 對 1 伙伴關係，在專案創意總監石大宇先生豐富的設計精品操作經驗下，進行密集的設計觀念和工藝技術探討，開發出設計和工藝品質兼具的 30 多組原創作品，其中運用到竹材的便有十六項。（資料來源：http://www.yiidesign.com/）

　　在國立台灣工藝研究所和台灣創意設計中心合作的「工藝時尚」計畫，從 2007 年開始，已進入第 3 年之際，[1]韓德昌回顧此計畫 3 年來的重心演化，可分為三階段：（一）探索工藝與設計聯結、（二）拓展台灣品牌知名度、（三）調整設計與商品化行銷（表）別為 2007 年、2008 年與 2009 之後的階段任務。然而歷經三期目標，不變的是源源不斷的創意，每一年都帶給大家驚喜，至今 2010 年已發展出 16 項竹材應用產品，從起初探討工藝與設計媒合關

---

[1]　韓德昌：〈「工藝時尚」計畫三年回顧〉，《台灣工藝》33 卷，2009 年，頁 20-23。

係，到現在已在國際闖出名號，並以品牌為目標，致力於產品規格化量產或少量生產，達到系統化的商業生產，真正將創意變成經濟，兩度參加巴黎家飾展，累計已接獲近一億二千萬元訂單，有意願的洽詢訂單更逾一億六千萬元。其中又以「43」竹製懸臂椅和「竹凳椅」最受買家青睞，合計訂單逾五千萬元，不但讓國際看見台灣工藝魅力，並代表台灣工藝正穩建的邁入另一個階段。

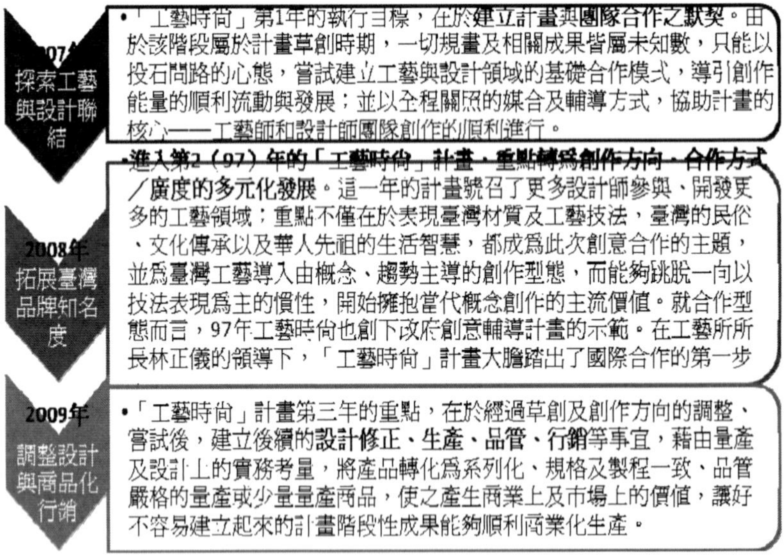

圖 11-1　「工藝時尚」計畫三年整理（整理自韓德昌，2009）

二、專案成立目的[2]

　　專案創意總監──石大宇認為，聯盟成立的目的有二：推廣台灣創意形象、產生商品獲得利潤。而在目的背後的意義：推動工藝與設計領域結合，此動機已是意義非凡。然而在推廣台灣創意形象的過程中，石大宇表示，台灣的文化主體性尚曖昧不明，但是台灣創意產品並沒有時間等待，所以他認為現階段台灣創意產品應著重於「原創性」，方能產出具備台灣之獨特美學意象。[3]

　　同樣的台灣文化主體之難解習題，「工藝時尚」合作之資深設計師－周育潤擁有截然不同的看法，他認為設計出跨越全球文化的產品，比探討台灣主體文化象徵來得重要，以工藝時尚的作品來說，他不認為哪一項工藝是台灣獨有的，因此不如將設計焦點著眼於設計創意本身，打響創意設計來自台灣的名號，如此更能讓台灣建立起優質設計的形象，提高國際市場知名度。

　　石大宇在 2008 年期許專案計畫的目的二：產生商品獲得利潤，則在「工藝時尚」專案執行的第三年，也就是 2009 年，「yii colection」品牌成立的那一刻起，時尚成功進化為品牌，為文化創意產業的最終經濟目標，又立下一個新標竿。然而品牌與量產之路並不如當年在國際展覽中得獎一般風光，台創與工藝所必須克服種種困難，例如採購法條的限制，面對上億的訂單，如何將目前只有個位數數量的作品有效率的生產，必須系統化地規範，考量品質、

---

[2]　林千琪：〈台灣創意產業的明日之境：清庭負責人／工藝時尚聯盟創意總監石大宇專訪〉，《台灣工藝》28 卷，2008 年，頁 52-57。

[3]　林千琪：〈設計攬工藝，結盟賦新生──設計師周育潤專訪〉，《台灣工藝》33 卷，2009 年，頁 46-53。

時間、人力等多重因素才行，原本工藝與設計的跨界合作，在擠身品牌行列之後，又必須跨界思考行銷手法與品牌經營，尤其原本「工藝時尚」專案參與之工藝家與設計師並非專職執行此專案，而是利用工作之餘進行，可說是耗費相當多的心力，如今專案開花結果，期待的是政府提供更長遠、寬廣的協助，讓這道台灣之光，可以繼續在國際間發光發熱。

三、相關法案

由行政院文化建設委員會主辦，[4]國立台灣工藝研究所執行，在民國 98 年 10 月核定發展的「工藝產業旗艦計畫」。配合 98 年 5 月 14 日行政院頒佈的「創意台灣－文化創意產業發展方案」，納入工藝創意產業於六大旗艦計畫，此計畫為六年期之（97-102 年）「工藝產業旗艦計畫」，並配合旗艦計畫之實施，歸納強化創新研發設計及拓展行銷通路二項策略，三大行動方案及 11 項重點工作，而「時尚工藝 yii」計畫便是台灣工藝研究所的實施重點之一（圖），以《工藝美學　體驗經濟》理念，運用台灣工藝品之獨特性、造型美感與優越品質等，打造台灣優良工藝品牌，形塑其鮮明形象，藉以創造產品差異性及附加價值，推廣宣傳國內外；並因應體驗經濟市場之成熟，協助其產業轉型創新，經過三年的努力已成功將計畫轉型為品牌，並於民國 99 年著手另一個熟年齡工藝品牌「MITOC」，以期藉由上述重點計畫，加速工藝產業精質化的歷

---

[4] 國立台灣工藝研究所（2009，10 月）。行政院文化建設委員會工藝產業旗艦計畫 97-102 年（核定本）。2010 年 1 月 20 日，取自 http://report.gsn.gov.tw/。

程，並讓台灣工藝產品優質設計與品質，行銷國內外、提高市佔率，提升國家形象及文化競爭力。

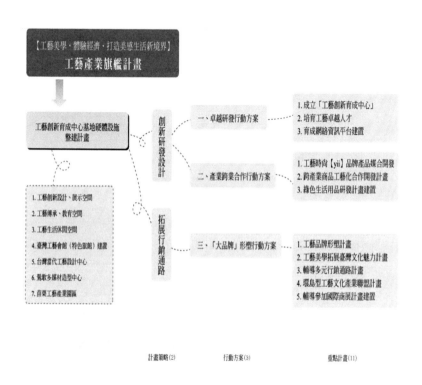

圖 11-2 工藝產業旗艦計畫架構

資料來源：行政院文化建設委員會工藝產業旗艦計畫 97-102 年核定本

四、專案成果

（一）「台灣式」設計的自主路徑

　　「工藝時尚」專案最早的出發點，是讓工藝回歸到生活的本質，藉由工藝和設計產業的連結，達到跨領域人才交流與合作之綜效，時至今日，此計畫之效益及衍生之效應，遠遠超過了所有參與本案之設計師、工藝家、及專案執行員的預期，如從設計創作的角度來省思，台灣創意設計中心的執行長－[5]張光民便指出：「『工藝時尚』的成果，標示了以往幾乎未曾發生過的『台灣設計』自主發展之初步路徑，而這一點很可能是本專案於現階段所呈現的最重要效益之一」。

　　所謂「台灣設計」之自主發展路徑，便是設計思考之載體，使設計師們從零開始，自發性關懷本土生活的一種設計思考方式，藉由這種思考的出發點或路徑，標示出台灣特有的美學經驗，探求台灣的原創設計，[6]張光民依據 2007 年至 2008 年所發展出的「工藝時尚」實體成果，逐一說明五種「台灣式」設計思考的路徑，以下為本研究整理之表格：

[5]　張光民：〈台灣工藝設計之自主發展路徑：「工藝時尚」聯盟計畫〉，《台灣工藝》28 卷，2008，頁 6-9。

[6]　張光民：〈台灣工藝設計之自主發展路徑：「工藝時尚」聯盟計畫〉，《台灣工藝》28 卷，2008，頁 6-9。

表 11-1 五種「台灣式」設計的自主路徑（張光民，2008）

五種「台灣式」設計的自主路徑	意涵	設計案例
一、直觀 （Intuitive）	不喻自明、符合人類本能和直覺認知	廖軍豪設計、天染工坊染製的〈循環〉（Color Cycle）萬年曆 周育潤設計、陳高明與蘇素任編製的〈Breeze〉風扇
二、智性 （Intelligent）	以智慧與技巧將缺點轉化成優點	何忠堂設計、水里蛇窯製作的〈盤娛〉
三、趣味 （Playful）	使人會心一笑，具有生動性與劇情張力	王立心設計、邱錦緞製作的〈蹓〉 林曉瑛設計、林盟振製作的棋組〈楚河・漢界〉
四、文化 （cultural）	思古幽情與現代風華的文化轉換與融合	柯迪介設計、林盟振製作的〈冰銀〉手環 陳俊豪設計、黃多恩製作的〈明韻〉竹眼鏡 廖柏晴設計、邱錦緞製作的〈花景〉
五、單純與有機 （Simple and Organic）	有機傳達材質、原生植物與技法的特性	周育潤設計、陳高明與蘇素任製作的〈The Bambool〉竹凳 陳俊豪設計、邱錦緞製作的竹編電腦包

（二）灣文化創意產業的新標竿[7]

　　「工藝時尚」計畫樹立了設計和製造水準的高標，並且建立了由製造端不斷實驗並挑戰技術限制，以求透過品質及細節來完美呈現設計的特殊案例。並在工藝與設計的激盪下，找出一個中介點，

---

[7] 張光民：〈台灣工藝設計之自主發展路徑：「工藝時尚」聯盟計畫〉，《台灣工藝》28 卷，2008，頁 6-9。

將精湛的工藝技術，藉由設計創意，拉回使用者的生活層面，同時也保留傳統手藝，並以細緻、相對少量的生產型態，呈現出高度手感及工藝技巧的生活物件，這也證明了台灣的設計產業，的確有著高度概念化、精緻化、並朝向高價位市場發展的機會。

參、時尚的定義

高宣揚認為，流行與時尚極為相似，其相異點在於時尚是階級的，而流行是大眾的。定義流行（fashion）、風格（style）、時尚（mode）、風尚（vogue）：這些名詞是指在某段時間裡，服裝、裝飾、行為、或者生活方式上所盛行或偏好的方式，四種名詞的意義整理如下表所示。

表 11-2　流行（fashion）、風格（style）、時尚（mode）、
　　　　 風尚（vogue）之意義

流行（fashion）	含義最廣的用語，屬於通俗大眾化的，通常是只與主流社會或任何文化或次文化採用的習俗相一致。
風格（style）	有時可與流行交替使用，介於時尚與流行之間。
時尚（mode）	具有階級性，強調對優雅與標準的執著。
風尚（vogue）	用於廣泛盛行的流行，但經常暗指熱情但短暫的接受度。

根據以上的文獻分析，本研究在時尚工藝的定義上，強調時尚永續、文化不滅與優雅美感等因素，因此捨棄含有短暫熱情意涵的「風尚（Vogue）」與「流行（fashion）」採取「時尚（Mode）」為主軸涵義，強調時尚與生活、文化與優雅的連結，稱作「時尚工藝（Modern Craft）」，以下將針對「Mode-時尚」此名詞做文獻的蒐集與分析。

　　狹義的時尚定義多以高級時裝的領域為主，然而，時至今日，時尚文化的發展實屬多元性的、廣泛的，舉凡美術、舞蹈、音樂、電影、文學、文化、產業等等……可謂現代人生活當中不可或缺的重要元素。各家學者或時尚工作者對於「Mode」的定義仍有些許不同。最早在歐印語言中，便已經出現「時尚」的詞根 muid。經過長年的演變，[8]Georg Simmel 認為建構時尚有兩種本質社會傾向，一方面是統合的需要，就其模仿層面而言，時尚滿足了社會依賴的需要，它將個體導向群體共有的軌道上；另一方面是分化的需要，它也滿足了差別的需求、變化和自我凸顯，它將個體脫離群體共有的軌道。[9]在社會關聯與個人差異彼此不可分離的情況下，時尚成會社會必要的一個產物，而消費者試圖在模仿與差異之間找到平衡。時尚便是其中的一種特殊生活方式。

　　既然時尚是一種生活方式，那麼作為生活器物的「工藝」，必能運用設計手法藉以符合某種生活方式所使用的生活器物，既不脫離工藝的生活化本質，又可作為使用者自我實現與表態的工具，下小節將藉由蒐集工藝定義與文獻分析，探討時尚與工藝的關聯。

肆、工藝的定義

　　《周禮・考工記》詳載：「天時、地利、材美、工巧，合此四者，方為良。」工藝創作是人類最具體的文化資產，不僅講求「用」，

---

[8]　費勇、吳曉（譯），Georg Simmel 著：《時尚的哲學》，北京：文化藝術，2001年。

[9]　顧仁明（譯），Georg Simmel 著：《金錢・性別・現代生活風格》，台北：聯經，2001 年。

而且兼及「美」的追求，兩者相互交揉激盪，形塑出日常生活中令人讚嘆陶醉、賞心悅目的種種器物，其機能、材質、加工技術與風土文化之美，成就了人類文明，也豐富了物質與精神生活。[10]

日本美術工藝運動發起者柳宗悅認為，人類知道利用天然物為工具，提高辦事效率，克服困難，工藝活動即告開始，如舊石器時代的人獸相爭階段，人類為求生存，以抗外敵、以利生活，將現有石塊、石片、獸骨加以琢磨而成石刀、石鑽、石鑿、骨刀等，可以算是最原始的工藝行為及活動。

張長傑在《藤竹工》一書中提到，美術工藝範疇甚為廣泛，一部分屬於純粹手工的藝品，一部分系半機器生產下的製品，而美術工藝如同精神糧食一般，具備陶冶心靈的功能，而將人力作用在某一物體上，使其成為有用的器物，此即工藝活動。[11]

以上各位專家學者皆認為工藝可改善人們的實質生活，可見工藝與生活的關係密不可分，而工藝取材於當地、製造以手藝、運用於生活的特性，使工藝可自然呈現社會生活方式、生產水準、審美意識、時代思想和人在自然界中所處的地位，也就如同[12]岩田慶治所言：「潛在於民族文化深層意象中，而難以用語言表達的心理活動，可以形成圖像展現在人們眼前。」，使之自然而然成為國家特色的產物。

台灣工藝之父[13]顏水龍在五〇年代即提出，台灣工藝應對國家社會有正確的認識，並且應創造出捕捉社會人心、能深入日常生活

---

[10] 張長傑：《現代工藝概論》，台北：東大圖書，1993 年。

[11] 張長傑：《藤竹工》，台北：東大圖書，1980 年。

[12] 杉浦康平，岩田慶治所言：《造型的誕生》，台北：雄獅圖書，2000 年。

[13] 顏水龍：《台灣工藝》，台南：光華印書館，1952 年。

廣泛普及的作品，並善加運用原生材料之美與適應現代人的生活。
從最初的原始工藝活動開始，人類利用工具來解決生活困難，生活
無虞後，進一步成為陶冶心靈的工具。顏水龍曾引用法國裝飾家貝
利安女士評論東洋工藝界的名言：「傳統、選擇、創作」，即為「活
用傳統固有性，選擇適用於現代性或實用性，然後創作最有將來性
的新作品。」[14]在鞏固傳統的基礎上，台灣工藝研究所有鑑於台灣
較缺乏工藝文獻基礎與研究風潮，即在民國 95 年起開始確立台灣
工藝文化研究的政策，並在 96 年開始執行「台灣工藝文化研究計
畫」，其中的宗旨之一及為整理台灣工藝主體性文化，建構整體工
藝文化史學，以鑑往知來；[15]在現代與實用的選擇上，則是依據現
代人生活習性並適當運用科技，選擇將科技作為輔助工具，賦予傳
統工藝新面貌；在創作的層面上，則著重於未來性與創意，甚至引
領潮流，成為具有時尚標識的產物，因此工藝如何從傳統走入現
代，再從創作中發現未來，引領時尚，實為現階段需討論之議題。

伍、時尚工藝的定義

陳國珍在〈建構時尚工藝的創新價值〉一文中，透過國際創意
品牌的案例分析，建構符合現代時尚工藝的觀念價值。[16]從品牌建
構、文化本質的角度解析時尚工藝，並提出數點現代工藝的觀念價
值：珍視自然與人文、重視傳統工藝、結合科技、愉悅生活、展現

---

[14] 許峰旗、楊裕富：〈台灣工藝文化研究政策概述〉，《台灣工藝》34 卷，2009
年，頁 20-24。

[15] 林榮泰：〈「工」不可沒，「藝」不可失——現代藝術的美學表現與可能〉，《台
灣工藝》33 卷，2009 年，頁 6-12。

[16] 陳國珍：〈建構時尚工藝的創新價值〉，《台灣工藝》35 卷，2009 年，頁 12-17。

在地風情、開創時尚潮流等，由此可知，時尚工藝的精神含蘊著現代文化的新興生活型態，而這種型態是足以引人嚮往並蔚為風潮的。

石大宇認為「工藝時尚-yii」的作品就是「兼具美感與藝術性的可販賣產品」。[17]他真切地說：「任何設計缺乏了美感，都將失去意義」，可見時尚工藝品加強了工藝的商品化、現代化，而「時尚」所需具備的高度敏銳之美感，也是有別於傳統工藝的微妙之處，因為時尚的美感，是必須具備大眾性、指標性的。

在後工藝時代的催生之下，工藝勢必發生變革，而這種變革需要各個領域知識的協助，因此在工業與工藝的兩個極端值中，後工藝試圖尋找一個中點，融合敏銳美感與在地文化的時尚工藝便出現了，[18]陳國珍也提出了他對時尚工藝中點定位的看法，也是時尚工藝的文化本質所在：「繼續褒揚手工製作的價值感，與包容時間在緩慢製成之間進行，核心價值正是人與物質世界之間和諧關係的體現。」

從自我土地上的生活經驗，藉由工藝品傳達感動，提供製造設計端與使用者相互交流傳意的自由空間，背後隱含的是台灣對於共同文化與記憶的渴望，也是每一個人追求共感與美的天性，[19]「時尚工藝」就是一種現代人的生活語言，他傳遞著族群自我美學的顯像和與大自然生存與共的品味價值，代表著動態的、與時俱進的、不斷創新的生活產業，因此「經典時尚工藝」是美好的、自然

---

[17]　林千琪：〈台灣創意產業的明日之境：清庭負責人／工藝時尚聯盟創意總監石大宇專訪〉，《台灣工藝》28 卷，2008 年，頁 52-57。

[18]　陳國珍：〈建構時尚工藝的創新價值〉，《台灣工藝》35 卷，2009 年，頁 12-17。

[19]　陳國珍：〈建構時尚工藝的創新價值〉，《台灣工藝》35 卷，2009 年，頁 12-17。

的、非自我中心的、單純而友善的，並且所正視的是人性價值和生活品質。

陸、工藝的演變與時尚的關聯

南投工藝研究所與台灣設計創意中心以傳統復興為號召，現代設計為手法，工藝材質為媒材，創造出根基傳統文化、融合現代設計創意的時尚工藝，經過中外的展覽曝光接獲上億訂單，台灣發現時尚與工藝創造出的新火花，而今年的重點便是努力將火花持續延燒，積極創立品牌，穩固時尚工藝產業，[20]而當大家都認為時尚是個好生意時，所代表的意義已經不只是流行與奢華、品味與風格的象徵而已，更令人深入探究的是文化現象與時尚的本質，與那潮流演變背後所隱藏的時代意義。

在了解工藝與時尚的字詞定義之後，進一步了解工藝的發展史，端看傳統工藝、現代工藝如何與時尚工藝接軌，[21]許峰旗與楊裕富以國家政策的階段性時期看待台灣工藝風格的演變，共可分為五大時期、五種風格（圖），而第五種風格與時期便是包含「時尚工藝」的文化創意產業時期，第五種時期稱為「文化創意產業時期：重視文化、創意、環保與品牌的工藝設計（2001-2008）」，從 2004 年文建會主委陳其南就提出：「公民美學」及「台灣生活工藝運動」；2006 年工藝所所長舉辦的「綠工藝」系列活動則是台灣工

---

[20]盧縉梅：《時尚品牌行銷模式之研究》，台北：台灣師範大學設計研究所碩士論文，2008 年。

[21]許峰旗、楊裕富：〈國家政策對台灣工藝設計的影響〉，《台灣工藝》，33 卷，2009 年，頁 13-19。

藝貼近全球環保脈動的證明；2007 年工藝所和台創中心推出的
「工藝時尚-yii」計畫，強調在地美學、融合設計與工藝的高品質
商品，在國內外引起相當大的矚目。未來永續環保的「綠工藝」與
著重設計品牌意象的「工藝時尚」，可能帶動台灣工藝界的一股設
計潮流。

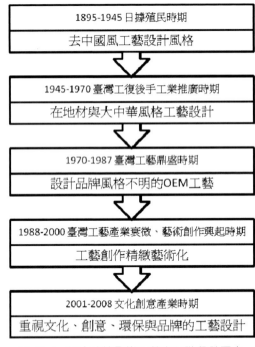

圖 11-3　國家政策影響工藝之五階段發展史

　　工藝的本質為生活器物，但當人們生活無虞之後，自然開始追
尋差異化或情感化的商品，「器物」也隨著時代變遷而精緻化、時
尚化，從功能需求到情感需求，符合馬斯洛（A.H. Maslow）的人

類需求三層次理論，從最基本的安全、生理需求；人際、社交需求
到最高層的自我實現與成就感需求，人們對工藝品的需求也從「生
活器物」演變為「工藝精品」，到現在的「時尚工藝」，工藝從生活
工具到表達個人情感的純藝術工藝精品，再演變為「時尚工藝」，
這種工藝品的革命運動，帶來了「後工藝時代」，而此種工藝演變
與林榮泰所提出的「5F」設計風格演變的脈絡相似，可見設計、工
藝、社會與心理的關係相互交織，繪製如下圖所示。

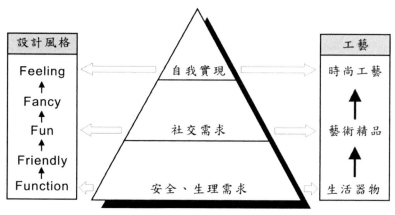

圖 11-4　馬斯洛需求理論與工藝、設計風格的關係

柒、時尚工藝的形成

　　國立台灣工藝研究所所長林正儀表示：「『時尚』像是神祕的潘
朵拉之盒，也是當代的生活方式和流行現象。」，並在策畫「夯工
藝‧靚時尚-台灣 VS 泰國文化創意產業特展」時以「時尚起源」、「時
尚永續」、「時尚進化」來解釋現代工藝的時尚意涵與過程，茲說明

如下（資料來源：「夯工藝・靚時尚——台灣 VS.泰國文化創意產業特展」展覽資料）：

一、「時尚起源」——工藝精神，從傳統萌芽

面對現代，「傳統」反而凸顯其存在價值的一面，尤其是提倡文化資產保存與維護的當下，古今觀照、文化泉源，文化與傳統是沃土，培植文化創意產業與提供時尚工作者無窮的靈感創意，

二、「時尚永續」——工藝特色，由地方出發

Solomon[22]提出對於流行時尚的生命週期理論（圖），他認為流行時尚具有如生命一般的興衰演變，分為導入期、成熟期、衰退期，而在此三時期的消費者可分為先驅者、跟隨者、後覺者，此種生命週期可適用於短暫的流行風潮，也可運用於一項產品的市場生命週期。[23]Georg Simmel 認為時尚的魅力在於－「時尚具有不斷生產的可能性」，因此雖然有短期的衰亡，經過時尚因素的取捨運用，在這些原本就有的吸引因子中，時尚可不斷產出，推陳出新，看似無常與流變的時尚價值，建立在喜新厭舊的人性上，然而這種演變也可形成動態平衡，甚至形成永續與經典。

---

[22] Solomon, M. R. (1995) Consumer Behavior, NJ: Prentice-Hall。

[23] 費勇、吳曉（譯），Georg Simmel 著：《時尚的哲學》，北京：文化藝術，2001年。

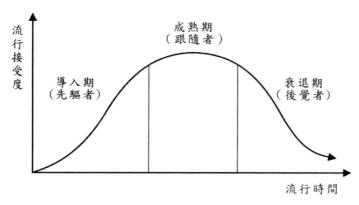

圖 11-5　流行生命週期

　　林正儀提出「時尚永續」的概念，他認為時尚的不衰價值在「在地文化（Local Culture）」，所謂的在地文化是在全球化的同時，凸顯在地化的重要，因為交通的便捷讓任何地方無所不到也皆可停留時，你的家鄉卻只有一個，一個讓你擁有歸屬感的地方，便是一個不變的永續價值。

　　根基於文化精神，結合馬斯洛的最高層需求理論所形成的消費行為，與時尚密不可分的經濟發展，三項因素的融合，經由先驅者形成流行或風潮，儘管短暫的風潮可能逝去，但最後留下的會成為一種生活型態（Life style），當廣大的追隨者加入此種生活方式時，便形成一股現代大眾的生活文化，待後覺者再加入時，不同於流行生命週期必衰的道理，反而因為文化根基的穩固而形成一種時尚永續的價值，永續時尚風格的形成階段如圖所示。

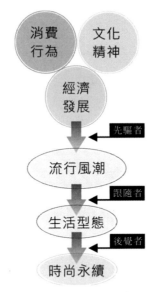

圖 11-6 永續時尚的形成階段

三、「時尚進化」──工藝價值，靠品牌推廣

陳國珍認為唯有時尚工藝品牌的永續經營企圖與模式，才足以彰顯品牌的真正價值。[24]工藝設計品牌的建立與行銷，可看作是由手工到產業、由在地性拓及國際化的發展進化，品牌的開創與工藝價值的提升，傳統與現代交織融合出時尚工藝設計，其中蘊含時代的層次與厚度，只有感動人心的好作品才是品牌的真正代言者。

工藝所所長林正儀在 2008 年便提出：「台灣工藝整體的品牌意象尚未被塑造出來，此外，從事文化創意產業的投資者，也還沒有看見台灣工藝的未來性，傳統工藝在轉型的過程中，工藝家們面臨

---

[24] 陳國珍：〈建構時尚工藝的創新價值〉，《台灣工藝》35 卷，2009 年，頁 12-17。

了相當大的行銷挑戰，因此，工藝的行銷，有賴專業人才的投入，跨領域的整合與傳統現代的融合將會是關鍵。」[25]

　　林正儀藉由舉辦 2009 年台灣、泰國竹藝聯展，期望台灣工藝界借鏡同為亞洲國家的泰國如何形塑曼谷時尚風格，而此次聯展的主題便以「時尚進化」詮釋近代工藝，說明近代工藝的價值，需要靠品牌的推廣，可見工藝已跳脫傳統為了功能（Function）的層次，轉而追求具有品牌識別度、核心精神與深層文化的傳遞。

　　林正儀提出的時尚三階段「時尚起源」、「時尚永續」、「時尚進化」與工藝之關聯，藉由文獻分析，了解時尚的起源來自於傳統文化，展現工藝精神；時尚的永續根基於在地文化，展現工藝特色；時尚的進化仰賴品牌推廣，展現工藝價值，如下圖所示：

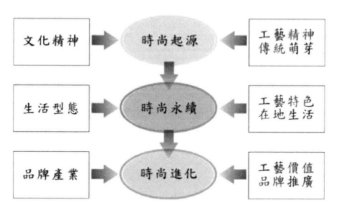

圖 11-7　時尚三階段與工藝之關係

（資料來源：「夯工藝・靚時尚——台灣 VS.泰國文化創意產業特展」展覽資料）

---

[25] 張晴文：〈活絡通路，行銷台灣工藝品牌〉，《藝術家》67 卷 398 期，2008 年，頁 274。

　　當台灣第一個以「時尚工藝」之名成立的品牌「yii」問世後，台灣的產業和市場，是真的準備好了嗎？其他沒有參與此計畫的工藝家與設計師，又該如何因應這股潮流？以下將介紹陳國珍提出之時尚工藝品牌的價值倍增建構和時尚工藝美學知識經濟要素，了解核心價值所在與相關美學與知識經濟領域，為結下品牌的果實做最佳的準備。

　　陳國珍認為傳統產業的經營重點在於「提升生產力」，而時尚工藝品牌卻是「創造消費力」，而創造消費力的關鍵在於核心價值，建構時尚工藝的創新價值需要相關領域的知識整合，才能創造出平衡永續的品牌企業。[26]如圖所呈現的是時尚工藝品牌的商品價值建構，必須具備工藝材料的應用加值、工藝技術加值、複合功能應用加值、創新設計加值與藝術加值，唯有具備每個要素才能創造獲利倍增的現代時尚工藝價值，當價值提高後，唯欠缺商品化的過程與品牌識別性，將產品價值轉為品牌經濟。

---

[26] 陳國珍：〈建構時尚工藝的創新價值〉，《台灣工藝》35 卷，2009 年，頁 12-17。

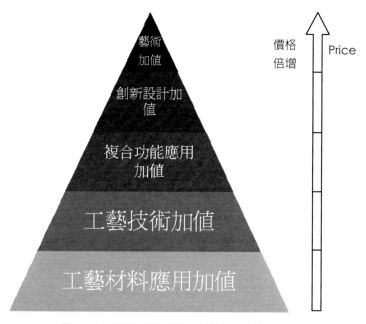

價格
倍增　Price

圖 11-8　時尚工藝品牌的價值倍增建構

（資料來源：陳國珍，2009）

　　時尚工藝品牌化過程[27]，在一個資訊爆炸，各個學科、產業分門別類的時代，每個領域都非常專業，但也非常侷限，在深且窄的知識繁榮社會裡，需要重新整合各個領域、代表人文復興的「文化創意產業」因運而生。而文化創意產業與時尚工藝的融合創新，及是將無形抽象的文字內涵轉化為當代使用者所憧憬的時尚生活用品，在這樣跨領域知識整合的時代，「時尚工藝」是融合了文化、

---

[27] 陳國珍：〈建構時尚工藝的創新價值〉，《台灣工藝》35 卷，2009 年，頁 12-17。

設計、工藝、品牌、與生活型態等五大領域而成的美學知識經濟，
見下圖。

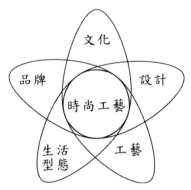

圖 11-9　時尚工藝美學知識經濟要素

（資料來源：陳國珍，2009）

　　「時尚」滿足人們模仿與分化的需求，並以品牌的手法，創造
具識別性與統一風格的商品，提供大眾消費，這種商品化的過程，
需要設計與系統化經營。以工藝材料為載體，結合設計手法，以文
化作為內涵基礎，以複合功能進入人們的生活型態，品牌作為產業
的果實，時尚則成為了吸引消費者的誘餌，藉由文化、設計、工藝、
品牌、與生活型態等五大領域的跨領域知識整合，使得不論在美學
或經濟上，皆能為時尚工藝提供更完整的涵構與更高的價值。[28]

---

[28]　陳國珍：〈建構時尚工藝的創新價值〉,《台灣工藝》35 卷，2009 年，頁 12-17。

捌、時尚工藝模式與建構屬性[29]

　　根據上述學者專家對於時尚工藝的形成、價值倍增建構、美學知識經濟與設計思考路徑等文獻，筆者將其彙集整理如下圖，藉由各架構要素間的對比分析，了解時尚工藝各層面之要素，與彼此相呼應之關係，幫助筆者探討時尚工藝之要素，並進一步了解時尚、設計、工藝三者之關係。

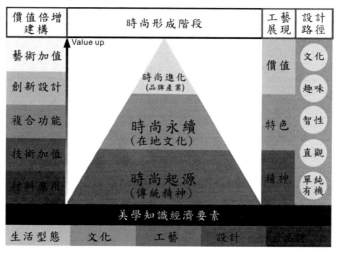

圖 11-10　時尚工藝文獻整理架構圖

29　張光民：〈台灣工藝設計之自主發展路徑：「工藝時尚」聯盟計畫〉，《台灣工藝》28 卷，2008，頁 6-9。

　　由時尚工藝定義與時尚形成階段中可看出時尚工藝的核心價
值與內在精神，除了基本的現代時尚因子之外，時尚工藝的核心價
值便是具備人本價值、自然永續和在地文化，從在地文化中保留傳
統、發展獨特與原創，但同時兼具現代風華與時代潮流，並以工
藝的傳承與手藝展現以人為本的手感溫潤，最後在人、物、自然
之間，找到永續和諧的平衡點，時尚工藝的核心精神價值如下圖
所示：

圖 11-11　時尚工藝核心精神價值

　　在整理各學者專家對於時尚工藝的相關文獻後，筆者參考[30]陳
國珍的「時尚工藝品牌之價值倍增建構」的五大項目，結合「文化
三層次論」的三大範圍，做一個結合，整理出時尚工藝四層次論，
四層次分別為「形而上—核心價值」、「形而中—複合設計」、「形而
下—外在造型」與「工藝基礎—技術與材質的應用」，在「工藝基
礎—技術與材質的應用」的向度內，參考「時尚工藝品牌之價值倍

[30]　陳國珍:〈建構時尚工藝的創新價值〉,《台灣工藝》35 卷,2009 年,頁 12-17。

增建構」中的底部兩層「技術加值」與「材料應用」而來，「形而下──外在造型」則是抽取建構中的頂端要素「藝術加值」而來，形而中複合設計的部分便是結合建構中的「複合功能」與「創新設計」，唯獨「形而上－核心價值」的向度是單獨參考文化三層次中的頂層──「內在心理」。

時尚工藝四層次的對應向度屬性是揀選文獻中專家定義時尚工藝的詞彙而來，將詞意類似者歸納整理出十三項屬性，分別為在地文化、人本價值、永續自然、現代時尚、生活實用、創新設計、獨特原創、精緻美感、手作質感、科技運用、手藝展現、材質特性和材料意象，詳細對應的向度如下圖所示。

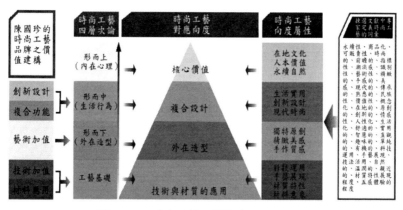

圖 11-12　時尚工藝四層次論之文獻整理

如以文化三層次論，形而下（外在造型）、形而中（使用行為）、形而上（內在心理）的角度觀看時尚工藝，結合陳國珍的時尚工藝品牌之價值建構要素與核心精神價值，幫助我們了解時尚工藝由內而外的價值所在。有別於一般的文化商品，時尚工藝多了對於工藝

上技術與材料的要求，因此在三層次論中，時尚工藝多了一層「工藝基礎」，所謂「工藝基礎」是工藝品在製作與選材上的講究，此層次是觀者須對產品有進一步的製程與材質特性的了解，時尚工藝的四層次論分別是「工藝基礎—技術與材料應用」、「形而下—外在造型」、「形而中—複合設計」、「形而上—核心價值」；「技術與材料應用」代表的是工藝技術的加值與工藝材料的應用，工藝技術包含科技協助與手工技法，工藝材料應用則可依據材質的特性與優點加以發揮；「外在造型」代表的是外在造形或意象產生的感受，需具備現代潮流性的美感；「核心價值」代表的是時尚工藝的核心精神與價值所在。

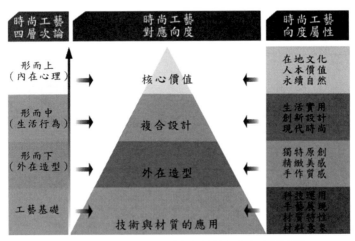

圖 11-13　時尚工藝四層次與其對應之向度與屬性

玖、時尚工藝消費者認知問卷

　　本節將以前述的時尚工藝向度屬性設計題目並制定問卷，問卷填答方式採 Liker 五點量表，受測者根據時尚工藝的個人主觀認知，給與認同度分數，一到五分，一分「非常不認同」、二分「不認同」、三分「普通」、四分「認同」、五分「非常認同」，最後將填答結果統計，考驗其信度與效度，下表為各向度所分配之屬性，並根據屬性定義設計題目與問卷題目分配。

表 11-3　時尚工藝屬性之問卷題目設計

時尚工藝向度	題目
工藝基礎	1. 材質特性：時尚工藝發揮材質在物理與化學性的特質或優點，例如：韌性、彈性、透氣……等
	2. 材料意象：時尚工藝讓觀者感受到材料原生的型態與意象，例如：材料的生長形態或環境……等
	3. 手藝展現：時尚工藝展現工藝家的手工技藝
	4. 科技運用：時尚工藝展現工業科技的技術運用
外在造型	5. 獨特原創：時尚工藝的造形具有獨特的原創性
	6. 精緻美感：時尚工藝的造形具有精緻的美感
	7. 手作質感：時尚工藝的造形具有手作的質感
複合設計	8. 生活實用：時尚工藝具有生活化的實用性
	9. 創新設計：時尚工藝具有創新的設計感
	10.現代時尚：時尚工藝符合流行趨勢
核心價值	11.在地文化：時尚工藝內蘊在地的文化特質
	12.人本價值：時尚工藝內蘊以人為本的價值
	13.永續自然：時尚工藝內蘊人與自然的永續和諧精神

表 11-4　時尚工藝問卷各向度題號分配表

向度	題號	題數
工藝基礎	1、2、3、4	4 個
外在造型	5、6、7	3 個
複合設計	8、9、10	3 個
核心價值	11、12、13	3 個

拾、問卷前測分析

一、預測實施

　　本研究擬之「時尚工藝屬性與產品認知之預試問卷」，對台灣藝術大學工藝設計系學生執行問卷預試施測，預試問卷共回收 39 份，有效問卷 33 份。

二、預試結果分析

　　回收預試問卷後，隨即進行資料處理與統計分析，以考驗研究的信度與效度。預試結果分析共分為三部分：一為各項度與總量表之內在相關；二為因素分析；三為信度分析。其所得結果如下所述。

（一）各向度與總量表之內在相關

　　考驗時尚工藝四向度與總量表之內在相關皆達顯著水準，其相關程度分別為.858、.713、.774、.765。由此可見本量表之內在結構良好，詳見於表所示。

　　**P < .01

表 11-5　時尚工藝各向度與總量表之內在相關情形

向度	工藝基礎	外在造型	複合設計	核心價值
總量表	.858**	.713**	.774**	.765**

（二）因素分析

時尚工藝四向度、十三個屬性之因素分析結果如下所述，時尚工藝十三個屬性之認同程度預試問卷各項度及內容：（1）工藝基礎：合計四題，特徵值為 2.038，可解釋工藝基礎 50.947%，各題因素負荷量從.523～.814，共同性.273～.663。（2）外在造型：合計三題，特徵值為 1.839，可解釋外在造型 61.307%變異量，各題因素負荷量從.733～.820。（3）複合設計：合計三題，特徵值為 1.766，可解釋複加功能變異量為 58.875%，各題因素負荷量從.566～.937（4）核心價值：合計三題，特徵值為 2.025，可解釋核心價值 67.501%變異量，各題因素負荷量從.691～.933，詳見下表。

從下表的共同性中發現「工藝基礎」向度中的第三題「手藝展現」與「複合設計」向度中的第十題「現代時尚」兩者之共同性偏低，分別只有.273 與.321，代表此題與其對應向度內的其他題目之相關性較低，因此將以向度意義為考量，將此兩題進行題目語句上的修改。

修改題目一：

原題目：「手藝展現——時尚工藝可展現工藝家的手藝」。

修改後題目：「手藝展現——時尚工藝可展現工藝家的手工技術」。

「手藝展現」與「科技運用」為「工藝基礎」向度中的技術類別中，為區隔「手藝展現」與「在地文化」、「手作質感」兩者屬性的不同，因此強調工藝基礎的技術部份，將「手藝」一詞更改為「手工技術」，也可與「科技運用」屬性所代表的工業技術做對應。

修改題目二：

原題目：「現代時尚——時尚工藝是現代潮流」。

修改後題目：「現代時尚——時尚工藝符合流行趨勢」。

「複合設計」向度在時尚工藝四層次中屬於「生活行為」的層次，因此將「潮流」較為抽象的名詞，改為「流行趨勢」，代表一種現代人所嚮往的流行風格與生活方式。

表 11-6　時尚工藝各向度之因素分析摘要表

向度	屬性	因素負荷量	共同性	特徵值	解釋變異量
工藝基礎	材質特性	.693	.480	2.038	50.947%
	材料意象	.814	.663		
	手藝展現	.523	.273		
	科技運用	.788	.621		
外在造型	獨特原創	.733	.537	1.839	61.307%
	精緻美感	.820	.673		
	手作質感	.793	.630		
複合設計	生活實用	.753	.567	1.766	58.875%
	創新設計	.937	.878		
	現代時尚	.566	.321		
核心價值	在地文化	.822	.676	2.025	67.501%
	人本價值	.933	.871		
	永續自然	.691	.478		

（三）項目分析與信度分析

考驗「時尚工藝屬性認同度之預試問卷」的信度分析，是為了探討本量表各向度的內部一致性及單題刪減後各向度 Cronbach α 係數減損大小，以作為選題之參考及了解本量表之信度是否良好。本研究預試問卷分析發現：各向度 Cronbach α 係數為.656、.679、.629、.733，總量表為.844，整體信度表現中上，詳見下表。

表 11-7 時尚工藝各向度信度分析 Cronbach α 係數表

向度	工藝基礎	外在造型	複合設計	核心價值	總量表
Cronbach α	.656	.679	.629	.733	.844

此外，為了解每題之「校正後項目整體相關」及「單題刪除後 α 係數減低情形」，以作為編製正式問卷選題之依據。其詳細結果如下所述：

在時尚工藝四向度及內容：(1)工藝基礎：信度分析後 Cronbach α 係數達.656，單題之「校正後項目整體相關」情形，從.298～.544。(2)外在造型：信度分析後 Cronbach α 係數達.679，單題之「校正後項目整體相關」情形，從.442～.540。(3)複合設計：信度分析後 Cronbach α 係數達.629，單題之「校正後項目整體相關」情形，從.250～.757。(4)核心價值：信度分析後 Cronbach α 係數達.733，單題之「校正後項目整體相關」情形，從.415～.784，詳見下表。

向度	屬性	校正後總相關	刪題後α係數	各向度α係數
工藝基礎	材質特性	.415	.607	.656
	材料意象	.544	.508	
	手藝展現	.298	.700	
	科技運用	.533	.524	
外在造型	獨特原創	.442	.659	.679
	精緻美感	.540	.520	
	手作質感	.503	.575	
複加功能	生活實用	.378	.625	.629
	創新設計	.757	.017	
	現代時尚	.250	.757	
核心價值	在地文化	.523	.686	.733
	人本價值	.784	.405	
	永續自然	.415	.828	

拾壹、結論

　　根據文獻探討所建立之時尚工藝價值建構模式與屬性，以問卷調查法考驗其信度與效度，統計分析結果顯示，時尚工藝四向度的模式成立，十三個屬性中的十一個屬性的信、效度尚可，兩個屬性需要做題目上的修改，整體結論共有四點：

　　一、時尚工藝可分為四個向度，分別為「核心價值」、「複合設計」、「外在造型」與「工藝基礎」。

　　二、時尚工藝依據四個向度，可分出十三個屬性，分別為「核心價值」向度中的「在地文化」、「人本價值」與「永續自然」，「複合設計」向度中的「現代時尚」、「生活實用」與「創新設計」，「外在造型」向度中的「獨特原創」、「精緻美感」與「手作質感」，「工

藝基礎」中的「科技運用」、「手藝展現」與「材質特性」和「材料意象」。

社會科學類　ZF0032

傳統文化與現代文化創意產業學術
研討會論文集

編　　者 / 國立臺中技術學院應用中文系
責任編輯 / 林泰宏
圖文排版 / 張慧雯
封面設計 / 陳佩蓉

出 版 者 / 國立臺中技術學院應用中文系
發 行 人 / 宋政坤
法律顧問 / 毛國樑　律師
出版發行 / 秀威資訊科技股份有限公司
　　　　　114 台北市內湖區瑞光路 76 巷 65 號 1 樓
　　　　　電話：+886-2-2796-3638　傳真：+886-2-2796-1377
　　　　　http://www.showwe.com.tw
劃撥帳號 / 19563868　戶名：秀威資訊科技股份有限公司
　　　　　讀者服務信箱：service@showwe.com.tw
展售門市 / 國家書店（松江門市）
　　　　　104 台北市中山區松江路 209 號 1 樓
　　　　　電話：+886-2-2518-0207　傳真：+886-2-2518-0778
網路訂購 / 秀威網路書店：http://www.bodbooks.com.tw
　　　　　國家網路書店：http://www.govbooks.com.tw

2010 年 12 月 BOD 一版
定價：300 元

國家圖書館出版品預行編目

傳統文化與現代文化創意產業學術研討會論文集 / 國立臺
　中技術學院應用中文系編. -- 一版. -- 臺北市：秀威資訊科技，
　2010.12
　　面；　　公分. -- (社會科學類；ZF0032)
　BOD 版
　ISBN 978-986-221-922-5(平裝)

　1. 文化產業　2. 創意　3. 文化行銷　4. 文集

541.2907　　　　　　　　　　　　　　　　　101000895

讀者回函卡

感謝您購買本書，為提升服務品質，請填妥以下資料，將讀者回函卡直接寄回或傳真本公司，收到您的寶貴意見後，我們會收藏記錄及檢討，謝謝！
如您需要了解本公司最新出版書目、購書優惠或企劃活動，歡迎您上網查詢或下載相關資料：http:// www.showwe.com.tw

您購買的書名：_____

出生日期：_____年_____月_____日

學歷：□高中 (含) 以下　　□大專　　□研究所 (含) 以上

職業：□製造業　□金融業　□資訊業　□軍警　□傳播業　□自由業
　　　□服務業　□公務員　□教職　　□學生　□家管　　□其它_____

購書地點：□網路書店　□實體書店　□書展　□郵購　□贈閱　□其他

您從何得知本書的消息？

　　□網路書店　□實體書店　□網路搜尋　□電子報　□書訊　□雜誌

　　□傳播媒體　□親友推薦　□網站推薦　□部落格　□其他_____

您對本書的評價：(請填代號　1.非常滿意　2.滿意　3.尚可　4.再改進)

　　封面設計____　版面編排____　內容____　文／譯筆____　價格____

讀完書後您覺得：

□很有收穫　□有收穫　□收穫不多　□沒收穫

對我們的建議：_____

_____

_____

_____

11466
台北市內湖區瑞光路 76 巷 65 號 1 樓

秀威資訊科技股份有限公司　　　收

BOD 數位出版事業部

....

（請沿線對折寄回，謝謝！）

姓　　名：＿＿＿＿＿＿＿＿　年齡：＿＿＿＿　性別：□女　□男

郵遞區號：□□□□□

地　　址：＿＿＿＿＿＿＿＿＿＿＿＿＿＿＿＿＿＿＿＿

聯絡電話：(日)＿＿＿＿＿＿＿＿　(夜)＿＿＿＿＿＿＿＿

E-mail：＿＿＿＿＿＿＿＿＿＿＿＿＿＿＿＿＿＿＿＿